Assim falou Zaratustra

Um livro para todos e para ninguém

Livros do autor publicados pela **L&PM** EDITORES:

Além do bem e do mal
O anticristo
Assim falou Zaratustra
Crepúsculo dos ídolos
Ecce homo
A filosofia na era trágica dos gregos
Nietzsche – obras escolhidas: Além do bem e do mal, O anticristo, Ecce homo
Por que sou tão sábio

Leia também na Coleção **L&PM** POCKET:

Assim falou Zaratustra (MANGÁ)
Nietzsche – Jean Granier (Série Encyclopaedia)
Nietzsche – Dorian Astor (Série biografias)

Friedrich Nietzsche

Assim falou Zaratustra

Um livro para todos e para ninguém

Tradução do alemão de Gabriel Valladão Silva

Apresentação de Marcelo Backes

www.lpm.com.br

L&PM POCKET

Coleção **L&PM** POCKET, vol. 1177

Texto de acordo com a nova ortografia.
Título original: *Also sprach Zarathustra: Ein Buch für Alle und Keinen*

Este livro também está disponível em formato 14x21cm
Primeira edição na Coleção **L&PM** POCKET: fevereiro de 2015
Esta reimpressão: outubro de 2025

Tradução: Gabriel Valladão Silva
Capa: Ivan Pinheiro Machado
Apresentação: Marcelo Backes
Preparação: Guilherme da Silva Braga
Revisão: Jó Saldanha

CIP-Brasil. Catalogação na publicação
Sindicato Nacional dos Editores de Livros, RJ

N581a

Nietzsche, Friedrich, 1844-1900
Assim falou Zaratustra: um livro para todos e para ninguém / Friedrich Nietzsche; tradução Gabriel Valladão Silva. – Porto Alegre, RS: L&PM, 2025.
384 p. ; 18 cm. (Coleção L&PM POCKET; v. 1177)

Tradução de: *Also sprach Zarathustra: Ein Buch für Alle und Keinen*
ISBN 978.85.254.3212-4

1. Filosofia alemã. I. Título.

14-18756 CDD: 193
CDU: 1(43)

Rua Comendador Coruja, 314, loja 9 – Floresta – 90.220-180
Porto Alegre – RS – Brasil / Fone: 51.3225.5777

Pedidos & Depto. comercial: vendas@lpm.com.br
Fale conosco: info@lpm.com.br
www.lpm.com.br

Impresso no Brasil
Primavera de 2025

Sumário

APRESENTAÇÃO

Marcelo Backes[1]

Assim falou Zaratustra: um livro para todos e para ninguém é a obra-prima de Friedrich Nietzsche (1844-1900), aquela que se encontra mais diretamente vinculada a seu nome, assim como a *Crítica da razão pura* a Kant, a *Fenomenologia do espírito* a Hegel e *O ser e o tempo* a Heidegger no âmbito da filosofia; o *Ulysses* a Joyce, *Em busca do tempo perdido* a Proust e *O homem sem qualidades* a Musil no âmbito da literatura.

Nietzsche é um dos pensadores mais importantes de todos os tempos, um dos filósofos mais estudados nos dias de hoje. Estendeu sua influência para muito além da filosofia, adentrando a literatura, a poesia e todos os gêneros das belas-artes. Marcou movimentos que vão do naturalismo alemão ao existencialismo francês e escritores tão diferentes um do outro quanto os irmãos Heinrich e Thomas Mann. Sua obra aparentemente fragmentária adquire unidade e vitalidade orgânica ao manejar o aforismo, que vira ditirambo em *Assim falou Zaratustra*.

1. Marcelo Backes é escritor e tradutor, doutor pela Albert-Ludwigs-Universität, de Freiburg. É autor do romance *O último minuto* (Cia. das Letras, 2013), entre outros, e verteu ao português obras de autores como Arthur Schnitzler, Nietzsche, Kafka e Günter Grass.

As quatro partes do *Zaratustra* foram publicadas entre 1883 e 1885. O próprio Nietzsche se encarregou de divulgá-las individualmente. Do estoque não vendido da obra, o filósofo fez uma edição em que juntou as três primeiras partes, publicada em 1887. A edição completa, reunindo as quatro partes, sairia apenas em 1892, depois do colapso que o levou à loucura, organizada por seu aluno e amigo, o compositor Peter Gast (na verdade Heinrich Köselitz). Sobre nenhum de seus escritos Nietzsche falou tanto quanto sobre o *Zaratustra*. Mesmo assim a obra continuou cheia de mistérios, às vezes aceita, às vezes rechaçada – sempre com veemência – pela crítica.

O *Zaratustra* é sem dúvida a obra mais pessoal de Nietzsche, e ele próprio diria em carta ao já referido Peter Gast que, no aspecto particular, um número muito grande de coisas no livro dizia respeito a experiências e sofrimentos pessoais que apenas ele próprio podia compreender. Mas identificar Nietzsche de maneira simétrica com o personagem também seria um erro, para o qual Heidegger aliás já alertou. Zaratustra pode ser considerado, no máximo, alguém que faz ou se propõe a fazer aquilo que Nietzsche quis e não conseguiu fazer, o que o aproxima intensamente de várias figuras assaz interessantes da literatura universal.

Filosofia que conta uma história cheia de citações conhecidas

Em sua condição de obra filosófica com enredo, o *Zaratustra* tem uma estrutura narrativa enxuta e bastante rigorosa. A própria figura de Zaratustra, sábio persa, é que lhe dá coesão, sobretudo através de seus discursos, o que já mostra o caráter mais filosófico do que literário da obra.

Tudo começa no "Prólogo", a parte mais movimentada do livro. Quando completa trinta anos, Zaratustra se retira à solidão das montanhas por dez anos, fazendo um movimento inverso ao de Jesus Cristo, que na mesma idade sai de sua vida privada e começa a pregar publicamente. Só nesse movimento narrativo já está sinalizado um dos aspectos mais importantes não apenas do *Zaratustra*, mas de toda a obra de Nietzsche: a luta de sua filosofia contra a orientação moral do cristianismo.

É só depois desse retiro de dez anos que Zaratustra se considera preparado para levar sua dádiva aos homens, convocando-os a colaborar no projeto do "super-homem",[2] a fim de vencer as consequências nefastas e paralisantes do niilismo, alimentado às fartas pela moral cristã. Nietzsche identifica, grosso modo, o niilismo – em seu aspecto negativo – como a inércia resultante da esperança vã do homem por uma recompensa prometida pela religião ou da busca inútil por um sentido para a vida prometido pela moral.

Na primeira frase que dirige ao povo reunido,

---

2. Louve-se o tradutor, aliás, por traduzir *Übermensch* por "super-homem". O conceito gerou discussões e mal-entendidos não apenas em sua versão portuguesa, mas também no original alemão, conforme o próprio Nietzsche deixa claro em vários momentos de sua obra. Mas, apesar de discutida, apesar de discutível, a opção ainda é a melhor. Ademais, sabe-se que o "super-" latino assim como o "über" de "Übermensch", significa, também, "além de", o que dispensa uma opção poeticamente complicada como "além-do-homem", talvez mais precisa em termos nietzschianos, mas nem de longe tão multifacetada quanto o original alemão no que diz respeito à etimologia. E, além do mais, "super-homem" é expressão tão consagrada no Brasil que já foi dicionarizada por Houaiss. Está lá: "Super-homem: 2. Rubrica: filosofia. No *nietzschianismo*, cada um dos indivíduos que um dia será capaz de desenvolver plenamente a condição humana, criando novos valores e sentidos para a realidade, e afirmando intensamente a vida, a despeito do inevitável sofrimento que a cerca".

Zaratustra já afirma: “Eu vos ensino o super-homem”, para em seguida mostrar que o homem é algo que deve ser superado, uma corda estendida sobre o abismo que leva do animal ao super-homem. Mas a mensagem de Zaratustra é rechaçada pela multidão da cidade chamada ironicamente de Vaca Colorida – viria daí a inspiração sarcástica e de índole até filosófica da *cow parade*; o velho sábio que ele encontra no caminho nem sequer ouviu que Deus morreu, e Zaratustra decide continuar pregando apenas a alguns eleitos, a fim de conquistá-los para trabalhar em seu grande plano. Por tabela e de forma indireta, menciona a necessidade da “transvaloração de todos os valores”, elaborada a fundo mais tardiamente, ao dizer que o criador busca cocriadores para escrever novos valores sobre novas tábuas.

E assim, nos discursos da primeira parte Zaratustra enuncia suas opiniões mais categóricas, que diferem do espírito de sua época na filosofia, na arte, na religião, na política e na ciência. Entre outros momentos interessantes, percebemos que Zaratustra desconfia dos insones, louva a solidão e parodia o dramaturgo e poeta espanhol barroco Calderón de la Barca ao dizer que o mundo lhe parece sonho, ou a criação poética de um deus. Impossível, por exemplo, deixar de pensar nos protestos que ora tomam conta do mundo quando Zaratustra afirma: “O Estado é o mais frio de todos os monstros frios. Também mente com frieza, e esta mentira insinua-se de sua boca: ‘Eu, o Estado, sou o povo’.” No discurso intitulado “Das três transformações”, Zaratustra esboça os três estágios do desenvolvimento espiritual que levará ao “super-homem”. Os ditirambos enigmaticamente sábios enchem as páginas, e Zaratustra diz: “Não quando a verdade é suja, mas quando é rasa é que o conhecedor prefere não entrar em suas águas”. É também nesta primeira parte que uma velha recomenda a Zaratustra, depois de lhe atestar um conhecimento ímpar, não se esquecer do chicote quando for ao encontro de mulheres. No final da primeira parte, Zaratustra volta a se retirar para a solidão a fim de dar a seus discípulos a chance de encontrar seu próprio caminho.

A segunda parte principia com uma visão formidável. Depois de vários anos, ela leva Zaratustra, sempre acompanhado por seus animais de estimação, sua águia e sua serpente, de volta aos homens. Ele percebe que seus ensinamentos anteriores correm o risco de ser falsificados, que seus discípulos não desenvolveram adequadamente o grande projeto antiniilista. O lirismo aumenta, e Zaratustra diz inclusive que sua alma é a canção de um amante, e que é invulnerável apenas no calcanhar, assumindo uma oposição anti-heroica e irônica em relação a Aquiles, parodiando Marx, por sua vez, ao dizer que os poetas mentem demais, e Goethe ao citar o eterno-feminino. O sábio persa que vira eu-lírico do filósofo visivelmente também reelabora questões fundamentais da obra anterior de Nietzsche.

Na terceira parte a tendência lírica continua aumentando, e Zaratustra volta a se despedir dos discípulos para retornar à sua caverna, nas montanhas. No caminho, encontra a coragem necessária para anunciar sua ideia do "eterno retorno", que até então mantivera intocada. Essa terceira parte é pontilhada de enigmas, visões e imagens, e Zaratustra mal continua falando a seus discípulos, limitando-se a fazê-lo com alguns indivíduos destacados individualmente ou então apenas consigo mesmo. Zaratustra diz, entre outras coisas, que onde não se pode mais amar, é preciso *passar ao largo*, e chama a solidão de sua *pátria*, dizendo que o grande meio-dia está próximo e que os que proclamaram que

"Viver – é malhar em ferro frio – é queimar-se sem se aquecer", deveriam ser amordaçados. No discurso final, "Os sete selos", termina todas as suas sete partes dizendo que jamais encontrou a mulher com a qual gostaria de ter filhos, a não ser a mulher que ama, a eternidade.

Na quarta parte, a mais hermética, pontilhada de poesias de recorte bem tradicional e às vezes longas, Zaratustra, já envelhecido, é perturbado em sua solidão por alguns "homens mais elevados", que por viverem necessidades de ordem sobretudo espiritual buscam refúgio e ajuda junto ao mestre. Esses homens são os representantes de correntes que, muito embora tenham identificado o fundamento niilista de sua época e sofressem com ele, são fracos demais para conseguir superá-lo. Zaratustra sente piedade deles, mas em seguida reconhece nessa piedade sua "última tentação", e percebe que precisa superá-la no caminho que o levará à grandiosidade sobre-humana. No *Ecce homo*, sua autobiografia filosófica escrita aos 44 anos, o último suspiro antes do declínio que o levaria à loucura, Nietzsche diria que continuar senhor de si mesmo ante a piedade, manter a grandeza de sua tarefa livre dos vários impulsos mesquinhos e míopes que se mostram nas assim chamadas ações desinteressadas, seria a provação, talvez a derradeira provação pela qual um Zaratustra tem de passar, a sua verdadeira prova de força.

Em vários momentos do livro o perigoso estilo de prédica é cheio de narrativas singelas, relatos de acontecimentos dramáticos, enigmas, fábulas e até parábolas, sem contar os passeios líricos pelas beiradas, nos quais se fala por exemplo da necessidade de levar cinzas à montanha e depois trazer fogo ao vale.

Do ponto de vista filosófico, o *Zaratustra* gira em torno do niilismo e sua superação, do problema da moral, e identifica filosoficamente a religião como o motor da decadência ocidental. Podemos dizer que são três os motivos fundamentais da obra. Em primeiro lugar o "super-homem" e seu projeto contra o niilismo. Em segundo a "vontade de poder", centro da filosofia tardia de Nietzsche, como fundamento de tudo que é vivo; é no *Zaratustra*, aliás, que Nietzsche menciona pela primeira vez essa perigosa ideia, malversada sobretudo por sua irmã no varejo e pelo nazismo inteiro no atacado.[3] O terceiro motivo essencial é o do "eterno retorno" como ideia que completa e ao mesmo tempo supera o niilismo; o "eterno retorno", aliás, vira a baliza através da qual tanto Nietzsche quanto Zaratustra passam a medir a força e a fraqueza dos homens; ambos percebem que, se

---

3. A biografia em três volumes de Nietzsche, escrita pelo professor da Universidade de Basileia Curt Paul Janz (que desvendou aspectos da vida e da obra do filósofo até então desconhecidos através de uma intensa pesquisa genética), foi fundamental, junto com a edição de suas Obras Completas por Giorgio Colli e Mazzino Montinari, em 1969, para compreender também o processo hediondo ao qual foram submetidos seus escritos. Elizabeth, irmã de Nietzsche, que passou a lidar com o espólio do filósofo após sua loucura e posterior morte, chegou a impedir uma segunda edição do *Zaratustra* em 1891. A partir de então Elisabeth passou a ditar todas as regras em relação ao legado de Nietzsche. E assim seria até 1935, quando Elisabeth veio a falecer. Nacionalista alemã fanática, assim como o marido morto, Elisabeth chegou a escrever uma biografia sobre o irmão. Na biografia, deturpou – a serviço dos ideais chauvinistas – os fatos biográficos e as opiniões políticas de Nietzsche, atribuindo caráter nacionalista às investidas do filósofo contra os valores cristãos e seus conceitos da "vontade de poder" e do "super-homem". A obra póstuma *A vontade de poder*, abandonada por Nietzsche, foi organizada pela irmã. Elisabeth reuniria arbitrariamente notas e rascunhos de Nietzsche, muitas vezes infiéis às ideias do autor. Elisabeth chegou a falsificar algumas cartas do filósofo, responsáveis em parte pela má fama que recairia sobre ele anos mais tarde, como profeta da ideologia alemã que veio a culminar no nazismo.

o decadente sucumbe ante a repetição infinita, o forte e por fim o super-homem encontram nela a confirmação de sua potência criadora e inexorável.

O *Zaratustra* no centro do *Ecce homo*

Se o caráter misterioso de *Zaratustra* demandou tantas explicações posteriores por parte do próprio filósofo, em *Ecce homo*, seu mais extenso e aliás derradeiro comentário acerca de si mesmo e de sua obra, Nietzsche faz a obra ditirâmbica ocupar o centro da análise. Egocêntrico ao extremo, gerado no limiar, inclusive temporal, entre a razão e a loucura, *Ecce homo* no entanto está longe de ser apenas o produto da insânia, inclusive porque preserva o domínio da forma, e elabora pela última e vez e do modo mais elaborado o que o filósofo tem a dizer, inclusive sobre seu *Zaratustra*. Antes de escrever a obra em prosa chamada *Ecce homo*, Nietzsche escreveu um "Ecce homo" em versos. Ele faz parte de "Chiste, manha e vingança – Prelúdio em rimas alemãs", a introdução de *Gaia ciência*, e declara:

> *Ecce homo*
> Sim! Eu sei muito bem de onde venho!
> Insaciável como a chama no lenho
> Eu me inflamo e me consumo.
> Tudo que eu toco vira luz,
> Tudo que eu deixo carvão e fumo.
> Chama eu sou, sem dúvida.

Nos versos do poema, Nietzsche resume sua filosofia e já se aproxima visivelmente de Zaratustra, mostrando que ousa e arrisca, mandando a humildade às favas. "Ecce homo", o poema, antecipa *Ecce homo*, o livro. Se o filósofo diz em *Zaratustra*: "De tudo que está escrito amo apenas aquilo que alguém escreve com o próprio sangue. Escreve com sangue: e experimentarás que sangue é espírito", tanto *Zaratustra* quando *Ecce homo* são páginas em sangue, sumos autênticos de um "eu" genial em que as fronteiras entre discurso filosófico e narrativa autobiográfica às vezes se perdem.

Já no prólogo de *Ecce homo*, Nietzsche escreve que *Zaratustra* é o centro de sua produção, a maior dádiva, o maior presente que a humanidade já recebeu, e que a voz desse livro, o mais alto que existe, aquele que traz o verdadeiro ar das alturas, não será ouvida nem em milênios; que o homem, um mero fato, se encontra a uma distância monstruosa abaixo dele, e que é o livro mais profundo, mais rico e mais verdadeiro que jamais existiu, uma fonte inesgotável para a qual nenhum balde desce sem voltar a subir carregado de ouro e bondade. Nietzsche também esclarece que Zaratustra não é um fanático, que ele não prega nem exige fé, e que essa abundância de luz e essa felicidade profunda só podem ser alcançadas pelos melhores entre os eleitos. Que, se é um privilégio sem igual ouvir Zaratustra, não é a todos que é dado ter ouvidos para ele, pois não é "sábio", nem "santo", muito menos "salvador do mundo", porque não é um *décadent* qualquer, e inclusive se recusa a ser seguido.

Depois de inúmeras citações, no capítulo intitulado "Por que eu escrevo livros tão bons", Nietzsche começa falando de *Zaratustra* e em seguida manifesta o desejo de que sejam instituídas cátedras para interpretar a obra, já que na época em que o filósofo vive ninguém é capaz de compreendê-lo, nem sequer de ouvi-lo, a ele, o filósofo, e a ele, o personagem. Zaratustra é chamado de "aniquilador da moral", e, se aproximando de seu personagem, Nietzsche diz que se dirige ao mesmo público para o qual Zaratustra quer narrar seu enigma: aos ousados, "e a quem mais já navegou alguma vez com ardilosas velas por sobre mares terríveis", aos "embriagados pelo enigma", aos "que se alegram no lusco-fusco, cujas almas são atraídas com flautas a todo abismo de perdição", aos que "pois não quereis seguir um fio, apalpando-o com mão covarde".

A comparação entre si e seu personagem como aniquiladores a partir dos quais no entanto pode e deve surgir o maior bem é retomada no capítulo intitulado "Por que sou um destino", quando Nietzsche também diz que, por sua natureza dionisíaca, não sabe separar o "fazer-não" do "dizer-sim". É nesse capítulo que Nietzsche esclarece o nome e as origens de Zaratustra, o primeiro homem a ver na luta entre o bem e o mal a verdadeira roda motriz na engrenagem das coisas, dizendo que a transposição da moral para o metafísico, na condição de força, causa e objetivo em si é a obra maior do grande persa. Nietzsche diz ainda que Zaratustra *criou* esse mais fatal dos erros, a moral, e, por consequência, também tem de ser ele o primeiro a *reconhecê-lo*. E argumenta que Zaratustra, preparado por seu conhecimento de causa para a missão de destruir a moral, tem mais bravura no corpo do que todos os pensadores reunidos, porque falar a verdade e *ser certeiro com as flechas* é a virtude persa. Mas, assim como Zaratustra, o próprio Nietzsche diz que terá de procurar por ouvidos ainda por muito tempo, porque os que merecem ouvi-lo são poucos, assegurando que, com um ditirambo de *Zaratustra*, se elevou mil milhas acima daquilo que até a época foi chamado de poesia.

Mas é no capítulo dedicado ao próprio *Zaratustra* que Nietzsche mostra mais uma vez a importância que dá a essa sua obra. É de longe o maior capítulo entre os consagrados a suas obras individuais. Nietzsche já começa dizendo que a ideia do "eterno retorno" é a concepção fundamental de *Zaratustra*, que se trata da mais alta fórmula afirmativa que jamais pôde ser alcançada,[4] e em seguida conta a história do nascimento de seu maior livro, que, mais do que vir ao encontro dele, teria caído sobre ele.

Nietzsche diz ainda que Dante, comparado a seu Zaratustra, é um simples crente, que os poetas dos Vedas, as quatro obras sagradas dos hinduístas, são apenas sacerdotes e nem sequer se mostram dignos de atar as sandálias de um Zaratustra, e que tudo isso é apenas o mínimo e não dá nem ideia da distância, da solidão *cerúlea*, celeste, na qual vive essa obra. Para Nietzsche, Zaratustra é um dançarino, a verdadeira ideia de Dioniso, que se expressa e pode se expressar apenas na língua do ditirambo, da qual Nietzsche se proclama o descobridor. Nietzsche ainda vê outras similaridades entre a sua e a tarefa de Zaratustra, no sentido afirmativo de transformar tudo aquilo que "era uma vez" em "era assim que eu queria". Essa é, aliás, a única redenção para ambos, que precisam dominar seu "grande asco" ao homem, a pedra feia que ainda precisa do escultor, reforçando assim que para uma tarefa dionisíaca é preciso ter a

4. Nietzsche diz que ela foi concebida em agosto de 1881, num passeio pelas florestas junto ao lago de Silvaplana, perto de um formidável bloco de rocha que se elevava em forma de pirâmide, não muito longe de Surlei, para nascer apenas depois de dezoito meses de gravidez, em fevereiro de 1883, justamente à hora sagrada em que Richard Wagner morreu em Veneza. Nietzsche invoca o budismo imediatamente e diz ser uma fêmea de elefante, associando sua ideia ao parto de Buda, cuja mãe teria sonhado que um elefante branco lhe penetrava o ventre na noite em que o deu à luz, o que foi interpretado pelos brâmanes como um sinal de que a criança se tornaria um monarca universal ou um místico de altíssima hierarquia, um buda ("o iluminado", em sânscrito).

dureza do martelo, a vontade em si de aniquilar de um modo decidido.

Em "Por que eu sou um destino", Nietzsche diz ainda que Zaratustra é o primeiro psicólogo dos homens bons e, consequentemente, um amigo dos maus. Segundo Nietzsche, é mais do que natural que quando o animal de rebanho representa o píncaro das virtudes, o homem-exceção seja rebaixado a mau. E se a falsidade reivindica a todo custo a palavra "verdade" para a sua ótica, o verdadeiro de fato deverá ser encontrado sob os piores nomes. Zaratustra, segundo Nietzsche, não deixa nenhuma dúvida acerca disso: ele diz ter sido precisamente o conhecimento dos bons, dos "melhores", que lhe inspirou o horror ao homem; e dessa repulsa teriam lhe crescido as asas para "voar a futuros longínquos". Ele não esconde que o *seu* tipo de homem, o tipo sobre-humano, é sobre-humano justamente em relação aos *bons*, e que os bons e justos chamariam o seu super-homem de *demônio*.

Já próximo do final de sua autobiografia filosófica, Nietzsche começa a perguntar se foi compreendido, e revela que não disse uma única palavra que já não houvesse dito há cinco anos pela boca de Zaratustra, aproximando-se mais uma vez e definitivamente de seu personagem. Diz que a descoberta do caráter nefasto da moral cristã é um acontecimento sem igual e que tudo o que era chamado de "verdade" até então foi reconhecido como a mais nociva, pérfida e subterrânea forma de mentira. O pretexto sagrado de "melhorar" a humanidade, por sua vez, foi reconhecido como ardil para *sugar* a própria vida, torná-la anêmica, e a moral, portanto, não passa de *vampirismo*. Já a noção "Deus" teria sido inventada como antítese à vida: tudo que é nocivo, venenoso, caluniador, toda a hostilidade mortal contra a vida estaria assim enfeixada em uma unidade horrível! O conceito "além" teria sido fantasiado como "mundo verdadeiro" para arrancar o valor ao *único* mundo existente, a fim de não deixar à nossa realidade terrena nenhum objetivo, nenhuma razão, nenhuma tarefa! A noção de "alma", "espírito", e por fim até a de "alma imortal", teria sido inventada para desprezar o corpo, torná-lo enfermo, "santo", para tratar com uma frivolidade terrível todas as coisas que na vida merecem seriedade: as questões de alimentação, moradia, dieta espiritual, tratamento a doentes, limpeza, clima! Do mesmo jeito teriam sido inventadas a "salvação da alma" e o "pecado" e, por fim, inclusive a coisa mais terrível, segundo Nietzsche, a noção de *homem bom* defendendo tudo aquilo que é fraco, doentio, malogrado, que-sofre--de-si-mesmo, tudo o que deve ser arrasado.

Rio de Janeiro, julho de 2013

Assim falou Zaratustra

Um livro para todos e para ninguém

PRIMEIRA PARTE

Prólogo de Zaratustra

1.

Quando Zaratustra tinha trinta anos, deixou sua pátria e o lago de sua pátria e foi para as montanhas. Aqui ele desfrutou de seu espírito e de sua solidão, e durante dez anos não se cansou deles. Finalmente, porém, transformou-se o seu coração – e certa manhã levantou-se com a aurora, postou-se diante do Sol e falou assim com ele:

"Ó grande astro! Que seria de tua fortuna se não tivesses aqueles que iluminas!

"Por dez anos tens subido até minha caverna: sem mim, minha águia e minha cobra, já terias te fartado de tua luz e desse caminho.

"Mas nós esperávamos por ti a cada manhã, tomávamos de ti teu excesso e bendizíamos-te por isso.

"Vê! Estou farto de minha sabedoria, como a abelha que coletou mel em excesso; careço de mãos que se estendam.

"Desejo presentear e distribuir, até que os sábios entre os homens se alegrem mais uma vez de sua tolice e os pobres de sua riqueza.

"Para tanto, devo descer às profundezas: assim como fazes ao anoitecer, quando vais para trás do mar e ainda trazes luz ao submundo, ó astro superabundante!

"Eu preciso, como tu, *ter o meu ocaso*, como dizem as pessoas até as quais desejo descer.

"Abençoa-me, pois, ó olho sereno, capaz de observar sem inveja também uma fortuna desmedida!

"Abençoa o cálice que quer transbordar, que a água dele escoe dourada e que carregue para toda parte o brilho de tua glória!

"Vê só! Este cálice quer novamente esvaziar-se, e Zaratustra quer mais uma vez tornar-se homem."

– Assim começou o ocaso de Zaratustra.

2.

Zaratustra desceu sozinho das montanhas, sem encontrar ninguém. Mas, ao chegar à floresta, surgiu de repente diante dele um ancião que deixara sua cabana sagrada para procurar raízes na mata. E assim falou o ancião a Zaratustra:

"Não me é estranho este caminhante: passou por aqui há alguns anos. Zaratustra, chamava-se; mas ele está transformado.

"Levavas então tuas cinzas à montanha: queres hoje levar teu fogo aos vales? Não temes os castigos do incendiário?

"Sim, eu reconheço Zaratustra. Seu olho está puro e não se oculta asco em sua boca. Não anda ele como um dançarino?

"Transformado está Zaratustra, Zaratustra fez-se criança, Zaratustra é um desperto: o que queres agora com os adormecidos?

"Como no mar viveste na solidão, e o mar carregou-te. Ai, queres pisar em terra? Ai, queres voltar a arrastar tu mesmo o teu corpo?"

Zaratustra respondeu: "Eu amo os homens".

"Por que", disse o santo, "fui eu à floresta e ao ermo? Não terá sido porque amava os homens por demais?

"Agora amo a Deus: os homens eu não amo. O homem é para mim uma coisa demasiado imperfeita. Aniquilar-me-ia o amor ao homem."

Zaratustra respondeu: "Que falava eu de amor! Eu trago aos homens um presente".

"Não lhes dês nada", disse o santo. "É preferível que tomes algo deles e o carregues para eles – isso será o melhor para eles: se apenas fizer bem a ti!

"E se queres dar algo a eles, então não dês mais que uma esmola, e deixa-os ainda mendigar por ela!"

"Não", respondeu Zaratustra, "eu não dou esmola alguma. Não sou pobre o suficiente para isso."

O santo riu-se de Zaratustra e falou assim: "Então cuida para que aceitem teus tesouros! Eles desconfiam de eremitas e não acreditam que venhamos para presentear.

"Nossos passos pelas vielas ressoam para eles solitários demais. E, assim como quando, à noite, muito antes do nascer do sol, ouvem de suas camas os passos de um homem, haverão de perguntar-se: aonde vai o gatuno?

"Não vás aos homens e permanece na floresta! É melhor que vás aos animais! Por que não queres ser como eu – um urso entre ursos, uma ave entre aves?"

"E o que faz o santo na floresta?" perguntou Zaratustra.

O santo respondeu: "Eu faço canções e canto-as, e quando faço canções, rio, choro e murmuro: assim louvo a Deus.

"Cantando, chorando, rindo e murmurando louvo ao Deus, que é meu Deus. Mas o que é que nos trazes como presente?"

Tendo ouvido essas palavras, Zaratustra cumprimentou o santo e falou: "Que teria eu a vos dar? Mas deixai-me partir depressa, para que não vos tome nada!" – E assim separaram-se um do outro o ancião e o homem, rindo como dois rapazes.

Mas, ao ver-se só, Zaratustra falou assim a seu coração: "Será possível? Esse velho santo em sua floresta ainda não ouviu que *Deus está morto*!" –

3.

Ao chegar à cidade mais próxima, à beira da floresta, Zaratustra encontrou o povo reunido no mercado: pois havia sido prometido que se veria ali um funambulista. E Zaratustra falou assim ao povo:

Eu vos ensino o super-homem. O homem é algo que deve ser superado. Que fizestes vós para superá-lo?

Todos os entes até agora criaram algo para além de si: e vós quereis ser a vazante dessa grande enchente, preferis retornar ao animal do que superar o homem?

Que é o símio para o homem? Uma zombaria ou uma vergonha dolorosa. E isso, justamente, deve o homem ser para o super-homem: uma zombaria ou uma vergonha dolorosa.

Trilhastes o caminho do verme ao homem, e há ainda muito de verme em vós. Outrora fostes símios, e também agora o homem é ainda mais símio do que qualquer símio.

E o mais sábio dentre vós é também apenas uma discrepância e um híbrido de planta e fantasma. Mas acaso vos convido a vos tornardes fantasmas ou plantas?

Vede, eu vos ensino o super-homem!

O super-homem é o sentido da terra. Que vossa vontade diga: *seja* o super-homem o sentido da terra!

Suplico-vos, meus irmãos, *permanecei fiéis à terra* e não creiais naqueles que vos falam de esperanças supraterrenas! São envenenadores, quer saibam disso ou não.

São desprezadores da vida, moribundos e eles próprios envenenados, dos quais a terra está cansada: que partam!

Outrora o sacrilégio contra Deus foi o maior de todos, mas Deus morreu, e com isso morreram também esses sacrílegos. O sacrilégio contra a terra é agora o mais terrível, e apreciar mais as entranhas do inescrutável do que o sentido da terra!

Outrora a alma olhava com desprezo para o corpo: e então era esse desprezo o mais elevado: – queria-o magro, horrível, esfaimado. Ela pensava com isso escapar dele e da terra.

Ó, essa alma era ela mesma também ainda magra, horrível e esfaimada: e a crueldade era a volúpia dessa alma!

Mas também vós, meus irmãos, falai-me: o que anuncia vosso corpo a respeito de vossa alma? Não é vossa alma pobreza e sujeira e um deplorável bem-estar?

O homem é deveras uma correnteza imunda. É preciso ser um mar para poder acolher uma correnteza imunda sem se tornar impuro.

Vede, eu vos ensino o super-homem: é ele esse mar, nele pode afundar vosso grande desprezo.

Que é o maior que podeis vivenciar? É a hora do grande desprezo. A hora em que também vossa fortuna se torna asco para vós, assim como vossa razão e vossa virtude.

A hora em que dizeis: "Que importa a minha fortuna! Ela é pobreza e imundície, e um deplorável bem-estar. Mas minha fortuna deveria justificar a própria existência!"

A hora em que dizeis: "Que importa a minha razão! Anseia ela por conhecimento assim como o leão anseia por seu alimento? Ela é pobreza e imundície, e um deplorável bem-estar!".

A hora em que dizeis: "Que importa a minha virtude! Ela ainda não me fez tempestear. Como estou cansado de meu bem e de meu mal! Tudo isso é pobreza e imundície, e um deplorável bem-estar!".

A hora em que dizeis: "Que importa a minha justiça! Não me vejo como brasa e carvão. Mas o justo é brasa e carvão!".

A hora em que dizeis: "Que importa a minha compaixão! Não é a compaixão a cruz à qual se prega aquele que ama os homens? Mas minha compaixão não é nenhuma crucificação".

Já falastes assim? Já clamastes assim? Ah, tivesse eu já vos ouvido gritar assim!

Não o vosso pecado – vossa frugalidade clama aos céus, a avareza com que pecais clama aos céus!

Onde estará o raio que vos lamba com a língua? Onde está a loucura com a qual deveis ser inoculados?

Vede, eu vos ensino o super-homem: é ele esse raio, é ele essa loucura! –

Tendo Zaratustra falado assim, alguém gritou da multidão: "Já ouvimos o suficiente do funambulista; agora, que o vejamos também!". E todo o povo riu-se de Zaratustra. O funambulista, porém, acreditando que as palavras eram dirigidas a ele, pôs-se ao trabalho.

4.

Zaratustra, porém, observava o povo admirado. Então falou assim:

O homem é uma corda, estendida entre o animal e o super-homem – uma corda por sobre um abismo.

Um perigoso atravessar, um perigoso estar a caminho, um perigoso olhar para trás, um perigoso arrepiar-se e estacar.

O que é grandioso no homem é que ele seja uma ponte, e não um fim: o que pode ser amado no homem é que ele seja uma *passagem* e um *ocaso*.

Eu amo aqueles que não sabem viver a não ser como poentes, pois eles são os que atravessam.

Eu amo os grandes desdenhosos, pois são os grandes honradores e as flechas do anseio pela outra margem.

Eu amo aqueles que não buscam somente por detrás das estrelas uma razão para ter seu ocaso e para sacrificar-se: mas que se sacrificam à terra, para que a terra pertença um dia ao super-homem.

Eu amo aquele que vive para conhecer e que quer conhecer para que viva um dia o super-homem. E assim ele quer o seu ocaso.

Eu amo aquele que trabalha e inventa para construir a casa do super-homem e preparar para ele a terra, o animal e a planta: pois assim quer ele o seu ocaso.

Eu amo aquele que ama a sua virtude: pois a virtude é vontade para o ocaso e uma flecha do anseio.

Eu amo aquele que não retém para si nenhuma gota de espírito, mas que quer ser inteiramente o espírito de sua virtude: assim avança ele como espírito por sobre a ponte.

Eu amo aquele que faz de sua virtude sua inclinação e sua fatalidade: dessa maneira, ele quer viver e deixar de viver por sua virtude.

Eu amo aquele que não quer ter virtudes demais. Uma virtude é mais virtude do que duas, pois ela é mais nó em que se penda a fatalidade.

Eu amo aquele cuja alma se desperdiça, que não quer ser grato e que não restitui: pois ele presenteia sempre e não quer se conservar.

Eu amo aquele que se constrange quando o dado lhe favorece e que então pergunta: serei eu um trapaceiro? – pois ele quer sucumbir.

Eu amo aquele que antecipa seus atos com palavras áureas, e que mantém ainda mais do que promete: pois ele quer o próprio ocaso.

Eu amo aquele que justifica os futuros e redime os passados: pois ele quer sucumbir pelos presentes.

Eu amo aquele que repreende seu deus porque ama seu deus: pois ele precisa sucumbir pela ira de seu deus.

Eu amo aquele cuja alma é profunda também no ferimento, que pode sucumbir por causa de uma pequena vivência: assim ele atravessa a ponte de bom grado.

Eu amo aquele cuja alma está abarrotada a tal ponto que ele se esqueça de si mesmo e todas as coisas sejam nele: assim todas as coisas se tornam o seu ocaso.

Eu amo aquele de espírito livre e coração livre: assim sua cabeça é apenas a entranha de seu coração, mas seu coração impele-o ao ocaso.

Eu amo todos aqueles que são gotas pesadas, caindo singulares da nuvem escura suspensa sobre os homens: eles anunciam que o raio está a caminho e sucumbem como anunciadores.

Vede, eu sou um anunciador do raio e uma gota pesada que cai da nuvem: esse raio, porém, chama-se super-homem. –

5.

Tendo proferido essas palavras, Zaratustra olhou novamente para o povo e calou. "Aí estão eles", falou ao seu coração, "aí riem-se: eles não me compreendem, não sou a boca para estas orelhas.

"Será preciso primeiro destroçar-lhes as orelhas para que aprendam a ouvir com os olhos? Será preciso matraquear como tímpanos e pregadores de penitência? Ou acreditarão apenas em balbuciadores?

"Eles têm algo de que se orgulham. Mas como chamam aquilo que os orgulha? Chamam-no de instrução, ela os distingue dos pastores de cabras.

"Por isso não gostam de ouvir de si a palavra 'desprezo'. Quero, pois, falar a seu orgulho.

"Quero, pois, falar-lhes da coisa mais desprezível que há: esta, porém, é *o último homem.*"

E assim falou Zaratustra ao povo:

É chegado o tempo para que o homem se dê a sua meta. É chegado o tempo para que o homem plante o germe de sua mais alta esperança.

Seu solo ainda é suficientemente rico para tanto. Mas esse solo será um dia pobre e manso, e nenhuma grande árvore poderá mais crescer dele.

Ai! Vem o tempo em que o homem não mais arremessará a flecha de seu anseio por sobre o homem, em que a corda de seu arco terá desaprendido a vibrar!

Eu vos digo: é preciso ter ainda caos em si para poder dar à luz uma estrela dançante. Eu vos digo: vós tendes ainda caos em vós.

Ai! Vem o tempo em que o homem não mais parirá estrela alguma. Ai! Está para vir o tempo do mais desprezível dos homens, que se tornou incapaz de desprezar a si próprio.

Vede! Eu vos mostro *o último homem.*

"Que é o amor? Que é a criação? Que é o anseio? Que é a estrela?" – assim pergunta o último homem, pestanejante.

A terra, então, tornou-se pequena, e sobre ela saltita o último homem, que a tudo torna pequeno. Sua estirpe é inextinguível, como o piolho de terra; o último homem tem a vida mais longa.

"Nós inventamos a fortuna" – dizem os últimos homens, pestanejando.

Eles deixaram as regiões em que era duro viver: pois precisa-se de calor. Amam ainda o vizinho e esfregam-se nele: pois precisa-se de calor.

Adoecer e desconfiar é para eles pecaminoso: anda-se com cuidado. É um tolo aquele que ainda tropeça por sobre pedras ou homens!

Um pouco de veneno de vez em quando: isso gera sonhos agradáveis. E muito veneno ao final, para uma morte agradável.

Ainda se trabalha, pois o trabalho é uma distração. Mas cuida-se para que a distração não prejudique a saúde.

Não se enriquece nem se empobrece mais: ambos são penosos demais. Quem quer ainda reger? E quem obedecer? Ambos são penosos demais.

Nenhum pastor e um rebanho! Todos querem o mesmo, todos são iguais: quem tem sentimentos distintos vai voluntariamente ao sanatório.

"Antigamente o mundo todo era louco" – dizem os mais sutis, pestanejando.

É-se astuto e sabe-se de tudo que ocorreu: dessa maneira tem-se material infinito para zombarias. Ainda há querelas, mas a reconciliação vem logo – caso contrário, arruína-se o estômago.

Tem-se o seu gostinho pelo dia e o seu gostinho pela noite: mas honra-se a saúde.

"Nós inventamos a felicidade" – dizem os últimos homens, pestanejando. –

E aqui terminou o primeiro discurso de Zaratustra, que também é chamado "o prólogo": pois neste ponto interrompeu-o a algazarra e o regozijo da multidão. "Dá-nos esses últimos homens, ó Zaratustra," – assim clamavam – "faz de nós esses últimos homens e presentear-te-emos com o super-homem!" E todo o povo rejubilava e estalava com a língua. Zaratustra, porém, entristeceu e disse a seu coração:

"Eles não me compreendem: eu não sou a boca para estas orelhas.

"Parece que vivi tempo demais nas montanhas, escutei demais os riachos e as árvores: agora lhes falo como um pastor de cabras.

"Imóvel é minha alma e clara como as montanhas pela manhã. Mas eles acham que eu sou frio e um zombeteiro de gracejos terríveis.

"E agora olham para mim e riem-se: e rindo odeiam-me ainda. Há gelo em seu riso."

6.

Mas então ocorreu algo que calou todas as bocas e paralisou cada olhar. Pois entrementes o funambulista começara seu trabalho: ele saíra de uma pequena porta e caminhava sobre a corda, que se encontrava estendida entre duas torres, de modo que pendia acima do mercado e do povo. Quando estava bem no meio do caminho, a pequena porta abriu-se novamente e uma figura colorida, semelhante a um bufão, saltou para fora e seguiu o primeiro com passos ligeiros. "Adiante, sua lesma", gritava a sua voz terrível, "adiante, seu preguiçoso, contrabandista, cara-pálida! Que eu não te pise os calcanhares! Que fazes aqui entre torres? Pertences à torre, deverias ser trancafiado, barras o caminho para alguém melhor que tu!" – E com cada palavra aproximava-se mais e mais: mas quando estava a apenas um passo dele, ocorreu algo assustador, que calou todas as bocas e paralisou cada olhar: – ele bradou como um diabo e lançou-se sobre aquele que se encontrava em seu caminho. Este, porém, ao ver seu rival vencer dessa maneira, perdeu com isso a cabeça e a corda; ele atirou fora sua vara e precipitou-se, mais veloz que esta, como um turbilhão de braços e pernas, nas profundezas. O mercado e o povo pareciam-se com o mar quando a tempestade se aproxima: tudo voou para todos os lados, especialmente ali onde o corpo deveria espatifar-se.

Zaratustra, porém, permaneceu imóvel, e o corpo caiu exatamente ao seu lado, estropiado e arrebentado, mas ainda não morto. Após algum tempo o destroçado voltou a si e viu Zaratustra ajoelhar-se a seu lado. “Que fazes aí?” disse, enfim. “Eu já sabia há tempos que o diabo me passaria a perna. Agora ele me arrasta para o inferno: acaso queres impedi-lo?”

“Por minha honra, amigo”, respondeu Zaratustra, “não existe nada disso de que falas: não há diabo e nem inferno. Tua alma morrerá ainda mais rápido do que teu corpo: não temas mais nada!”

O homem olhou para cima, desconfiado. “Se falas a verdade”, disse em seguida, “então não perco nada ao perder a vida. Não sou muito mais do que um animal ao qual se ensinou a dança por meio de açoites e magras recompensas.”

“Mas não”, falou Zaratustra; “tu fizeste do perigo o teu ofício, não há nada a desprezar nisso. Agora sucumbes em teu ofício: por isso quero enterrar-te com minhas próprias mãos.”

Tendo Zaratustra dito isso, o moribundo não mais respondeu; mas movia a mão, como que buscando a mão de Zaratustra em agradecimento. –

7.

Entrementes veio o anoitecer, e o mercado ocultou-se na escuridão: o povo tomou seu rumo, pois até mesmo curiosidade e surpresa cansam. Zaratustra, porém, permaneceu sentado na terra ao lado do morto, absorto em pensamentos: assim esqueceu o tempo. Mas finalmente fez-se noite, e um vento frio soprou por sobre o solitário. Zaratustra ergueu-se então e disse a seu coração:

“Deveras, Zaratustra fez hoje uma bela pescaria! Não pegou nenhum homem, mas um cadáver.

Inquietante é a existência humana, e ainda sem sentido: um bufão pode tornar-se sua fatalidade.

Quero ensinar aos homens o sentido de seu ser: o super-homem, o raio saído da nuvem escura homem.

Mas ainda me encontro distante deles, e meu sentido não fala a seus sentidos. Um meio-termo sou ainda para os homens, entre um néscio e um cadáver.

Escura é a noite, escuros são os caminhos de Zaratustra. Vem, ó frio e rígido companheiro! Levo-te para lá onde te enterrarei com minhas mãos."

8.

Tendo dito isso a seu coração, Zaratustra tomou o cadáver sobre as costas e pôs-se a caminho. E não tinha dado sequer cem passos quando um homem chegou-se até ele de mansinho e sussurrou-lhe ao ouvido – e vê só! Aquele que lhe falava era o bufão da torre. "Parte desta cidade, ó Zaratustra", falou ele; "pessoas demais odeiam-te por aqui. Odeiam-te os bons e os justos e eles chamam-te de inimigo e desprezador; odeiam-te os crentes da crença direita, e eles chamam-te de perigo da multidão. Tua sorte foi que se riram de ti: e, deveras, falaste como um bufão. Tua sorte foi que te associaste ao cão morto; ao te rebaixares dessa maneira, salvaste a ti mesmo por hoje. Mas parte desta cidade – ou então amanhã saltarei por sobre ti, um vivo por sobre um morto." E, tendo dito isso, o homem desapareceu; Zaratustra, porém, seguiu pelas vielas escuras.

Junto ao portão da cidade encontrou os coveiros: iluminaram-lhe o rosto com uma tocha, reconheceram Zaratustra e zombaram muito dele. "Zaratustra leva consigo o cão morto: Zaratustra é um bom moço por ter se feito coveiro! Pois nossas mãos são limpas demais para este assado. Quererá Zaratustra roubar ao diabo o seu bocado? Pois bem, vai-te! E boa sorte com a refeição! Que o diabo não seja um ladrão melhor que Zaratustra

– caso contrário, rouba a ambos, devora a ambos!" E juntaram as cabeças, rindo.

Zaratustra não disse uma palavra sequer em resposta e seguiu seu caminho. Tendo andado duas horas, atravessando florestas e pântanos, já tinha ouvido demais os uivos famintos dos lobos, e ele mesmo sentiu fome. Parou, então, diante de uma casa solitária, na qual ardia uma luz.

"A fome assalta-me como um bandido", disse Zaratustra. "Em florestas e pântanos assalta-me a minha fome; e na noite profunda.

"Humores espantosos tem minha fome. Frequentemente me vem apenas depois da refeição, e hoje não veio o dia todo: por onde se demorava?"

Dito isso, Zaratustra bateu ao portão da casa. Surgiu um homem velho; ele trouxe uma luz e perguntou: "Quem vem até mim e meu sono ruim?".

"Um vivo e um morto", disse Zaratustra. "Dá-me de comer e beber, esqueci de fazê-lo durante o dia. Aquele que alimenta os famintos refresca a própria alma: assim fala a sabedoria."

O velho partiu, mas logo retornou, oferecendo pão e vinho a Zaratustra. "Uma região vil, esta, para os famintos", disse ele; "por isso moro aqui. Animais e homens vêm até mim, o eremita. Mas oferece também a teu companheiro comida e bebida, ele está mais cansado que tu." Zaratustra respondeu: "Morto está meu companheiro, será difícil persuadi-lo". "Isso não me interessa", disse o velho em tom irritado; "quem bate à minha casa deve também tomar o que ofereço. Comei e desfrutai!" –

Em seguida Zaratustra caminhou novamente por duas horas, confiando no caminho e na luz das estrelas: pois ele era um notívago habituado e amava olhar no rosto de tudo que dormia. Mas quando raiou a manhã, Zaratustra encontrou-se numa floresta densa, e mais nenhum caminho se lhe revelava. Deitou, então, o morto em uma árvore oca, à altura da cabeça – pois queria protegê-lo dos lobos – e a si próprio no chão e no musgo. E em seguida adormeceu, de corpo cansado, mas de alma imóvel.

9.

Zaratustra dormiu longamente, e não apenas a aurora passou por seu semblante, mas também a manhã. Finalmente, porém, seu olho se abriu: Zaratustra olhou admirado para a floresta e para o silêncio, admirado olhou para dentro de si. Então ergueu-se depressa, como um marujo que de repente vê a terra, soltando gritos jubilosos: pois vira uma nova verdade. E assim falou ele a seu coração:

Uma luz foi-me acesa: preciso de companheiros, e vivos – não companheiros mortos e cadáveres que carrego comigo para onde quero.

Pelo contrário, preciso de companheiros vivos que me sigam porque querem seguir a si mesmos – e para onde eu queira ir.

Uma luz foi-me acesa: que Zaratustra não fale ao povo, mas a companheiros! Não deve Zaratustra se tornar pastor e cão de um rebanho!

Afastar muitos do rebanho – é para isso que vim. Povo e rebanho devem irar-se comigo: Zaratustra quer ser ladrão para os pastores.

Pastores, digo eu, mas eles se chamam de bons e justos. Pastores, digo eu: mas eles se chamam de crentes da crença direita.

Vê os bons e justos! A quem odeiam mais? Àquele que quebra suas tábuas de valores, o quebrador, o infrator: – este, porém, é o criador.

Vê os crentes de todas as crenças! A quem odeiam mais? Àquele que quebra suas tábuas de valores, o quebrador, o infrator: – este, porém, é o criador.

Companheiros busca o criador, e não cadáveres, e tampouco rebanhos e crentes. O criador busca cocriadores que escrevam novos valores sobre novas tábuas.

Companheiros busca o criador, e parceiros de colheita: pois para ele tudo se encontra maduro para a colheita. Mas faltam-lhe as cem foices: ele arranca as espigas e aborrece-se.

Companheiros busca o criador, e daqueles que saibam amolar suas foices. Chamá-los-ão de aniquiladores e de desprezadores do bem e do mal. Mas são os colhedores e os festejadores.

Cocriadores busca Zaratustra, parceiros de colheita e de festejo busca Zaratustra: que tem ele a criar com rebanhos e pastores e cadáveres!

E tu, meu primeiro companheiro, vai em paz! Enterrei-te bem em tua árvore oca, ocultei-te bem dos lobos.

Mas despeço-me de ti, o tempo é chegado. Entre aurora e aurora veio-me uma nova verdade.

Não devo ser pastor, nem coveiro. Nem uma vez mais sequer quero falar com o povo; pela última vez falei com um morto.

Ao criador, ao colhedor, ao festejador quero associar-me: quero mostrar-lhe o arco-íris e todos os degraus do super-homem.

Aos eremitas cantarei minha canção, e aos diremitas; e quem mais ainda tiver ouvidos para o inaudito, dele quero fardar o coração com minha fortuna.

Quero meu fim, sigo minha marcha; por sobre os hesitantes e morosos saltarei. Que minha marcha seja o seu ocaso!

10.

Isso falara Zaratustra a seu coração quando o sol estava a pino: olhou então interrogativo para as alturas – pois ouvia sobre si o chamado estridente de um pássaro. E olha só! Uma águia cruzava em largos círculos pelos ares, e nela pendurava-se uma cobra, não como presa, mas como amiga: pois ela estava enrolada em seu pescoço.

"São meus animais!", disse Zaratustra, alegrando-se de coração.

"O mais orgulhoso animal sob o sol e o animal mais astuto sob o sol – partiram em busca de notícia.

"Querem verificar se Zaratustra ainda vive. Com efeito, vivo eu ainda?

"Em mais perigo encontrei-me entre homens do que entre animais, Zaratustra trilha caminhos perigosos. Que meus animais me guiem!"

Tendo dito isso, Zaratustra recordou as palavras do santo na floresta, suspirou e falou assim a seu coração:

"Que eu seja mais astuto! Que eu seja radicalmente astuto, como minha cobra é!

"Mas peço algo de impossível: peço, pois, a meu orgulho que sempre caminhe junto de minha astúcia!

E se algum dia minha astúcia me deixar: – ah, ela adora escapar-me! – que meu orgulho ainda voe com minha tolice!"

– Assim começou o ocaso de Zaratustra.

Os discursos de Zaratustra

Das três transformações

Enumero-vos três transformações do espírito: como o espírito se torna camelo, o camelo leão, e, por fim, como o leão se torna criança.

Há muito peso para o espírito, para o espírito forte, de carga, no qual habita a reverência: sua força exige o pesado, o mais pesado.

"O que é pesado?" Assim pergunta o espírito de carga, assim se ajoelha, como o camelo, e quer ser carregado abundantemente.

"O que é o mais pesado, ó heróis?" Assim pergunta o espírito de carga. "Que eu o tome sobre mim e me alegre com minha força."

Não será isto: rebaixar-se para ferir a altivez? Deixar brilhar a tolice para zombar da sabedoria?

Ou será isto: despedirmo-nos de nossa ocupação quando esta comemora a vitória? Escalar altas montanhas para tentar o tentador?

Ou será isto: alimentar-se das castanhas e da erva do conhecimento e jejuar com a alma em nome da verdade?

Ou será isto: adoecer e enviar os consoladores para casa e selar amizade com surdos que jamais ouvem o que queres?

Ou será isto: mergulhar em águas sujas, quando estas forem as águas da verdade, e não afastar de si frios sapos e rãs quentes?

Ou será isto: amar àqueles que nos desprezam e estender a mão ao fantasma quando este nos quer assustar?

Tudo isso de mais pesado toma o espírito de carga sobre si: como o camelo que, carregado, se precipita ao deserto, precipita-se ele a seu deserto.

Porém no mais ermo dos desertos ocorre a segunda transformação: o espírito torna-se aqui leão, ele quer tomar a liberdade como presa e ser senhor em seu próprio deserto.

Aqui busca ele pelo seu último senhor: quer tornar-se seu inimigo e de seu último deus, com o grande dragão quer digladiar pela vitória.

Que grande dragão é esse, que o espírito não mais pode chamar senhor e deus? "Tu deves", chama-se o grande dragão. Mas o espírito do leão diz "eu quero".

"Tu deves" atravessa-lhe o caminho, de brilho dourado, uma criatura escamosa, e sobre cada escama cintila em dourado: "Tu deves!".

Valores milenares cintilam nessas escamas, e assim fala o mais poderoso de todos os dragões: "Todo valor das coisas – cintila em mim".

"Todo valor já foi criado, e o valor criado para tudo – este sou eu. Deveras, não deve haver mais nenhum 'eu quero'!" Assim fala o dragão.

Meus irmãos, para que é preciso o leão no espírito? Para que não é suficiente o animal de carga, que renuncia e é reverente?

Criar novos valores – isso tampouco pode o leão ainda: mas criar para si a liberdade para novas criações – isso pode a força do leão.

Criar para si liberdade e um "não" sagrado também perante a obrigação: para tanto, meus irmãos, é necessário o leão.

Adquirir o direito para novos valores – é essa a aquisição mais terrível para um espírito de carga reverente. Deveras, trata-se para ele de um roubo, assunto para um animal predador.[1]

---

1. O termo alemão *Raub* pode referir-se tanto a um roubo como a uma presa de caça. (N.T.)

Outrora amara o "tu deves" como o que havia de mais sagrado para ele: agora precisa encontrar ilusão e arbitrariedade também no mais sagrado, de modo a roubar para si a liberdade de seu amor: ele necessita do leão para esse roubo.

Mas dizei, meus irmãos, de que é capaz a criança, que também o leão não pudera fazer? Por que precisa o leão predador ainda fazer-se criança?

Inocência é a criança, e esquecimento, um recomeço, um jogo, uma roda que gira a partir de si mesma, um primeiro movimento, um sagrado "dizer sim".

Sim, para o jogo da criação, meus irmãos, é necessário um sagrado "dizer sim": a *sua* vontade quer agora o espírito, o *seu* mundo ganha agora aquele que fora perdido para o mundo.

Três transformações enumerei-vos do espírito: como o espírito tornou-se camelo, e o camelo leão, e o leão, por fim, criança. – –

Assim falou Zaratustra. E nesse tempo demorava-se na cidade chamada "Vaca Colorida".

Das cátedras da virtude

Elogiou-se para Zaratustra um sábio que sabia falar bem do sono e da virtude: muito era louvado e recompensado por isso, e todos os jovens sentavam-se diante de sua cátedra. Até ele foi Zaratustra, e, juntamente com os jovens todos, sentou-se diante de sua cátedra. E assim falou o sábio:

"Honra e pudor perante o sono, em primeiro lugar! E sair do caminho de todos aqueles que dormem mal e vigiam à noite!

"Discreto é também o gatuno perante o sono: sempre passando silenciosamente, às furtadelas, pela noite.

Indiscreto é, porém, o guarda-noturno, carregando indiscretamente sua trombeta.

"Dormir não é uma arte menor: para dormir é necessário vigiar o dia todo.

"Dez vezes deves superar-te a ti próprio durante o dia: isso gera um bom cansaço e é ópio para a alma.

"Dez vezes deves reconciliar-te contigo mesmo; pois superação é amargura, e o inconciliado dorme mal.

"Dez verdades deves encontrar durante o dia: do contrário buscas ainda de noite pela verdade, e tua alma permanece faminta.

"Dez vezes deves rir durante o dia e alegrar-te: do contrário incomoda-te o estômago à noite, esse pai da aflição.

"Poucos sabem: mas é preciso possuir todas as virtudes para dormir bem. E caso levante falso testemunho? E caso quebre uma promessa?

"E caso me permita cobiçar a mulher do próximo? Tudo isso combina mal com um bom sono.

"E mesmo quando se tem todas as virtudes, deve-se saber ainda uma coisa mais: mandar também as próprias virtudes dormir em boa hora.

"Para que não briguem umas com as outras, as boas mocinhas! E por ti, ó infeliz!

"Paz com Deus e com o vizinho: assim quer o bom sono. E paz também com o diabo do vizinho! Senão ele virá até ti à noite.

"Honra a autoridade e a obediência, e também a autoridade torta! Assim quer o bom sono. Que posso fazer se o poder se compraz em andar sobre pernas tortas?

"Para mim o melhor pastor será sempre aquele que leva o cordeiro à campina mais verdejante: isso combina com o bom sono.

"Não quero muitas honrarias, nem grandes tesouros: isso inflama o baço. Mas dorme-se pior sem um bom nome e um pequeno tesouro.

"Pouca companhia me é mais bem-vinda do que má companhia: não obstante, ela deve ir e vir no tempo certo. Isso combina com o bom sono.

"Agradam-me muito também os pobres de espírito: eles incentivam o sono. Sentem-se especialmente ditosos quando se lhes dá sempre razão.

"Assim decorre o dia para o virtuoso. Mas quando vem a noite, então abstenho-me de chamar o sono! Ele não quer ser chamado, o sono, que é o senhor das virtudes!

"Ao contrário, penso no que fiz e pensei durante o dia. Pergunto-me, ruminando, paciente como uma vaca: quais foram mesmo as tuas dez superações?

"E quais foram as dez reconciliações e as dez verdades e as dez risadas com as quais meu coração se aprouve?

"Desse modo, pesando quarenta pensamentos que embalam-me em seu peso, o sono assalta-me de uma vez, aquele que não é chamado, o senhor das virtudes.

"O sono bate-me ao olho, fazendo-o pesar. O sono toca-me a boca, fazendo-a pender aberta.

"Deveras, ele me vem de mansinho, o mais amável dos gatunos, e rouba-me os pensamentos: e lá permaneço, estúpido como esta cadeira.

"Mas não fico mais de pé por muito tempo: logo já estou deitado. –"

Ao ouvir o sábio falar assim, Zaratustra riu consigo no coração: pois foi-lhe acesa com isso uma luz. E assim falou a seu coração:

"Um tolo é para mim este sábio com seus quarenta pensamentos: mas creio que ele realmente entenda de sono.

"Feliz daquele que vive próximo deste sábio! Um sono assim é contagioso, ele contagia mesmo através de uma parede grossa.

"Em sua cátedra mesma reside um encanto. E não foi à toa que os jovens se sentaram diante do pregador da virtude.

"Sua sabedoria é a seguinte: vigiar para bem dormir. E, deveras, não tivesse a vida qualquer sentido e devesse eu escolher um disparate, então também para mim este seria o disparate mais digno de escolha.

"Agora compreendo claramente o que outrora se buscava acima de tudo ao se buscar professores da virtude. Buscava-se bom sono e virtudes opiáceas!

"Para todos esses venerados sábios das cátedras a sabedoria era o sono sem sonhos: eles não conheciam nenhum sentido melhor para a vida.

"E ainda hoje, decerto, há alguns, como este pregador da virtude, e nem sempre tão honestos: mas o seu tempo acabou. E não por muito tempo permanecerão ainda de pé: já estão a se deitar.

"Bem-aventurados são estes sonolentos: pois em breve já estarão cochilando." –

Assim falou Zaratustra.

Dos transmundanos

Outrora também Zaratustra lançou sua ilusão para além do homem, à maneira de todos os transmundanos. O mundo pareceu-me então a obra de um deus sofredor e torturado.

Um sonho pareceu-me então o mundo, e invenção de um deus; fumaça colorida diante dos olhos de um ente divinamente insatisfeito.

Bem e mal e prazer e dor e eu e tu – fumaça colorida, parecia-me, diante de olhos criadores. Desviar de si o olhar queria o criador – criou então o mundo.

Ébrio prazer é para o sofredor desviar o olhar de seu sofrimento e perder-se. Um ébrio prazer e um perder-se a si próprio pareceu-me outrora o mundo.

Este mundo, eternamente imperfeito, a imagem de uma eterna contradição e uma imagem imperfeita – um ébrio prazer para seu criador imperfeito: assim pareceu-me outrora o mundo.

Desse modo, também eu lancei minha ilusão para além do homem, à maneira de todos os transmundanos. Para além do homem, de fato?

Ah, irmãos, esse deus que criei era obra e insanidade humana, assim como todos os deuses!

Homem era ele, e apenas uma pobre fração de homem, e eu: das próprias cinzas e brasas veio-me ele, esse fantasma, e, deveras!, não foi do além que me veio!

O que terá ocorrido, meus irmãos? Superei-me; eu, o sofredor, carreguei minhas próprias cinzas à montanha, inventei para mim uma chama mais ardente. E vede só! O fantasma *esquivou-se* de mim!

Sofrimento ser-me-ia agora, e tortura para o convalescido, crer em tais fantasmas: ser-me-ia agora sofrimento e rebaixamento. Assim falo aos transmundanos.

Sofrimento e impotência – foi isso que criou todos os mundos transcendentes; e aquela curta insanidade da fortuna que somente o mais sofrido experimenta.

Um cansaço que quer chegar de um só salto ao último, com um salto mortal, um cansaço pobre e ignorante que não quer mais nem mesmo querer: este criou todos os deuses e mundos transcendentes.

Crede em mim, meus irmãos! Era o corpo que se desesperava com o corpo – era ele que apalpava as últimas paredes com os dedos do espírito transtornado.

Crede em mim, meus irmãos! Era o corpo que se desesperava com a terra – era ele que ouvia o ventre do ser falar consigo.

E então quis ele atravessar com a cabeça, e não apenas com a cabeça, as últimas paredes – atravessar para o "outro mundo".

Mas o "outro mundo" encontra-se bem oculto do homem, um mundo desumanizado e inumano, que é um nada celestial; e o ventre do ser não fala em absoluto com o homem, a não ser como homem.

Deveras, difícil de provar é todo ser e difícil de fazer falar. Dizei-me, ó irmãos: não é a coisa mais maravilhosa de todas ainda melhor quando comprovada?

Sim, este eu, este labirinto contraditório do eu fala ainda da maneira mais honesta de seu ser, este eu criador, querente, avaliador, que é a medida e o valor das coisas.

E esse ser mais honesto, o eu – ele fala do corpo, e ele quer ainda o corpo, mesmo quando divaga e devaneia e esvoaça com asas quebradas.

Ele aprende a falar cada vez mais honestamente, o eu: e quanto mais aprende, tanto mais encontra palavras e honras para o corpo e para a terra.

Um novo orgulho ensinou-me o meu eu, e eu ensino-o aos homens: não mais enfiar a cabeça na areia das coisas celestes, mas carregá-la livremente, uma cabeça terrestre, que crie sentido para a terra!

Uma nova vontade ensino aos homens: querer esse caminho que o homem trilhou cegamente, e bendizê-lo, e não mais trilhar à sua margem, às furtadelas, como os enfermos e moribundos!

Eram enfermos e moribundos aqueles que desprezaram o corpo e a terra e inventaram o celestial e as gotas de sangue redentoras: mas também esses doces e lúgubres venenos foram tomados do corpo e da terra!

Queriam escapar de sua miséria, e as estrelas encontravam-se longe demais. Então suspiravam: "Ó, pudera haver caminhos celestiais para sorrateiramente obter um outro ser e uma outra sorte!" – e assim inventaram para si truques e poçõezinhas sangrentas!

E agora imaginavam-se deslocados de seu corpo e desta terra, esses ingratos. Mas a quem deviam os espasmos e as delícias de seu deslocamento? A seu corpo e a esta terra.

Zaratustra é ameno para com os enfermos. Deveras, ele não se ira com suas formas de consolo e de ingratidão. Que se tornem convalescentes e superadores, que criem para si um corpo mais elevado!

Tampouco ira-se Zaratustra com o convalescente quando este volta um olhar enternecido para sua ilusão e ronda a cova de seu deus à meia-noite: mas suas lágrimas não deixam de ser doença e corpo enfermo para mim.

Sempre houve muita gente enferma entre aqueles que inventam e que anseiam por deuses; odeiam loucamente o conhecedor e aquela mais jovial das virtudes que se chama honestidade.

Estão sempre a olhar para trás, para tempos sombrios: então a ilusão e a crença eram certamente outra coisa; o frenesi da razão era tido por algo divino, e a dúvida era pecado.

Conheço bem demais esses divinos: eles querem que se creia neles e que a dúvida seja pecado. Bem demais conheço também a crença de sua preferência.

Com efeito, não creem em mundos transcendentes e gotas de sangue redentoras: mas também eles creem no corpo acima de tudo, e seu próprio corpo é para eles a sua coisa em si.

Mas uma coisa doentia é o corpo para eles: e bem que gostariam de sair de sua pele. Por isso dão ouvidos aos pregadores da morte e pregam, eles mesmos, mundos transcendentes.

É preferível que escuteis a mim, meus irmãos, a voz do corpo são: esta é uma voz mais honesta e pura.

De maneira mais honesta e pura fala o corpo são, o corpo perfeito e anguloso: e ele fala do sentido da terra.

Assim falou Zaratustra.

Dos desprezadores do corpo

Quero dizer minha palavra aos desprezadores do corpo. Não devem aprender ou ensinar diferentemente, mas apenas despedir-se de seus próprios corpos – e assim calar.

"Corpo sou eu, e alma" – assim fala a criança. E por que não se deveria falar como as crianças?

Mas o desperto, o conhecedor diz: sou inteiro corpo, e nada além disso; e alma é apenas uma palavra para algo no corpo.

O corpo é uma grande razão, uma multiplicidade com um sentido, uma guerra e uma paz, um rebanho e um pastor.

Instrumento de teu corpo é também a tua pequena razão, meu irmão, à qual chamas de "espírito", um pequeno instrumento e joguete de tua grande razão.

"Eu", dizes, e orgulhas-te dessa palavra. Mas maior é aquilo em que não queres crer – teu corpo e sua grande razão: esta não diz eu, mas faz eu.

O que o sentido sente, o que o espírito conhece, nada disso tem jamais seu fim em si. Mas sentido e espírito querem persuadir-te de que são o fim de todas as coisas: tamanha é sua vaidade.

Instrumento e joguete são sentido e espírito: por detrás deles encontra-se ainda o si-próprio.[2] O si-próprio busca também com os olhos dos sentidos, escuta também com os ouvidos do espírito.

Sempre escuta o si-próprio, e busca: ele compara, subjuga, conquista, destrói. Ele domina e é também o dominador do eu.

Por detrás de teus pensamentos e sentimentos, meu irmão, encontra-se um poderoso regente, um sábio desconhecido – seu nome é si-próprio. Ele vive em teu corpo, teu corpo é ele.

Há mais razão em teu corpo do que em tua melhor sabedoria. E quem saberá para que teu corpo necessita justamente de tua melhor sabedoria?

Teu si-próprio ri de teu eu e de seus saltos orgulhosos. "Que são para mim estes saltos e voos do pensamento?", pergunta-se. "Um desvio para minha finalidade. Eu sou as andadeiras do eu e o inflador de seus conceitos."

O si-próprio diz ao eu: "Sente dor aqui!". E então ele sofre e reflete sobre como não mais sofrer – e é justamente para isso que ele *deve* pensar.

O si-próprio diz ao eu: "Sente prazer aqui!". Então ele se alegra e reflete sobre como se alegrar com mais frequência – e é justamente para isso que ele *deve* pensar.

Aos desprezadores do corpo quero dizer algumas palavras. O seu desprezo constitui seu apreço. O que terá criado o apreço e o desprezo e o valor e a vontade?

O si-próprio criador criou para si o apreço e o desprezo, criou para si prazer e dor. O corpo criador criou para si o espírito como uma mão de sua vontade.

---

2. Nietzsche contrapõe, nesta seção, *Ich* ("eu") e *Selbst*, algo que se encontra ainda "por detrás" de nosso eu consciente. O termo foi traduzido aqui por "si-próprio". (N.T.)

Mesmo em vossa tolice e em vosso desprezo, ó desprezadores do corpo, servis o vosso si-próprio. Eu vos digo: vosso próprio si-próprio quer morrer e desvia-se da vida.

Ele não pode mais aquilo que mais quer – criar para além de si. Eis o que deseja com mais intensidade, eis todo seu fervor.

Mas agora já é tarde demais para tanto – e assim o vosso si-próprio quer o seu ocaso, ó depreciadores do corpo.

O seu ocaso quer o vosso si-próprio, e por isso vos tornastes depreciadores do corpo! Pois não sois mais capazes de criar para além de vós.

E por isso vos irritais agora com a vida e com a terra. Há uma inveja inconsciente no olhar enviesado de vosso desprezo.

Eu não vou por vosso caminho, ó depreciadores do corpo! Não sois para mim uma ponte para o super-homem! –

Assim falou Zaratustra.

Das alegrias e paixões

Meu irmão, se tens uma virtude, e se essa virtude é tua, então não a tens em comum com ninguém.

Certamente queres chamá-la pelo nome e afagá-la; queres puxar-lhe a orelha e passar o tempo com ela.

E olha só! Agora tens seu nome em comum com o povo e te tornaste povo e rebanho com tua virtude!

Melhor farias se dissesses: "É inefável e inominado aquilo que causa torturas e doçuras à minha alma e que ainda é a fome de minhas entranhas".

Que tua virtude seja demasiado elevada para a fiabilidade dos nomes: e se precisares falar dela, não te envergonhes se gaguejares.

Fala e gagueja assim: "Eis o *meu* bem, eu o amo, ele me agrada por inteiro, somente assim quero o bem.

"Não o quero como a lei de um deus, não o quero como preceito e necessidade humanas: que não seja para mim nenhum guia para supermundos e paraísos.

"É uma virtude terrena, aquela que eu amo: há pouca astúcia nela, e muito menos a razão de todos.

"Mas esse pássaro fez em mim seu ninho: por isso amo-o e acolho-o – agora senta-se comigo sobre ovos dourados."

Assim deves gaguejar e louvar a tua virtude.

Outrora tiveste paixões e as chamaste de más. Mas agora tens apenas as tuas virtudes: elas cresceram a partir de tuas paixões.

Puseste tua mais elevada meta no coração dessas paixões: e assim tornaram-se tuas virtudes e alegrias.

E, quer fosses da estirpe dos irascíveis ou da dos voluptuosos ou da dos crentes fanáticos ou da dos sedentos por vingança:

Ao final, todas as tuas paixões tornaram-se virtudes e todos os teus demônios tornaram-se anjos.

Outrora tinhas cães selvagens em teu porão: mas ao final transformaram-se em pássaros e cantoras amáveis.

De teus venenos destilaste o teu bálsamo; tua vaca da aflição, ordenhaste-a – agora bebes do doce leite de seu úbere.

E nada de mau cresce mais de ti de agora em diante, salvo o mal que cresce do conflito de tuas virtudes.

Meu irmão, se tiveres sorte, então terás uma virtude apenas: assim passarás mais facilmente pela ponte.

É excelente possuir muitas virtudes, mas uma sina difícil; e houve quem tenha ido ao deserto e se matado por estar cansado de ser batalha e campo de batalha de virtudes.

Meu irmão, serão más a guerra e a batalha? Mas necessário é esse mal, necessárias são a inveja e a desconfiança e a calúnia entre tuas virtudes.

Vê como cada uma de tuas virtudes anseia pelo mais elevado: ela quer teu espírito todo, para que seja o *seu* arauto, quer toda a tua força em ira, ódio e amor.

Toda virtude tem ciúmes das outras, e o ciúme é uma coisa frutífera. Também virtudes podem sucumbir por causa de ciúmes.

A quem a chama do ciúme circunda, este volta por fim o ferrão venenoso contra si próprio, como o escorpião.

Ah, meu irmão, jamais viste uma virtude caluniar-se e aferroar-se a si própria?

O homem é algo que precisa ser superado: e por isso deves amar a tuas virtudes – pois sucumbirás por elas. –

Assim falou Zaratustra.

Do pálido criminoso

Não quereis matar, ó juízes e sacrificadores, antes de o animal ter baixado a cabeça? Vede, o pálido criminoso baixou a cabeça: de seu olho fala o grande desprezo.

"Meu eu é algo que deve ser superado: meu eu é para mim o grande desprezo do homem": assim fala o desprezo desse olho.

Foi seu momento mais elevado ter se julgado a si próprio: não deixeis o elevado retornar à sua baixeza!

Não há redenção para aquele que sofre consigo mesmo dessa maneira, a não ser a morte rápida.

Vossa execução, ó juízes, deve ser uma compaixão e não uma vingança. E, ao matar, cuidai de justificar vós mesmos a vida!

Não é suficiente que vos reconcilieis com aquele que matais. Que vossa tristeza seja amor para com o super-homem: assim justificais o fato de ainda viverdes!

"Inimigo", deveis dizer, mas não "vilão"; "enfermo", deveis dizer, mas não "canalha"; "tolo", deveis dizer, mas não "pecador".

E tu, juiz escarlate, se fosses pronunciar tudo que já fizeste em pensamento então todos gritariam: "Livremo-nos desta escória, deste verme peçonhento!".

Mas o pensamento é uma coisa, outra coisa é o ato, e outra ainda a imagem do ato. A roda das causas não gira entre eles.

Uma imagem empalideceu este homem pálido. Encontrava-se à altura de seu ato ao cometê-lo: mas a sua imagem ele não pôde suportar, uma vez cometido.

Agora se via sempre como o autor de um ato. Chamo a isso de insanidade: a exceção converteu-se para ele em essência.

Um risco põe a galinha em transe; o golpe por ele executado pôs sua pobre razão em transe – chamo a isso de insanidade *pós*-ato.

Ouvi, ó juízes! Há ainda uma outra insanidade: e esta ocorre antes do ato. Ah, julgo que não penetrais suficientemente nesta alma!

Assim fala o juiz escarlate: "Por que cometeu este criminoso um assassinato? Ele queria roubar". Mas eu vos digo: sua alma queria sangue, não roubo: estava sedenta pela fortuna do punhal!

Sua pobre razão, porém, não compreendeu essa loucura e persuadiu-o. "Que me interessa o sangue?", disse. "Não quererás pelo menos cometer também um roubo? Vingar-te?"

E ele deu ouvidos a sua pobre razão: como chumbo pesava seu discurso sobre ele – e então roubou ao matar. Ele não queria se envergonhar da própria insanidade.

E eis que novamente o chumbo de sua culpa pesa sobre ele, e mais uma vez sua pobre razão encontra-se tensa, debilitada, pesada.

Se pudesse apenas sacudir a cabeça, seu fardo despencaria: mas quem sacudirá essa cabeça?

Que é este homem? Um amontoado de doenças que estendem os braços ao mundo através do espírito: lá querem capturar sua presa.

Que é este homem? Um emaranhado de serpentes selvagens que raramente têm paz entre si – de modo que saem por conta própria buscando presas pelo mundo.

Vede só este pobre corpo! O que ele sofria e ansiava foi interpretado por essa pobre alma – ela o interpretou como desejo assassino e avidez pela fortuna do punhal.

Quem agora adoece é assaltado pelo mal que é agora mau: ele quer ferir com aquilo que o fere. Mas houve outros tempos e um outro bem e mal.

Outrora a dúvida era má, e a vontade de si-próprio. Nesses tempos, o enfermo tornava-se herege e bruxa: sofria como herege e bruxa e queria causar sofrimento.

Mas isso não quer vos entrar pelos ouvidos: é danoso aos vossos bons, dizeis. Mas que me importam os vossos bons!

Muito em vossos bons causa-me repulsa, e não o que há de mau neles, deveras. Como eu queria que tivessem uma loucura pela qual sucumbissem, assim como este pálido criminoso!

Quisera eu, deveras, que sua loucura se chamasse verdade ou fidelidade ou justiça: mas eles têm sua virtude para viver longamente em deplorável bem-estar.

Eu sou uma balaustrada à beira da correnteza: que me agarre quem puder! Vossa muleta, porém, não sou. –

Assim falou Zaratustra.

Do ler e escrever

De tudo que está escrito amo apenas aquilo que alguém escreve com o próprio sangue. Escreve com sangue: e experimentarás que sangue é espírito.

Não é fácil compreender sangue alheio: odeio os leitores ociosos.

Quem conhece o leitor nada mais faz por ele. Mais um século de leitores – e o próprio espírito vai feder.

Que todos possam aprender a ler corrompe, a longo prazo, não apenas o escrever, mas também o pensar.

Outrora o espírito fora Deus, depois tornou-se homem e agora só falta transformar-se em plebe.

Quem escreve em sangue e em ditos não quer ser lido, mas decorado.

Nas montanhas, o caminho mais curto é ir de pico em pico: mas para tal é preciso ter pernas longas. Ditos devem ser picos: e aqueles aos quais se fala, grandes e vigorosos.

O ar rarefeito e puro, o perigo próximo e o espírito pleno de uma alegre maldade: isso tudo combina bem.

Quero ter duendes ao meu entorno, pois sou corajoso. A coragem, que espanta fantasmas, cria duendes para si mesma – a coragem quer rir.

Não sinto mais convosco: esta nuvem que vejo sob mim, este negrume, este peso de que me rio – justamente isso é vossa tempestade.

Vós olhais para cima quando desejais elevação. E eu olho para baixo, porque sou elevado.

Qual de vós pode simultaneamente rir e ser elevado?

Aquele que escala as mais altas montanhas ri de todas as tragédias e de todos os dramas.

Corajoso, despreocupado, zombeteiro, violento – assim nos quer a sabedoria: ela é uma mulher e sempre ama somente um guerreiro.

Vós me dizeis: "A vida é pesada de se carregar". Mas para que teríeis vosso orgulho pela manhã e vossa resignação à noite?

A vida é pesada de se carregar: mas então não sejais tão delicados! Somos todos garbosos e carregáveis jumentos e jumentas.

Que temos nós em comum com o botão de rosa que treme porque lhe caiu uma gota de orvalho sobre o corpo?

É verdade: amamos a vida não porque estejamos habituados com a vida, mas sim com o amar.

Sempre há alguma loucura no amor. Mas há sempre também algo de razão na loucura.

E também a mim, que sou bom com a vida, borboletas e bolhas de sabão e o que mais desse gênero ocorre entre os homens parecem saber mais do que ninguém a respeito da fortuna.

Ver essas leves, tolas, graciosas, movimentadas alminhas baterem suas asas – isso leva Zaratustra a lágrimas e canções.

Eu só acreditaria em um deus que soubesse dançar.

E quando vi meu diabo, achei-o sério, íntegro, profundo, solene: era o espírito do peso – todas as coisas caem por meio dele.

Não é com ira, mas com risos que se mata. Avante, matemos o espírito do peso!

Aprendi a andar: desde então deixo-me correr. Aprendi a voar: desde então não quero ser empurrado para sair do lugar.

Agora sou leve, agora voo, agora me vejo sob mim mesmo, agora um deus dança através de mim.

Assim falou Zaratustra.

Da árvore na montanha

O olho de Zaratustra vira que um jovem o evitava. E, certa noite, ao caminhar só pelas montanhas que circundavam a cidade chamada "Vaca Colorida", veja só, encontrou esse jovem sentado, recostado contra uma árvore, mirando o vale com um olhar cansado. Zaratustra tocou a árvore junto à qual o jovem estava sentado e falou assim:

"Se eu quisesse sacudir esta árvore aqui com minhas próprias mãos, não seria capaz de fazê-lo.

"Mas o vento, que não vemos, tortura-a e entorta-a para onde quer. São mãos invisíveis que nos entortam e torturam mais."

O jovem, então, levantou-se atônito e disse: "Ouço Zaratustra e pensava nele agora mesmo". Zaratustra respondeu:

"Por que te assustas com isso? – Pois é com o homem assim como com a árvore.

"Quanto mais ele quer se elevar à altura e à claridade, tanto mais suas raízes tendem em direção à terra, para baixo, penetrando a escuridão profunda – o mal."

"Sim, o mal!", exclamou o jovem. "Como é possível que tenhas descoberto minha alma?"

Zaratustra sorriu e falou: "Algumas almas não serão jamais descobertas, a não ser que sejam inventadas primeiro".

"Sim, o mal!", exclamou o jovem mais uma vez.

"Disseste a verdade, Zaratustra. Não confio mais em mim mesmo desde que desejo as alturas, ninguém mais confia em mim – como é possível?

"Transformo-me rápido demais: meu hoje refuta meu ontem. Eu salto frequentemente por sobre os degraus, quando subo – e não há degrau que me o perdoe.

"Se estou no alto, então encontro-me sempre só. Ninguém fala comigo, o gelo da solidão faz-me tremer. Que quero eu nas alturas?

"Meu desprezo e meu anseio crescem conjuntamente; quanto mais alto escalo, tanto mais desprezo aquele que escala. Que quer ele nas alturas?

"Como me envergonho de meu subir e tropeçar! Como zombo de minha respiração ofegante! Como odeio aquele que voa! Como estou cansado nas alturas!"

Nesse momento, o jovem se calou. E Zaratustra contemplou a árvore junto à qual se encontravam e falou assim:

"Esta árvore cresce solitária aqui na montanha; ela cresceu alto, para além dos homens e dos animais.

"E quando queria falar não tinha ninguém que a compreendesse: eis o quão alto cresceu.

"Agora ela espera, espera – mas pelo que espera? Ela vive próximo demais da morada das nuvens: será que espera pelo próximo raio?"

Tendo Zaratustra dito isso, o jovem exclamou, gesticulando intensamente: "Sim, Zaratustra, falas a verdade. Era meu ocaso que eu almejava quando queria ir às alturas, e tu és o raio pelo qual esperava! Vê só, o que sou eu desde que surgiste entre nós? Foi a *inveja* de ti que me destruiu!" – Assim falou o jovem, chorando amargamente. Zaratustra, porém, cingiu-o com o braço e levou-o consigo.

E quando já haviam caminhado algum tempo juntos, Zaratustra começou a falar assim:

Parte-me o coração. Mais do que tuas palavras, teus olhos revelam-me todo teu perigo.

Ainda não és livre, ainda *buscas* a liberdade. Insone fez-te a busca, e alerta.

Queres a liberdade das alturas, tua alma está sedenta por estrelas. Mas também os teus impulsos vis têm sede de liberdade.

Teus cães selvagens querem a liberdade; eles latem de apetite no porão quando teu espírito aspira por romper todas as cadeias.

Ainda és para mim um prisioneiro que imagina para si a liberdade: ah, astuta torna-se a alma de tais prisioneiros, mas também maliciosa e ruim.

O liberto do espírito deve ainda purificar-se. Muito da prisão e do mofo ainda permanece nele: seu olho deve ainda ser purificado.

Sim, conheço teu perigo. Mas suplico-te por meu amor e por minha esperança: não jogues fora teu amor e tua esperança!

Ainda te sentes nobre, e também os outros, que têm rancor contra ti e te enviam olhares maldosos, ainda te sentem nobre. Sabe que há um nobre no caminho de todos.

Também para os bons há um nobre no caminho: e mesmo quando o chamam de bom, querem apenas tirá-lo da frente.

O nobre quer criar o novo e uma nova virtude. O bom quer o velho e que o velho se conserve.

Mas não é esse o perigo do nobre, que ele se torne bom, mas sim um atrevido, um zombeteiro, um aniquilador.

Ah, conheci nobres que perderam sua mais elevada esperança. E assim caluniaram todas as esperanças elevadas.

Assim passaram a viver atrevidamente em paixões breves, e mal traçavam metas para além do dia presente.

"Espírito é também volúpia" – diziam. E com isso rasgaram-se as asas de seu espírito: agora ele rasteja e suja o que rói.

Outrora pensavam em se tornarem heróis: agora são libertinos. Um rancor e uma crueldade são para eles o herói.

Mas conjuro-te, por meu amor e minha esperança: não jogues fora o herói que há em teu espírito! Mantém sagrada a tua mais alta esperança! –

Assim falou Zaratustra.

Dos pregadores da morte

Há pregadores da morte: e a terra está repleta de gente à qual é preciso pregar a renúncia à vida.

Repleta está a terra de supérfluos, a vida está arruinada pelos excedentes. Que sejam atraídos, com a "vida eterna", para fora desta vida!

"Amarelos": é assim que se denominam os pregadores da morte, ou "pretos". Mas quero mostrá-los a vós em outras cores ainda.

Há os terríveis, que carregam o predador dentro de si e que não têm escolha alguma, a não ser o gozo ou a automutilação. E mesmo seu gozo é também automutilação.

Nem mesmo se tornaram homens, esses terríveis: que preguem a renúncia à vida e que eles mesmos a deixem!

Há os tísicos da alma: mal nascem, logo começam a morrer e anseiam por doutrinas do cansaço e da resignação.

Gostariam de estar mortos, e nós deveríamos respeitar sua vontade! Cuidemos para não acordar esses mortos e para não violar esses sarcófagos vivos!

Encontram-se com um enfermo ou um velho ou um cadáver; e logo dizem: "A vida está refutada!".

Mas apenas eles são refutados, e também seu olho, que vê somente essa mesma face na existência.

Envoltos em uma densa melancolia e ansiosos pelos pequenos acasos que trazem a morte: assim esperam, rangendo os dentes.

Ou então: vão atrás de guloseimas e zombam de sua infantilidade ao fazê-lo: penduram a vida por um fiapo de palha e zombam por ainda estarem pendurados por uma palha.

Sua sabedoria diz: "É um tolo aquele que permanece vivendo, mas nós somos igualmente tolos! E justamente isso é a maior tolice da vida!" –

"A vida é apenas sofrimento" – assim dizem outros, e não mentem: mas então cuidai para que *vós* cesseis! Cuidai para que cesse a vida que é apenas sofrimento!

E que assim soe a doutrina de vossa virtude: "Deves suicidar-te! Deves roubar-te a ti mesmo!". –

"Volúpia é pecado" – assim dizem aqueles que pregam a morte. – "Apartemo-nos e não geremos filhos!"

"Parir é penoso" – dizem os outros. – "Para que ainda parir? São paridos somente infelizes!" E também eles são pregadores da morte.

"Compaixão é o que falta" – assim dizem os terceiros. "Tomai o que tenho! Tomai o que sou! Tanto menos estarei atado à vida!"

Fossem compassivos de fato, estragariam a vida do próximo. Ser mau – esta seria a sua bondade correta.

Mas querem livrar-se da vida: que lhes importa se atam a outros ainda mais fortemente com suas correntes e presentes? –

E também vós, para quem a vida é trabalho duro e inquietação: não estais bastante cansados da vida? Não estais bastante maduros para a pregação da morte?

Todos vós, a quem o trabalho duro é querido e também o que é veloz, novo, exótico – vós vos suportais mal, vossa diligência é fuga e vontade de vos esquecerdes de vós mesmos.

Se crêsseis mais na vida, entregar-vos-íeis menos ao momento. Mas não tendes conteúdo suficiente para esperar – e nem mesmo para a preguiça!

Por toda parte ressoa a voz daqueles que pregam a morte: e a terra está repleta de gente para quem a morte precisa ser pregada.

Ou "a vida eterna": não faz diferença para mim – desde que partam depressa!

Assim falou Zaratustra.

Da guerra e de povos guerreiros

Não queremos ser poupados por nossos melhores inimigos, e tampouco por aqueles que amamos profundamente. Deixai-me, então, dizer-vos a verdade!

Meus irmãos de guerra! Amo-vos profundamente, eu sou e fui vosso semelhante. E sou também vosso melhor inimigo. Deixai-me, então, dizer-vos a verdade!

Sei contornar o ódio e a inveja de vossos corações. Não sois suficientemente grandes para desconhecerdes o ódio e a inveja. Mas sede, então, grandes o suficiente para não vos envergonhardes deles!

E se não podeis ser santos do conhecimento, então sede ao menos os seus guerreiros. São esses os companheiros e precursores de tal santidade.

Vejo muitos soldados: quisera ver muitos guerreiros! "Uni-forme" chama-se àquilo que vestem: que não seja uni-forme aquilo que com isso ocultam!

Deveis ser para mim aqueles cujo olho sempre busca um inimigo – o *vosso* inimigo. E em alguns dentre vós há um ódio à primeira vista.

Deveis buscar vosso inimigo, deveis conduzir vossa guerra por vossos pensamentos! E quando vosso pensamento for subjugado, ainda assim vossa honestidade deve exclamar triunfante!

Deveis amar a paz como meio para novas guerras. E amar mais a paz curta do que a paz longa.

Não vos aconselho a trabalhar, mas a lutar. Não vos aconselho a paz, mas a vitória. Que vosso trabalho seja uma luta e vossa paz uma vitória!

Apenas de posse do arco e da flecha é que se pode permanecer calado e tranquilo: caso contrário, tagarelamos e querelamos. Que vossa paz seja uma vitória!

Dizeis que a boa causa é aquela que santifica até mesmo a guerra? Eu vos digo: a boa guerra é aquela que santifica todas as coisas.

A guerra e a coragem fizeram mais coisas grandiosas do que o amor ao próximo. Não a vossa compaixão, mas vossa valentia salvou até agora os desafortunados.

"O que é bom?", perguntais. Ser valente é bom. Deixai falar as menininhas: "Bom é aquilo que é belo e ao mesmo tempo tocante".

Chamam-vos de sem coração: mas vosso coração é autêntico, e eu amo o pudor de vossa cordialidade. Envergonhais-vos de vossa enchente, enquanto outros se envergonham de sua vazante.

Sois feios? Pois bem, meus irmãos! Envolvei-vos, então, no sublime, o manto do feio!

E, quando cresce, vossa alma torna-se arrogante, e em vossa sublimidade há maldade. Eu vos conheço.

Na maldade o arrogante encontra-se com o fracote. Mas eles se desentendem. Eu vos conheço.

Podeis ter apenas inimigos odiáveis, mas não desprezíveis. Deveis ter orgulho de vosso inimigo: assim, os sucessos de vosso inimigo serão também vossos sucessos.

Insurgência – eis a distinção do escravo. Que vossa distinção seja a obediência! Que vosso próprio comando seja um obedecer!

Para um bom guerreiro um "tu deves" soa mais agradável do que um "eu quero". E deveis ainda vos deixar comandar por tudo que vos é caro.

Que vosso amor à vida seja amor à vossa mais elevada esperança: e que vossa mais elevada esperança seja o mais elevado pensamento da vida!

Vosso mais elevado pensamento, porém, deveis deixar que vos seja comandado por mim – e ele diz: o homem é algo que deve ser superado.

Vivei, pois, vossa vida de obediência e guerra! Que interessa a vida longa? Que guerreiro quer ser poupado?

Eu não vos poupo, eu vos amo profundamente, meus irmãos de guerra! –

Assim falou Zaratustra.

Do novo ídolo

Em algum lugar ainda há povos e rebanhos, mas não entre nós, meus irmãos: aqui há Estados.

Estado? O que é isso? Pois bem! Abri agora os ouvidos, pois agora vos digo minha palavra acerca da morte dos povos.

O Estado é o mais frio de todos os monstros frios. Também mente com frieza; e esta mentira insinua-se de sua boca: "Eu, o Estado, sou o povo".

É mentira! Foram criadores que criaram os povos e dependuraram uma crença e um amor por sobre eles: dessa maneira serviam à vida.

São aniquiladores que armam ciladas para muitos e as chamam de Estado: e penduram uma espada e cem apetites por sobre elas.

Onde ainda há povo, este não compreende o Estado e odeia-o como mau olhado e pecado contra costumes e direitos.

Dou-vos este sinal: todo povo fala sua língua do bem e do mal, que o vizinho não compreende. Inventou para si sua linguagem em costumes e direitos.

Mas o Estado mente em todas as línguas do bem e do mal; e no que quer que diga, mente – e o que quer que tenha, ele o roubou.

Tudo é falso nele; morde com dentes roubados, o mordaz. Até mesmo suas entranhas são falsas.

Confusão linguística do bem e do mal: esse sinal eu vos dou como sinal do Estado. É de fato a vontade para a morte que esse símbolo indica! De fato, ele acena aos pregadores da morte!

Nascem pessoas demais: para os supérfluos foi inventado o Estado!

Vede como ele os atrai para si, os excedentes! Como ele os deglute e mastiga e rumina!

"Não há nada maior que eu no mundo: sou eu o dedo ordenador de Deus" – assim vocifera a aberração. E não somente os de orelhas longas e vista curta caem de joelhos!

Ah, também em vós, grandes almas, ele murmura suas mentiras sombrias! Ah, ele adivinha os corações ricos que gostam de se desperdiçar!

Sim, também a vós ele adivinha, subjugadores do velho Deus! Tornastes-vos cansados na batalha, e agora vosso cansaço serve ainda ao novo ídolo!

Ele quer rodear-se de heróis e de homens honrosos, o novo ídolo! Ele tem prazer em se banhar no sol de boas consciências – a fria aberração!

Tudo ele quer dar a *vós*, o novo ídolo, se *vós* o adorardes: assim compra para si o brilho de vossa virtude e o olhar de vossos olhos orgulhosos.

Quer utilizar-vos como isca para os excedentes! Sim, um artifício infernal foi aí inventado, um cavalo da morte, tilintando com adornos de honras divinas!

Sim, foi inventada uma morte para muitos que se exalta a si própria como vida: deveras, um serviço prestativo a todos os pregadores da morte!

Chamo de Estado onde se demoram todos os bebedores de veneno, bons e maus: Estado, onde todos se perdem a si próprios, bons e maus: Estado, onde o lento suicídio de todos é chamado – "vida".

Vede só estes supérfluos! Eles roubam para si as obras dos inventores e os tesouros dos sábios: e a esse roubo chamam instrução – e tudo converte-se para eles em doença e desgraça!

Vede só estes supérfluos! Estão sempre enfermos, vomitam a bile e chamam-na de jornal. Devoram-se uns aos outros e não são capazes nem mesmo de se digerirem.

Vede só estes supérfluos! Adquirem riquezas e ficam mais pobres com isso. Querem poder e acima de tudo a alavanca do poder, muito dinheiro – ó desafortunados!

Vede-os escalar, esses hábeis símios! Eles escalam uns por cima dos outros e arrastam-se com isso para enlameadas profundezas.

Todos querem o trono: é loucura sua – como se a fortuna estivesse sentada sobre o trono! Frequentemente é a lama que se senta sobre o trono – e também o trono sobre a lama.

São para mim todos loucos e macacos trepadores e febris. O seu ídolo cheira mal para mim, a fria aberração: e todos juntos cheiram mal, esses idólatras.

Meus irmãos, acaso quereis sufocar no fumo de suas bocarras e apetites? É melhor que quebreis as janelas e salteis para a liberdade!

Saí do caminho do mau cheiro! Afastai-vos da idolatria dos supérfluos!

Saí do caminho do mau cheiro! Afastai-vos do vapor desses sacrifícios humanos!

Também agora a terra ainda se encontra livre para as grandes almas. Há ainda muito lugar para os solitários e duitários, em torno dos quais ainda sopra o odor de mares tranquilos.

Ainda se encontra livre também uma vida livre para grandes almas. Deveras, quem pouco possui é ainda menos possuído: seja louvada a pequena pobreza!

Apenas lá onde o Estado termina começa o homem que não é supérfluo: lá começa a canção do necessário, a melodia única e insubstituível.

Lá onde o Estado *termina* – olhai, pois, meus irmãos! Não vedes o arco-íris e as pontes do super-homem? –

Assim falou Zaratustra.

Das moscas do mercado

Foge, meu amigo, para tua solidão! Vejo-te atordoado pelo barulho dos grandes homens e perfurado pelos ferrões dos pequenos.

Floresta e rochedo sabem calar dignamente contigo. Iguala-te mais uma vez à árvore que amas, à árvore frondosa: quieta e atenta ela pende por sobre o mar.

Onde acaba a solidão, ali começa o mercado; e onde começa o mercado, ali começa também a barulheira dos grandes atores e o zumbido das moscas peçonhentas.

No mundo, mesmo as melhores coisas de nada prestam sem alguém que as encene: grandes homens é como o povo chama esses encenadores.

O povo compreende pouco o que é grande, isto é: aquilo que cria. Mas tem sentidos para todos os encenadores e atores de grandes coisas.

O mundo gira em torno dos inventores de novos valores: – de maneira invisível. Em torno dos atores, porém, giram o povo e a fama: eis o curso do mundo.

O ator tem espírito, mas pouca consciência do espírito. Ele crê sempre naquilo com que faz crer mais intensamente – com que faz crer *em si*!

Amanhã terá uma nova crença e depois de amanhã mais outra, novíssima. Sentidos velozes tem ele, como o povo, e um clima instável.

Refutar – significa para ele: comprovar. Ensandecer – significa para ele: persuadir. E o sangue é para ele a melhor de todas as razões.

Uma verdade que penetra apenas ouvidos afiados ele chama de mentira e de nada. Deveras, ele crê apenas em deuses que façam grande barulho no mundo!

Repleto de solenes bufões está o mercado – e o povo ufana-se de seus grandes homens! São para ele os senhores do momento.

Mas o momento pressiona-os: e assim eles pressionam a ti. E também de ti querem um sim ou um não. Ai de ti se quiseres sentar-te entre o pró e o contra!

Não tenhas ciúme desses incondicionais e pressionadores, ó amante da verdade! Até agora a verdade jamais se pendurou ao braço de um incondicional.

Por causa desses súbitos retorna à tua segurança: apenas no mercado é-se assaltado com sim ou não.

Vagarosa é a vivência de todos os poços profundos: devem esperar muito até que saibam *o que* caiu em sua profundeza.

Para longe do mercado e da fama tende tudo que é grande: longe do mercado e da fama viveram desde sempre os inventores de novos valores.

Foge, amigo, para tua solidão: vejo-te picado de cima a baixo por moscas peçonhentas. Foge para lá onde o vento sopra implacável e forte!

Foge para tua solidão! Viveste próximo demais dos pequenos e abjetos. Foge dessa vingança invisível! Contra ti nada são além de vingança.

Não ergas mais o braço contra eles! São incontáveis, e não é teu destino ser mata-moscas.

Incontáveis são esses pequenos e abjetos; e gotas de chuva e erva daninha já bastaram para deitar por terra muitas orgulhosas construções.

Não és pedra, mas já te tornaste oco de tanto gotejar. Ainda irás romper e estraçalhar-te de tanto gotejar.

Vejo-te cansado devido às moscas peçonhentas, estriado de sangue vejo-te, por toda parte; e teu orgulho não quer nem mesmo se irar.

Querem o teu sangue em toda inocência, suas almas exangues anseiam por sangue – e picam, pois, em total inocência.

Mas tu, que és profundo, tu sofres profundamente mesmo com feridas pequenas; e antes que possas curar, o mesmo verme peçonhento já rasteja novamente por sobre tua mão.

És orgulhoso demais para matar esses gulosos. Mas cuida para que não se torne teu destino carregar em ti toda a sua injustiça peçonhenta!

Zumbem em torno de ti também com elogios: seu elogio é intromissão. Querem aproximar-se de tua pele e de teu sangue.

Bajulam-te como a um deus ou um diabo; lamuriam-se diante de ti como diante de um deus ou de um diabo. Que importa! São bajuladores e lamurientos, e nada mais.

Também entregam-se frequentemente a ti como dignos de amor. Mas essa foi sempre a astúcia dos covardes. Sim, os covardes são astutos!

Refletem muito sobre ti com suas almas estreitas – és sempre preocupante para eles! Tudo que é muito refletido torna-se questionável.

Punem-te por todas as tuas virtudes. Perdoam-te completamente apenas – os teus erros.

Porque és manso e de índole justa, dizes: "São inocentes de sua pequena existência". Mas a sua alma estreita pensa: "toda grande existência é culpa".

Mesmo quando és manso para com eles, sentem-se ainda depreciados por ti; e retribuem tua benevolência com malevolência oculta.

Teu orgulho impronunciado vai sempre contra seu gosto; rejubilam-se quando és por vezes humilde o suficiente para ser vaidoso.

Aquilo que reconhecemos em um homem, também o inflamamos nele. Guarda-te, pois, dos pequenos!

Sentem-se pequenos diante de ti, e sua baixeza arde e cintila contra ti numa vingança invisível.

Não notaste como frequentemente emudeciam quando deles te aproximavas, e como a força os deixava como a fumaça de um fogo que se apaga?

Sim, amigo, tu és a má consciência de teus próximos: pois são indignos de ti. Por isso te odeiam e gostariam de chupar teu sangue.

Teus próximos serão sempre moscas peçonhentas; aquilo que em ti é grande – é isso mesmo que deve torná-los cada vez mais peçonhentos e cada vez mais moscas.

Foge, amigo, para tua solidão e para lá onde sopra um vento implacável e forte. Não é teu destino ser mata-moscas. –

Assim falou Zaratustra.

Da castidade

Amo a floresta. A vida é ruim nas cidades: lá há lascivos demais.

Não é melhor cair nas mãos de um assassino do que nos sonhos de uma mulher lasciva?

Mas vede só estes homens: seu olho denuncia-os – eles não conhecem nada melhor no mundo do que deitar com uma mulher.

Há lama no fundo de suas almas; e ai de vós se vossa lama ainda tiver espírito!

Que fôsseis pelo menos completos em vossa animalidade! Mas ao animal pertence a inocência.

Acaso vos aconselho a matar vossos sentidos? Aconselho-vos a inocência dos sentidos.

Acaso vos aconselho a castidade? A castidade é virtude em alguns, mas em muitos é quase um vício.

Estes são abstêmios, de fato: mas em tudo quanto fazem vê-se o olhar invejoso da cadela da sensualidade.

Até nas alturas de sua virtude e até no frio espírito são perseguidos por essa criatura e por sua inquietude.

E com que habilidade sabe a cadela da sensualidade implorar por um pedaço de espírito quando lhe é negado um pedaço de carne!

Vós amais as tragédias e tudo aquilo que parte o coração? Mas eu desconfio de vossa cadela.

Tendes para mim olhos demasiado cruéis e procurais sofredores com apetite. Não terá apenas vossa volúpia se disfarçado e se denominado compaixão?

E também esta parábola vos dou: muitos dos que queriam expulsar seus demônios acabaram por se meter eles mesmos nos porcos.

A castidade é desaconselhável àquele que tem dificuldades nela: para que não se torne o caminho do inferno – isto é, para a lama e para o cio da alma.

Falo de coisas sujas? Não é isso o pior para mim.

Não quando a verdade é suja, mas quando é rasa o conhecedor prefere não entrar em suas águas.

Deveras, há aqueles essencialmente castos: eles são mais mansos de coração, riem com mais gosto e riqueza que vós.

Riem também da castidade e perguntam: "Que é a castidade?

"Não será a castidade uma tolice? Mas essa tolice veio a nós, e não nós até ela.

"Oferecemos a esse hóspede abrigo e coração: e agora vive conosco – que permaneça o quanto quiser!"

Assim falou Zaratustra.

Do amigo

"Um é sempre demais para mim" – assim pensa o eremita. "Sempre uma vez um – com o tempo, isso dá dois!"

Eu e mim somos sempre demasiado veementes na conversa: como suportá-lo se não houvesse um amigo?

Para o eremita o amigo é sempre o terceiro: o terceiro é a cortiça que impede que a conversa dos dois afunde nas profundezas.

Ah, há profundezas demais para todos os eremitas. Por isso anseiam tanto por um amigo e por suas alturas.

Nossa crença nos outros entrega aquilo que gostaríamos de crer de nós mesmos. Nosso anseio por um amigo nos trai.

E frequentemente se quer o amor apenas para superar a inveja. E frequentemente se ataca e se faz um inimigo para ocultar que se é vulnerável.

"Sê ao menos meu inimigo!" – assim fala o verdadeiro respeito, que não ousa pedir amizade.

Se se quer ter um amigo, então deve-se também querer guerrear por ele: e para guerrear é preciso *poder* ser inimigo.

Deve-se honrar no amigo também o inimigo. És capaz de aproximar-te de teu amigo sem passar para o lado dele?

No amigo deve-se ter o melhor inimigo. Deves estar mais próximo dele com o coração quando o contrarias.

Não queres usar roupas diante do teu amigo? Deve ser honra para teu amigo que te entregues a ele como és? Mas ele quer que vás ao inferno por isso!

Quem não se dissimula indigna: tendes muita razão em temer a nudez! Sim, se fôsseis deuses, então poderíeis vos envergonhar de vossas vestes.

Jamais te adornarás suficientemente belo para teu amigo: pois deves ser para ele uma seta e um anseio pelo super-homem.

Já viste dormir teu amigo – para que descobrisses sua aparência? Que é o rosto de teu amigo, se não teu próprio rosto figurado em um espelho rústico e imperfeito?

Já viste dormir o teu amigo? Não te espantaste com sua aparência? Ó amigo, o homem é algo que deve ser superado.

No adivinhar e no calar deve o amigo ser mestre: nem tudo deves querer ver. Teu sonho deve revelar-te aquilo que teu amigo faz quando desperto.

Que tua compaixão seja um adivinhar: para que saibas primeiro se teu amigo quer mesmo a compaixão. Talvez ame em ti o olho inabalado e o olhar da eternidade.

Que a compaixão para com o amigo se oculte sob uma dura casca, deves quebrar um dente nela. Assim haverá fineza e doçura na compaixão.

És ar puro e solidão e pão e um bálsamo para teu amigo? Alguns são incapazes de romper as próprias amarras e ainda assim são libertadores para o amigo.

És um escravo? Então não podes ser amigo. És um tirano? Então não podes ter amigos.

Por tempo demais ocultou-se um escravo e um tirano na mulher. Por isso a mulher ainda não é capaz de amizade: ela conhece apenas o amor.

No amor da mulher há injustiça e cegueira contra tudo que ela não ama. E também no amor sapiente da mulher há ainda assalto e raio e noite ao lado da luz.

A mulher ainda não é capaz de amizade: são ainda gatos, as mulheres, e aves. Ou, no melhor dos casos, vacas.

A mulher ainda não é capaz de amizade. Mas dizei, ó homens, qual de vós será capaz de amizade?

Ó homens, que pobreza a vossa, que avareza na alma! Aquilo que dais ao amigo quero eu ainda dar ao meu inimigo, e tampouco ficarei mais pobre com isso.

Há camaradagem: que haja amizade!

Assim falou Zaratustra.

Das mil e uma metas

Muitas terras viu Zaratustra, e muitos povos: assim descobriu o bem e o mal de muitos povos. Não encontrou Zaratustra outro poder maior no mundo do que o bem e o mal.

Nenhum povo jamais pôde viver sem antes avaliar; mas se quer se manter, então não pode avaliar como avalia o vizinho.

Conforme descobri, muito do que é bom para este povo é escárnio e opróbrio para um outro. Vi muitas coisas serem chamadas más aqui e lá serem adornadas com púrpuras honrarias.

Jamais compreendeu um vizinho o outro: sua alma sempre se admirou da ilusão e da maldade do vizinho.

Uma tábua de bens encontra-se pendurada sobre cada povo. Olha, é sua tábua de superações; olha, é a voz de sua vontade de poder.

É venerável o que lhe parece difícil; o que é imprescindível e difícil chama-se bom, e o que ainda liberta da mais alta necessidade, o mais raro e difícil – ele o preza como sagrado.

Aquilo que faz com que reine e vença e resplandeça, para horror e inveja de seu vizinho: isso vale para ele como o elevado, o primeiro, a medida, o sentido de todas as coisas.

Deveras, irmão, se primeiro conheces a necessidade, a terra, o céu, o vizinho de um povo: adivinhas assim a lei de suas superações e por que ele sobe essa escada em direção à sua esperança.

"Deves sempre ser o primeiro e destacar-te dos outros: a ninguém deve tua alma ciumenta amar, a não ser o amigo" – isso fazia tremer a alma de um grego: com isso seguia a sua senda da grandeza.

"Dizer a verdade e manejar bem arco e flecha" – isso era ao mesmo tempo querido e difícil àquele povo do qual provém meu nome – um nome que me é ao mesmo tempo querido e difícil.

"Honrar pai e mãe e dedicar-se a eles até a raiz da alma": esta tábua de superação foi pendurada por outro povo sobre si, que se tornou com isso poderoso e eterno.

"Exercer a lealdade e pela lealdade empenhar honra e sangue também em coisas más e perigosas": doutrinando-se assim um outro povo subjugou-se a si, e subjugando-se assim tornou-se prenhe e pesado de grandes esperanças.

Deveras, os homens deram a si todo seu bem e mal. Deveras, não o tomaram, não o encontraram, não lhes caiu como uma voz do céu.

Foi o homem que pôs valor nas coisas para se manter – foi ele que criou o sentido das coisas, um sentido humano! Por isso denomina-se "homem", isto é: o avaliador.[3]

Avaliar é criar: ouvi, ó criadores! A própria avaliação é o tesouro e a joia de todas as coisas avaliadas.

É graças à avaliação que há valor: e sem avaliação a noz da existência seria oca. Ouvi, ó criadores!

Transformação dos valores – eis a transformação dos criadores. Aquele que precisa ser criador sempre destrói.

Criadores foram primeiro os povos e somente mais tarde os indivíduos; com efeito, o próprio indivíduo é ainda a mais recente criação.

Os povos penduraram outrora uma tábua de bens sobre si. O amor que quer dominar e o amor que quer obedecer criaram juntos tais tábuas para si.

É mais velho o prazer de ser rebanho do que o prazer com o eu: e enquanto a boa consciência se chamar rebanho apenas a má consciência diz: eu.

Deveras, o eu sagaz, sem amor, que quer sua utilidade na utilidade de muitos: ele não é a origem do rebanho, mas o seu declínio.

Amantes foram sempre, e criadores, aqueles que criaram bem e mal. O fogo do amor reluz nos nomes de todas as virtudes, bem como o fogo da ira.

Muitas terras viu Zaratustra e muitos povos: nenhum poder maior encontrou Zaratustra sobre a terra do que as obras dos amantes: "bom" e "mau" é seu nome.

Deveras, é monstruoso o poder desse louvar e censurar. Dizei, quem há de subjugá-lo para mim, ó

3. Em seu texto *Para a genealogia da moral* 2, 8, Nietzsche deriva a palavra alemã *Mensch* ("ser humano") do latim *mensuratio* ("medida", "medição"). (N.T.)

irmãos? Dizei, quem deitará as cadeias nas mil cervizes desse animal?

Mil metas houve até agora, pois houve mil povos. Apenas a cadeia das mil cervizes falta, falta a meta única. Ainda não tem a humanidade uma meta.

Mas dizei-me, meus irmãos: se ainda falta à humanidade a meta, não lhe falta então também – ela mesma? –

Assim falou Zaratustra.

Do amor ao próximo

Vós vos aglomerais em torno do próximo e tendes belas palavras para tal. Mas eu vos digo: vosso amor ao próximo é vosso amor ruim para convosco mesmos.

Fugis de vós mesmos para o próximo e quereis fazer disso uma virtude: mas eu vejo através de vosso "desprendimento".

O tu é mais velho que o eu; o tu foi santificado, mas o eu ainda não: e assim o homem se aglomera sobre o próximo.

Aconselho-vos o amor ao próximo? Prefiro aconselhar-vos a fuga do próximo e o amor ao distante!

Mais elevado que o amor ao próximo é o amor ao distante e futuro; mais elevado ainda que o amor a homens é o amor a coisas e fantasmas.

Este fantasma que corre à tua frente, irmão, é mais belo que tu; por que não lhe dás tua carne e teus ossos? Mas tens medo de ti e corres para teu próximo.

Vós não vos suportais e não vos amais o suficiente: agora quereis seduzir o próximo para o amor e dourar-vos com seu engano.

Queria que não suportásseis toda sorte de próximos e seus vizinhos; assim precisaríeis criar de vós mesmos o vosso amigo de coração transbordante.

Convidais uma testemunha quando quereis falar bem de vós; e, tendo-a seduzido a pensar bem de vós, vós mesmos pensais bem de vós.

Não mente apenas aquele que fala contra seu conhecimento, mas principalmente aquele que fala contra sua ignorância. E assim falais de vós em sociedade e mentis não só para vós mesmos, mas também para o vizinho.

Assim fala o néscio: "A lida com pessoas arruína o caráter, especialmente de quem não o possui".

Um vai até o próximo porque busca a si próprio e o outro porque quer se perder. Vosso amor ruim para convosco mesmos faz da solidão uma prisão para vós.

São os distantes que pagam pelo vosso amor ao próximo; e já quando estais unidos em cinco, um sexto deve sempre morrer.

Tampouco amo vossas festas: encontrei atores demais nelas, e também os espectadores comportavam-se frequentemente como atores.

Não vos ensino o próximo, mas o amigo. Que o amigo seja para vós a festa da terra e um pressentimento do super-homem.

Ensino-vos o amigo e seu coração transbordante. Mas é preciso saber ser esponja quando se quer ser amado por corações transbordantes.

Ensino-vos o amigo no qual o mundo se encontra pronto, um cálice de bem – o amigo criador que sempre tem um mundo pronto para presentear.

E, assim como o mundo se desenrolou para ele, também se enrola novamente em anéis, assim como o bem devém por meio do mal e a finalidade por meio do acaso.

Que o futuro e o distante sejam para ti a causa de teu hoje: em teu amigo deves amar o super-homem como tua causa.

Meus irmãos, não vos aconselho o amor ao próximo: aconselho-vos o amor ao distante.

Assim falou Zaratustra.

Do caminho do criador

Queres, irmão, a solidão? Queres buscar o caminho para ti mesmo? Detém-te um pouco ainda e ouve-me.

"Quem busca perde-se facilmente. Toda solidão é culpa": assim fala o rebanho. E pertenceste ao rebanho durante longo tempo.

A voz do rebanho ressoará também em ti ainda. E quando disseres: "Não compartilho mais uma consciência única convosco", então será um lamento e uma dor.

Vê, essa dor mesma é ainda fruto da consciência única: e o último brilho dessa consciência arde ainda sobre tua aflição.

Mas queres seguir o caminho de tua aflição, que é o caminho para ti mesmo? Então mostra-me teu direito e tua força para tanto!

És uma nova força e um novo direito? Um primeiro movimento? Uma roda que rola a partir de si? Podes forçar também as estrelas a girarem ao teu redor?

Ah, há tanta concupiscência pelas alturas! Há tantos espasmos nos ambiciosos! Mostra-me que não és um desses concupiscentes e ambiciosos!

Ah, há tantos grandes pensamentos que nada mais fazem do que um fole: inflam e tornam mais vazio.

Chamas-te livre? Quero ouvir teu pensamento dominante e não que escapaste de um jugo.

Eras tal que *pudeste* escapar de um jugo? Há alguns que jogaram fora seu último valor ao jogarem fora a sua servilidade.

Livre de quê? Que importa isso a Zaratustra! Teu olho, porém, deve anunciar-me com clareza: livre *para quê*?

És capaz de dar a ti próprio o teu bem e o teu mal e pendurar sobre ti a tua vontade como uma lei? És capaz de ser teu próprio juiz e vingador de tua lei?

É terrível estar a sós com o juiz e vingador da própria lei. Assim uma estrela é arremessada para o espaço ermo e para o hálito gélido da solidão.

Ainda hoje sofres dos muitos, tu, que és um: ainda hoje tens toda tua coragem e tuas esperanças.

Mas a solidão um dia há de cansar-te, teu orgulho há de vergar-se e tua coragem de ranger. Hás de gritar um dia: "Estou só!"

Um dia, hás de não ver mais tua altura, e tua baixeza estará próxima demais; teu próprio sublime far-te-á temor como um fantasma. Hás de gritar um dia: "Tudo é falso!".

Há sentimentos que querem matar o solitário; se falham, então devem eles mesmos morrer! Mas és capaz de ser um assassino?

Já conheces, irmão, a palavra "desprezo"? E a tortura de tua justiça, de ser justo para com aqueles que te desprezam?

Forças muitos a mudar de ideia acerca de ti; e te fazem pagar caro por isso. Aproximaste-te deles, mas acabaste passando ao largo: isso jamais te perdoarão.

Vais para além deles: mas quanto mais alto escalas, tanto menor te vê o olho da inveja. O mais odiado, porém, é aquele que voa.

"Como queríeis ser justos comigo?" – deves falar – "Escolho vossa injustiça como a parte que me cabe."

Lançam injustiça e sujeira contra o solitário: mas irmão, se queres ser uma estrela, então não deves brilhar menos para eles por isso!

E guarda-te dos bons e justos! Eles gostam de crucificar aqueles que inventam para si sua própria virtude – odeiam o solitário.

Guarda-te também da santa simplicidade! Tudo que não é simplório é-lhe profano; ela também gosta de brincar com o fogo – das fogueiras de hereges.

E guarda-te também dos acessos de teu amor! Rápido demais estende o solitário a mão àquele que encontra.

A alguns homens não podes dar a mão, mas apenas a pata: e quero que tua pata tenha também garras.

Mas o pior inimigo que podes encontrar será sempre tu mesmo; tu mesmo espreitas por ti em cavernas e florestas.

Solitário, trilhas o caminho para ti mesmo! E por ti mesmo passa teu caminho e por teus sete demônios!

Serás herege para ti mesmo e bruxo e vidente e néscio e cético e profano e um malvado.

Deves querer queimar-te em tua própria chama: como querias renovar-te sem antes te tornares cinza?

Solitário, trilhas o caminho do criador: queres criar um deus para ti com teus sete demônios!

Solitário, trilhas o caminho do amante: amas-te a ti mesmo, e por isso desprezas-te como somente os amantes desprezam.

O amante quer criar porque despreza! O que sabe do amor quem não teve de desprezar justamente aquilo que amava!

Com teu amor vai para teu isolamento, meu irmão, e com tua criação; e só mais tarde a justiça te alcançará, coxeando.

Com minhas lágrimas vai para teu isolamento, meu irmão. Amo aquele que quer criar para além de si e que assim sucumbe. –

Assim falou Zaratustra.

Das mulherzinhas velhas e jovens

"Por que vais tão tímido às furtadelas pelo crepúsculo, Zaratustra? E o que ocultas cuidadosamente sob teu manto?

"Será um tesouro que te foi presenteado? Ou um filho teu que nasceu? Ou vais agora, também tu, pelos caminhos dos gatunos, ó amigo dos maus?" –

Deveras, meu irmão! falou Zaratustra, trata-se de um tesouro que me foi presenteado: é uma pequena verdade que carrego.

Mas ela é mal comportada como uma criança pequena; e, se não lhe tapo a boca com a mão, ela berra de maneira ensurdecedora.

Quando eu ia hoje, só, pelo caminho, à hora em que se punha o sol, encontrei-me com uma velha mulherzinha que falou assim à minha alma:

"Muito falou Zaratustra também a nós mulheres, mas jamais falou conosco sobre a mulher".

E eu lhe respondi: "Sobre a mulher deve-se falar apenas com homens".

"Fala também comigo sobre a mulher", disse ela; "sou velha o suficiente para logo esquecer novamente."

E fiz a vontade da velha mulherzinha, falando-lhe assim:

Tudo na mulher é um enigma, e tudo na mulher tem uma solução: chama-se gravidez.

O homem é para a mulher um meio: a finalidade é sempre a criança. Mas o que é a mulher para o homem?

Duas coisas quer o homem autêntico: perigo e jogo. Por isso ele quer a mulher, o brinquedo mais perigoso.

O homem deve ser educado para a guerra e a mulher para o repouso do guerreiro: todo o resto é tolice.

Frutos demasiado doces não agradam ao guerreiro. Por isso agrada-o a mulher; amarga é também a mais doce das mulheres.

A mulher compreende as crianças melhor do que o homem, mas o homem é mais infantil do que a mulher.

Há uma criança oculta no homem autêntico: ela quer brincar. Vamos, mulheres, descobri a criança no homem!

Que a mulher seja um brinquedo puro e delicado, como uma joia, irradiada pelas virtudes de um mundo que ainda não existe.

Que o raio de uma estrela brilhe em vosso amor! Que vossa esperança seja: "Que eu dê à luz o super-homem!"

Que em vosso amor haja valentia! Com vosso amor deveis investir contra aquele que vos inspira medo!

Que em vosso amor esteja a vossa honra! No mais, pouco entende a mulher de honra. Mas que esta seja justamente a vossa honra, amar sempre mais do que sois amadas, e jamais ser a segunda.

Que o homem tema a mulher quando ela ama: pois então ela faz qualquer sacrifício, e todas as outras coisas são-lhe sem valor.

Que o homem tema a mulher quando ela odeia: pois o homem é apenas mau no fundo da alma, a mulher, porém, é ruim.

A quem odeia mais a mulher? – Assim falou o ferro ao ímã: "Odeio-te mais que tudo porque atrais, sem seres forte o suficiente para me reter".

A fortuna do homem é: eu quero. A fortuna da mulher é: ele quer.

"Vê só, agora mesmo o mundo estava pleno!" – assim pensa qualquer mulher quando obedece puramente por amor.

E obedecer deve a mulher, e encontrar uma profundeza para sua superfície. Superfície é a mente feminina, uma película móvel e tempestuosa por sobre um raso corpo d'água.

A mente do homem, porém, é profunda, a sua corrente murmura em cavernas subterrâneas: a mulher pressente sua força, mas não a compreende. –

Replicou-me então a velha mulherzinha: "Muita gentileza disse Zaratustra, e especialmente àquelas que são jovens o suficiente para tanto.

"É estranho: Zaratustra conhece pouco as mulheres, e, não obstante, tem razão quanto a elas! Será porque, quando se trata da mulher, nada é impossível?

"E agora toma como agradecimento uma pequena verdade! Pois sou bastante velha para ela!

"Envolve-a em panos e tapa-lhe a boca: senão, gritará de maneira ensurdecedora, essa pequena verdade."

"Dá-me, mulher, a tua pequena verdade!", disse eu. E assim falou a velha mulherzinha:

"Vais ter com mulheres? Não esqueças o açoite!" –

Assim falou Zaratustra.

Da picada da víbora

Certo dia, como fazia calor, Zaratustra adormeceu sob uma figueira, tendo coberto o rosto com os braços. Veio então uma víbora e picou-lhe o pescoço, de modo que Zaratustra gritou de dor. Tirando o braço do rosto, viu a cobra: ela reconheceu com isso os olhos de Zaratustra, voltou-se desajeitada e quis partir. "Mas não", falou Zaratustra; "ainda não te agradeci! Acordaste-me a tempo, meu caminho ainda é longo." "Teu caminho ainda é curto", disse a víbora com tristeza; "meu veneno mata." Zaratustra sorriu. "Terá jamais morrido um dragão do veneno de uma cobra?" – disse ele. "Mas toma de volta teu veneno! Não és rica o bastante para mo presentear." E a víbora enrolou-se novamente em seu pescoço e lambeu-lhe a ferida.

Quando Zaratustra contou isso certa vez aos seus discípulos, estes perguntaram: "E qual, ó Zaratustra, é a moral de tua história?". Zaratustra respondeu assim:

De aniquilador da moral chamam-me os bons e justos: minha história é amoral.

Se tendes um inimigo, não recompenseis sua maldade com bondade: pois isso seria humilhante para ele. Pelo contrário, provai que ele vos fez um bem.

E é ainda preferível irar-se do que humilhar alguém! E se sois malditos, não me agrada que queirais então abençoar. Melhor também maldizer um pouco!

E se vos ocorrer uma grande injustiça, então cometei depressa ainda cinco pequenas! É abominável observar aquele que é sozinho pressionado pela injustiça.

Já sabíeis disso? Injustiça compartilhada é meia justiça. E deve tomar sobre si a injustiça aquele que for capaz de suportá-la!

Uma pequena vingança é mais humana do que nenhuma vingança. E se a punição não é também um direito e uma honra para o transgressor, então tampouco gosto de vosso punir.

Mais nobre é abdicar da razão do que mantê-la, especialmente quando se tem razão. Apenas é preciso ser rico o bastante para tanto.

Não gosto de vossa fria justiça; e do olho de vossos juízes observa-me sempre o carrasco e seu frio metal.

Dizei, onde se encontra a justiça que é amor com olhos para ver?

Pois então inventai o amor que não carregue apenas toda punição, mas também toda culpa!

Pois então inventai a justiça que absolve a todos, a não ser o juiz!

Quereis ouvir também isto? Para aquele que quer ser completamente justo também a mentira torna-se filantropia.

Mas como quereria eu ser completamente justo? Como posso eu dar a cada um o que lhe cabe? Isto me basta: dou a cada um o que me cabe a mim.

Finalmente, irmãos, guardai-vos de praticar injustiça contra todos os eremitas! Como poderia um eremita esquecer? Como poderia retribuir?

Como um poço fundo é o eremita. É fácil jogar uma pedra nele; mas tendo ela afundado, dizei-me, quem há de trazê-la de volta para fora?

Guardai-vos de ofender o eremita! Se, porém, o fizerdes, então matai-o também!

Assim falou Zaratustra.

Da criança e das núpcias

Tenho uma pergunta somente para ti, meu irmão: como um prumo arremesso esta pergunta em tua alma, para conhecer sua profundidade.

És jovem e desejas criança e núpcias. Mas eu pergunto: és um homem que *pode* desejar uma criança?

És o vitorioso, o abnegado, o soberano dos sentidos, o senhor de tuas virtudes? Assim pergunto.

Ou fala em teu desejo o animal e a necessidade? Ou a solidão? Ou a insatisfação contigo mesmo?

Quero que tua vitória e tua liberdade anseiem por uma criança. Deves construir monumentos vivos à tua vitória e à tua libertação.

Deves construir para além de ti. Mas primeiro deves estar tu mesmo construído, retangular no corpo e na alma.

Não deves apenas te proliferar, mas elevar-te! Que nisso te ajude o jardim das núpcias!

Deves criar um corpo mais elevado, um primeiro movimento, uma roda que rola a partir de si – deves criar um criador.

Núpcias: assim chamo a vontade de dois para criar um que seja mais do que aqueles que o criaram. De respeito mútuo chamo as núpcias, respeito perante o querente de uma tal vontade.

Que esse seja o sentido e a verdade de tuas núpcias. Mas aquilo que os excedentes, esses supérfluos, chamam de núpcias – ah, como o chamo eu?

Ah, essa pobreza da alma a dois! Ah, essa imundície da alma a dois! Ah, esse deplorável bem-estar a dois!

De núpcias chamam a isso tudo; e dizem que suas núpcias foram seladas nos céus.

Pois bem, eu não gosto dele, desse céu dos supérfluos! Não, não gosto deles, desses animais emaranhados na rede celestial!

Que se afaste também o deus que vem claudicante para abençoar aquilo que não uniu!

Não riais de tais núpcias! Que criança não teria razão para chorar por causa de seus pais?

Digno pareceu-me este homem, e maduro para o sentido da terra: mas quando vi sua mulher, a terra pareceu-me um sanatório.

Sim, eu queria que a terra tremesse em espasmos quando um santo e uma gansa se acasalam.

Este saiu como um herói em busca de verdades e por fim capturou uma pequena e lustrosa mentira. De núpcias, chama-a.

Aquele era reservado em suas relações e escolhia escrupulosamente. Mas de um só golpe arruinou para sempre sua companhia: de núpcias, chama-o.

Aquele outro buscava uma criada com as virtudes de um anjo. Mas de um só golpe fez-se criado de uma mulher, e agora seria preciso que ele ainda por cima se tornasse anjo.

Cuidadosos pareceram-me agora todos os fregueses, e todos têm olhos ardilosos. Mas ao escolher sua esposa também o mais ardiloso compra gato por lebre.

Muitas breves tolices – isso se chama amor para vós. E vossas núpcias dão cabo de muitas breves tolices, sendo uma longa estupidez.

Vosso amor à mulher e o amor da mulher ao homem: ah, que fosse compaixão para com deuses sofredores e ocultos! Mas geralmente um animal adivinha o outro.

E mesmo o vosso melhor amor é apenas uma parábola extática e uma brasa dolorosa. É uma tocha que deve iluminar caminhos mais elevados.

Para além de vós deveis um dia amar! Então *aprendei* primeiro a amar! E para tal tivestes de beber do amargo cálice de vosso amor.

Há amargor também no cálice do melhor amor: ele gera assim anseio pelo super-homem, ele gera sede em ti, o criador!

Sede para o criador, flecha e anseio para o super-homem: fala, irmão, é essa a tua vontade de núpcias?

São santas para mim uma tal vontade e tais núpcias.

Assim falou Zaratustra.

Da morte livre

Muitos morrem tarde demais e alguns morrem cedo demais. Ainda soa estranha a doutrina: "Morre no tempo certo!".

Morre no tempo certo: assim ensina Zaratustra.

Com efeito, quem jamais vive no tempo certo, como haveria de morrer no tempo certo? Quisera jamais ter nascido! – Assim aconselho o supérfluo.

Mas também os supérfluos fazem-se de importantes com sua morte e também a mais oca das nozes quer ser quebrada.

Todos consideram a morte importante: mas ela ainda não é uma festa. Os homens ainda não aprenderam como celebrar as mais belas festas.

Mostro-vos a morte consumadora, que se torna um aguilhão e uma promessa para os vivos.

O consumador morre sua morte vitorioso, cercado de esperançosos e elogiosos.

Dever-se-ia aprender a morrer assim; e não deveria haver festa em que um tal moribundo não abençoasse os juramentos dos vivos!

Morrer assim é o melhor; o segundo melhor, porém, é: morrer na luta e desperdiçar uma grande alma.

Mas, assim como para o vencedor, também para o lutador é odiosa a vossa morte sorridente, que se insinua às furtadelas, como um bandido – e que, não obstante, vem como senhora.

Louvo minha morte, a morte livre, que me vem porque *eu* quero.

E quando hei de querer? – Quem tem uma meta e um herdeiro, este quer a morte no tempo certo para a meta e para o herdeiro.

E por respeito à meta e ao herdeiro não mais haverá de pendurar guirlandas secas no santuário da vida.

Com efeito, não quero igualar-me aos trançadores de cordas: eles puxam seus longos cordões e eles mesmos sempre retrocedem com isso.

Alguns ficam velhos demais também para suas verdades e vitórias; uma boca desdentada não tem mais direito a todas as verdades.

E todo aquele que quer ter fama precisa por vezes despedir-se da honra e exercitar a dura arte de, no tempo certo – partir.

Deve-se parar de se deixar comer quando se é mais saboroso: isso sabem aqueles que querem ser amados longamente.

Há decerto maçãs azedas, cujo destino quer que esperem até o último dia do outono: e no mesmo instante amadurecem, amarelecem e murcham.

Para alguns o coração envelhece primeiro, para outros, o espírito. E alguns são anciões na juventude: mas uma juventude tardia é uma juventude longa.

Alguns falham na vida: um verme peçonhento rói-lhes o coração. Que se deem conta de que a morte é tanto mais aconselhável para eles.

Alguns jamais ficam doces, já no verão apodrecem. É a covardia que os mantém presos ao ramo.

Pessoas demais vivem e penduram-se tempo demais em seus ramos. Que venha uma tempestade para sacudir tudo que há de podre e carcomido nessa árvore!

Que venham pregadores da morte *rápida*! Seriam para mim a oportuna tempestade e sacudidores das árvores da vida! Mas ouço apenas a morte lenta ser pregada e a paciência para com tudo que é "mundano".

Ah, pregais paciência para com o que é mundano? É esse mundano que tem paciência demais para convosco, blasfemadores bocudos!

Deveras, morreu cedo demais aquele hebreu honrado pelos pregadores da morte lenta: e para muitos foi uma calamidade que tenha morrido cedo demais.

Ainda conhecia ele apenas lágrimas e o pesar dos hebreus, juntamente com o ódio dos bons e dos justos – o hebreu Jesus: e assim foi tomado pelo anseio da morte.

Tivesse ele ficado no deserto e distante dos bons e justos! Talvez teria aprendido a viver e a amar a terra – e mais: a rir!

Acreditai, meus irmãos! Ele morreu cedo demais; ele mesmo teria abjurado sua doutrina, tivesse alcançado minha idade! Era suficientemente honrado para abjurar!

Mas estava ainda imaturo. Imaturo é o amor do jovem, e imaturo é também seu ódio contra homem e terra. Amarradas e pesadas encontram-se ainda a sua mente e as asas do seu espírito.

Mas no homem há mais criança do que no jovem, e menos pesar: ele entende mais da morte e da vida.

Livre para morrer e livre na morte, um sagrado negador quando não é mais tempo para afirmar: assim entende ele da morte e da vida.

Que vossa morte não seja blasfêmia contra homem e terra, meus amigos: isso peço do mel de vossas almas.

Vosso espírito e vossa virtude devem ainda brilhar em vossa morte, como um crepúsculo que envolve a terra: ou então falhareis na morte.

Assim quero eu mesmo morrer, para que vós, amigos, ameis mais a terra por minha causa; e voltar a ser terra, para que tenha descanso naquela que me deu à luz.

De fato, uma meta tinha Zaratustra, ele lançou sua bola: vós, amigos, sois agora herdeiros de minha meta, para vós lanço a bola dourada.

Prefiro mais do que tudo ver-vos, meus amigos, lançar a bola dourada! E assim demoro-me ainda um pouco sobre a terra: perdoai-me!

Assim falou Zaratustra.

Da virtude que presenteia

1.

Quando Zaratustra se despediu da cidade que lhe ficou no coração e cujo nome era: "Vaca Colorida"

– seguiram-no muitos que se denominavam seus discípulos e o acompanhavam. Assim chegaram a uma encruzilhada: então Zaratustra lhes disse que queria prosseguir sozinho dali em diante; pois era amigo do caminhar solitário. Seus discípulos, porém, deram-lhe como despedida um cajado, em cujo punho dourado uma serpente se enrolava em torno do Sol. Zaratustra alegrou-se com o cajado e apoiou-se sobre ele; então falou assim aos seus discípulos.

Dizei-me: como foi que o ouro se tornou a coisa mais valiosa? Porque é incomum e inútil e reluzente e suave em seu brilho; ele sempre se presenteia.

Apenas como efígie da mais elevada virtude é que o ouro atingiu o mais alto valor. Como ouro brilha o olhar daquele que presenteia. O reluzir do ouro sela a paz entre a Lua e o Sol.

Incomum é a mais elevada virtude, e inútil, ela é brilhante e suave no reluzir: uma virtude que presenteia é a mais elevada virtude.

Deveras, adivinho-vos, meus discípulos: aspirais, como eu, à virtude que presenteia. Que teríeis em comum com gatos e lobos?

É vossa sede sacrificar-vos e serdes dados como presente: e por isso tendes sede de acumular todas as riquezas em vossas almas.

Insaciável anseiam vossas almas por tesouros e joias, porque vossa virtude é insaciável em querer presentear.

Forçais todas as coisas para perto, para dentro de vós, para que jorrem de volta de vossa fonte como dádivas de vosso amor.

Deveras, esse amor que presenteia deve tornar-se ladrão de todos os valores; mas chamo de benfazejo e sagrado esse egoísmo.

Há um outro egoísmo, paupérrimo, faminto, que sempre quer roubar; um egoísmo dos enfermos, o egoísmo enfermo.

Com o olho do gatuno observa tudo que reluz; com a cobiça da fome mede aquele que tem uma mesa farta; e está sempre à espreita nas mesas daqueles que presenteiam.

A doença fala de dentro desse anseio e dessa degeneração invisível; do corpo enfermo fala a cobiça gatuna desse egoísmo.

Dizei-me, irmãos: que é para nós o ruim e o pior? Não será a *degeneração*? – E sempre adivinhamos degeneração ali, onde falta a alma que presenteia.

Nosso caminho vai para o alto, da espécie à super-espécie. Mas é para nós um horror o sentido degenerativo que fala: "Tudo para mim".

Nosso sentido voa para o alto: dessa maneira, ele é uma parábola de nosso corpo, de uma elevação. Essas parábolas de elevação são os nomes das virtudes.

Assim atravessa o corpo a história, em devir e em luta. E o espírito – que é o espírito para ele? O arauto, o companheiro e a ressonância de suas lutas e vitórias.

São parábolas todos os nomes do bem e do mal: eles não pronunciam, acenam apenas. É um tolo aquele que deles quiser saber!

Atentai, irmãos, a cada vez que vosso espírito quiser falar em parábolas: eis aí a origem de vossa virtude.

Elevado encontra-se então vosso corpo, e ressuscitado; cativa o espírito e suas delícias, de modo que este se faça criador e avaliador e amante e benfeitor de todas as coisas.

Quando vosso coração ferve, largo e pleno, como uma correnteza, uma bênção e um perigo para os que habitam em sua proximidade: eis aí a origem de vossa virtude.

Quando vos elevais acima do louvor e da censura e vossa vontade quer comandar todas as coisas, como a vontade de um amante: eis aí a origem de vossa virtude.

Quando desprezais o conforto e a cama macia, quando não conseguis vos deitar suficientemente longe dos moleirões: eis aí a origem de vossa virtude.

Se sois querentes de uma única vontade, e se essa viragem de toda necessidade se chamar para vós necessidade: eis aí a origem de vossa virtude.[4]

Deveras, ela é um novo bem e mal! Deveras, um novo murmúrio profundo e a voz de uma nova nascente!

Poder é essa nova virtude; um pensamento dominante envolto em uma alma astuta: um sol dourado envolto pela serpente do conhecimento.

2.

Zaratustra calou-se por algum tempo e olhou com amor para seus discípulos. Depois seguiu falando assim: – e sua voz tinha se transformado.

Permanecei fiéis à terra, irmãos, com o poder de vossa virtude! Que vosso amor presenteador e vosso conhecimento sirvam ao sentido da terra! Assim vos peço e suplico.

Não a deixeis voar para longe do terreno, para bater com as asas contra paredes eternas! Ah, sempre houve tanta virtude perdida no voo!

Reconduzi, como eu, a virtude perdida de volta à terra – sim, de volta ao corpo e à vida: que ela dê à terra seu sentido, um sentido humano!

---

4. Nietzsche decompõe a palavra *Notwendigkeit*, "necessidade", em *Not* – radical que significa "necessidade" no sentido de ter uma carência, "passar necessidade" – e *Wende*, que significa "virada", "viragem". Zaratustra diz aos seus discípulos que sua virtude deve consistir na necessidade (*Notwendigkeit*) de afastar (*wenden*) a necessidade (*Not*) por meio de uma vontade única. (N.T.)

De cem maneiras perderam-se e equivocaram-se até agora tanto o espírito como a virtude. Ah, em nosso corpo vive ainda agora toda essa ilusão, todo esse equívoco: converteram-se em corpo e vontade.

De cem maneiras tentaram e perderam-se até agora tanto espírito como virtude. Sim, o homem foi um experimento. Ah, muita ignorância e equívoco tornou-se corpo em nós!

Não apenas a razão milenar – também a loucura milenar irrompe em nós. É perigoso ser herdeiro.

Ainda lutamos a cada passo com o gigante do acaso, e sobre toda a humanidade reinou até agora ainda o absurdo, a falta de sentido.

Que vosso espírito e vossa virtude sirvam ao sentido da terra, meus irmãos: e que todo o valor das coisas seja novamente instituído por vós! Por isso deveis ser lutadores! Por isso deveis ser criadores!

Sabendo purifica-se o corpo; ele se eleva experimentando com o saber; todos os impulsos são sacralizados para o conhecedor; a alma faz-se alegre para o elevado.

Médico, ajuda-te a ti mesmo: assim ajudarás também teu doente. A melhor ajuda para ele é ver com os próprios olhos aquele que faz bem a si próprio.

Há mil sendas ainda por serem trilhadas; mil saúdes e ilhas ocultas da vida. Inesgotados e indescobertos são ainda o homem e a terra do homem.

Vigiai e escutai, ó solitários! Do futuro sopram ventos com secretos ruflares de asas; e a ouvidos atentos dirigem-se boas novas.

Vós solitários de hoje, vós segregados, vós deveis um dia ser um povo: de vós, que vos escolhestes a vós mesmos, deve crescer um povo escolhido: – e dele o super-homem.

Deveras, um local de convalescença deve ainda tornar-se o mundo! E já o envolve um novo odor salutar – e uma nova esperança!

3.

Tendo dito isso, Zaratustra calou, mas como alguém que ainda não disse sua última palavra; passou um longo tempo reticente, pesando o cajado em sua mão. Por fim, falou assim: – e sua voz tinha se transformado.

Agora vou só, discípulos meus! Que também vós partais, e sós! Assim quero eu.

Deveras, aconselho-vos: parti para longe de mim e protegei-vos contra Zaratustra! Melhor ainda: envergonhai-vos dele! Talvez vos tenha traído.

O homem de conhecimento precisa ser capaz não apenas de amar seus inimigos, mas também de odiar seus amigos.

Retribui-se mal um professor permanecendo-se sempre aluno. E por que não quereis arrancar-me os louros?

Vós me honrais; mas que ocorrerá se as vossas honrarias forem algum dia por terra? Cuidai para que não sejais abatidos por uma estátua!

Dizeis crer em Zaratustra? Mas que importa Zaratustra! Sois os meus crentes: mas que importam todos os crentes!

Ainda não vos tínheis buscado: e encontrastes a mim. Assim agem todos os crentes; por isso toda crença é tão insignificante.

Ordeno-vos, pois, a me esquecerdes e a vos encontrardes; e somente quando todos me tiverdes renegado é que hei de querer retornar a vós.

Deveras, meus irmãos, com outros olhos buscarei então os meus perdidos; com outro amor hei de vos amar então.

E um dia ainda haveis de vos tornar meus amigos e filhos de uma esperança: então quero estar entre vós pela terceira vez, para celebrar convosco o grande meio-dia.

O grande meio-dia, quando o homem se encontra no meio de sua estrada entre o animal e o super-homem, celebrando seu caminho em direção ao cair da noite como sua mais elevada esperança: pois é esse o caminho para um novo amanhecer.

E então bendir-se-á a si próprio o poente, por ser um atravessador; e o sol de seu conhecimento estará para ele a pino.

"*Mortos estão todos os deuses: agora queremos que viva o super-homem.*" – que essa seja um dia nossa última vontade, no grande meio-dia! –

Assim falou Zaratustra.

***

SEGUNDA PARTE

"– e somente quando todos me tiverdes renegado é que hei de querer retornar a vós.

Deveras, meus irmãos, com outros olhos buscarei então os meus perdidos; com outro amor hei de vos amar então."

Zaratustra, da virtude que presenteia (I, p. 99)

A criança com o espelho

Em seguida, Zaratustra retornou às montanhas e à solidão de sua caverna e apartou-se dos homens: aguardando, como um semeador que lançou as sementes na terra. Sua alma, porém, encheu-se de impaciência e anseio por aqueles que amava: pois ainda tinha muito a lhes dar. Pois o mais difícil é, por amor, fechar a mão aberta e, como presenteador, conservar o pudor.

Assim transcorreram para o solitário as luas e os anos; sua sabedoria, porém, cresceu, e sua plenitude causava-lhe dor.

Certa manhã, porém, despertou já antes da aurora, refletiu um longo tempo em seu leito e falou finalmente a seu coração:

"Que susto tão grande foi esse em meu sonho, para que eu acordasse? Não veio até mim uma criança carregando um espelho?

"'Ó Zaratustra' – falou-me a criança, – 'olha-te no espelho!'

"Mas quando olhei no espelho dei um grito, e abalou-se meu coração: pois não foi a mim que vi, mas a carranca e o riso sarcástico de um diabo.

"Deveras, compreendo demasiado bem o simbolismo e a advertência do sonho: minha *doutrina* está em risco, há ervas daninhas passando-se por trigo!

"Meus inimigos tornaram-se poderosos e deturparam a imagem de minha doutrina, de modo que meus favoritos se vejam obrigados a se envergonhar da dádiva que eu lhes dei.

"Meus amigos perderam-se de mim; é chegada a hora de buscar os meus perdidos!" –

Com essas palavras, Zaratustra levantou-se de sobressalto, não como alguém amedrontado, que busca ar, mas antes como um vidente e cantor acometido pelo espírito. Admirados olharam-no sua água e sua serpente: pois havia como que uma aurora, uma felicidade vindoura em seu semblante.

Mas o que me terá ocorrido, meus animais? – disse Zaratustra. Não estou transformado? Não me veio a bem-aventurança como uma borrasca?

Tola é minha fortuna e tolices irá dizer: ela ainda é jovem demais – tende, pois, paciência com ela!

Estou admirado de minha fortuna: todos os sofredores devem ser meus médicos!

Posso novamente descer aos meus amigos e inimigos! Zaratustra pode novamente falar e presentear e ser amável para com aqueles que ama!

Meu amor impaciente transborda em torrentes, para baixo, em direção ao nascente e ao poente. Desde montanhas caladas e tempestades de dor murmura minha alma pelos vales abaixo.

Por tempo demais contemplei o horizonte com anseio. Por tempo demais pertenci à solidão: e assim desaprendi a calar.

Tornei-me todo boca, e o bramido de uma corredeira saída de rochedos elevados: quero derramar minha fala pelos vales.

E que a correnteza de meu amor se precipite por vias intransitáveis! Como poderia uma corrente não encontrar, ao final, o caminho do mar?

Com efeito, há em mim um lago eremita, autossuficiente; mas minha correnteza de amor arrasta-o consigo – para o mar!

Vou por novos caminhos, uma nova fala me vem; cansei-me, como tudo que cria, das velhas línguas. Não mais quer o meu espírito caminhar sobre solas gastas.

Lento demais me é o ritmo de toda fala: – em teu carro salto eu, ó tormenta! E também a ti quero ainda açoitar com minha maldade!

Como um grito e um júbilo quero navegar por sobre mares largos, até encontrar as ilhas bem-aventuradas, onde se demoram meus amigos: –

E meus inimigos entre eles! Como amo agora a qualquer um com o qual possa falar! Também meus inimigos pertencem à minha glória.

E se quero montar meu cavalo mais selvagem, então minha lança sempre me ajuda a subir: ela é o servo sempre solícito de meu pé: –

A lança que arremesso contra meus inimigos! Como agradeço a meus inimigos poder enfim arremessá-la!

Grande demais era a tensão em minha nuvem: entre as gargalhadas dos raios quero arremessar uma borrasca de granizo às profundezas.

Brutal erguer-se-á então meu peito, brutalmente há de soprar a tempestade por sobre as montanhas: isso o aliviará.

Deveras, minha fortuna e minha liberdade vêm como uma tempestade! Mas meus inimigos devem acreditar que *o mal* tempesteia por sobre suas cabeças.

Sim, também vós vos assustareis, meus amigos, com minha selvagem sabedoria; e talvez fugireis juntamente com meus inimigos.

Ah, pudera eu atraí-los de volta com charamelas! Ah, pudera minha leoa aprender a rugir a sabedoria com delicadeza! E muito já aprendemos uns com os outros!

Minha sabedoria selvagem emprenhou-se nas montanhas solitárias; sobre rudes rochas deu à luz sua cria, a última cria.

Agora vagueia estupidamente pelo áspero deserto, buscando a erva suave – minha velha e selvagem sabedoria!

Sobre a erva suave de vossos corações, meus amigos! – sobre vosso amor gostaria ela de deitar o que mais ama!

Assim falou Zaratustra.

Nas ilhas bem-aventuradas

Os figos caem das árvores, eles são bons e doces; e, quando caem, rompe-se a sua pele vermelha. Um vento norte sou eu para figos maduros.

Assim, como figos, caem-vos estes ensinamentos, meus amigos: bebei agora de seu sumo e de sua doce polpa! O outono rodeia-nos, e o céu limpo, e a tarde.

Vede, que plenitude à nossa volta! E é belo olhar a partir da abundância para mares distantes.

Outrora dizia-se Deus ao olhar para mares distantes; agora, porém, ensinei-vos a dizer: super-homem.

Deus é uma conjectura; mas quero que vossa conjectura não se estenda para além de vossa vontade criadora.

Seríeis capazes de *criar* um deus? – Então calai acerca de todos os deuses! Mas bem podeis criar o super-homem.

Talvez não vós mesmos, irmãos! Mas, criando, poderíeis transformar-vos em pais e antepassados do super-homem: e que essa seja vossa melhor criação! –

Deus é uma conjectura: mas eu quero que vossa conjectura seja limitada à possibilidade do pensamento.

Poderíeis *pensar* um deus? – Mas que "vontade de verdade" signifique para vós transformar tudo em pensável para o homem, visível para o homem, sensível para o homem! Deveis pensar vossos próprios sentidos até o final!

E aquilo que chamastes de mundo deve primeiramente ser por vós criado: vossa razão, vossa imagem, vossa vontade, vosso amor deve tornar-se o próprio mundo! E, deveras, para vossa glória, ó conhecedores!

E como queríeis suportar a vida sem essa esperança, ó conhecedores? Não poderíeis ter nascido nem para o incompreensível, nem para o irracional.

Mas que eu vos revele completamente o coração, amigos: *se* houvessem deuses, como suportaria eu não ser um deus? *Logo*, não há deuses.

Extraí, é certo, a conclusão; mas agora ela me arrasta consigo. –

Deus é uma conjectura: mas quem poderia beber todo o suplício dessa conjectura sem morrer? Deve ser a crença tomada do criador, e da águia o planar em distâncias aquilinas?

Deus é um pensamento que entorta tudo que é direito e que faz girar tudo que é firme. Como? O tempo não mais seria, e tudo que é passageiro seria apenas mentira?

Pensar isso é turbilhão e vertigem para os membros humanos e ainda uma ânsia de vômito para o estômago: deveras, chamo tais conjecturas de doença rotatória.

Considero-o mau e misantrópico: todo esse doutrinar acerca do uno e pleno e imóvel e satisfeito e imperecível!

Tudo que é imperecível – é apenas uma parábola! E os poetas mentem demais. –

Mas do tempo e do devir devem falar as melhores parábolas: devem ser um louvor e uma justificação de tudo que é passageiro!

Criar – eis a grande libertação do sofrimento e a facilitação da vida. Mas para que o próprio criador exista é necessário sofrimento e muita transmutação.

Sim, é preciso que haja muita morte amarga em vossas vidas, ó criadores! Assim sereis apologetas e justificadores de tudo quanto é passageiro.

Para que o próprio criador seja a criança renascida, é preciso que ele queira ser também a parturiente e a dor da parturiente.

Deveras, andei meu caminho através de cem almas e passei por cem berços e cem dores de parto. Já fiz muitas despedidas, conheço as últimas horas que partem o coração.

Mas assim quer a minha vontade criadora, o meu destino. Ou, para dizê-lo de maneira mais franca: justamente esse destino – quer a minha vontade.

Tudo que sente sofre comigo e encontra-se aprisionado: mas meu querer, meu libertador, vem sempre me trazer alegria.

Querer liberta: eis a verdadeira doutrina da vontade e da liberdade – assim vos ensina Zaratustra.

Não-mais-querer e não-mais-avaliar e não-mais--criar! Ah, que esse grande cansaço permaneça sempre afastado de mim!

Também no conhecer sinto apenas o desejo de minha vontade de gerar e de devir; e se há inocência em minha cognição, então isso ocorre porque há nela vontade para gerar.

Para longe de Deus e dos deuses atraiu-me essa vontade; pois o que haveria para criar se deuses – existissem!

Mas ela me impulsiona sempre renovadamente para o homem, minha fervorosa vontade criadora; e assim impulsiona o martelo rumo à pedra.

Ah, homens, na pedra dorme para mim uma imagem, a imagem de minhas imagens! Ah, que tenha de dormir na pedra mais dura, mais feia de todas!

Agora meu martelo desfere golpes terríveis contra sua prisão. Da pedra voam lascas: que me importa isso?

Quero terminar esta tarefa: pois uma sombra veio até mim – a mais silenciosa e leve de todas as coisas veio até mim!

A beleza do super-homem veio a mim como sombra. Ah, meus irmãos! Que me interessam ainda – os deuses! –

Assim falou Zaratustra.

Dos compassivos

Meus amigos, chegou ao vosso amigo um comentário sarcástico: "Vede só Zaratustra! Não caminha entre nós como entre animais?".

Mas assim ficaria melhor dito: "O conhecedor caminha entre homens como entre os animais que *são*".

O próprio homem, porém, chama-se para o conhecedor: o animal de bochechas coradas.

Como foi que isso lhe ocorreu? Não será porque precisou se envergonhar com demasiada frequência?

Ó meus amigos! Assim fala o conhecedor: vergonha, vergonha, vergonha – eis a história do homem!

E por isso o homem nobre ordena a si próprio não envergonhar a outrem: ele ordena a si vergonha perante tudo que sofre.

Deveras, não gosto dos caridosos, venturosos em sua compaixão: falta-lhes muita vergonha.

Se preciso ter compaixão, não quero por isso ser chamado de compassivo; e se o sou, então preferivelmente à distância.

Gosto também de cobrir o rosto e fugir antes de ser reconhecido: e assim vos aconselho a fazer, meus amigos!

Que meu destino faça meu caminho cruzar sempre com pessoas livres de sofrimento, como vós, e com pessoas com quem eu *possa* compartilhar esperança e refeição e mel!

Deveras, já fiz uma coisa ou outra por sofredores: mas sempre parecia fazer melhor quando aprendia a melhor me alegrar.

Desde que há homens, o homem alegrou-se muito pouco: este, somente, é o nosso pecado original!

E se aprendermos a nos alegrarmos melhor, desaprenderemos melhor a magoar os outros e a inventar mágoas.

Por isso lavo a mão que ajudou o sofredor, por isso limpo também a alma.

Pois vendo o sofredor sofrendo, envergonhei-me dele em nome de sua vergonha; e, ao ajudá-lo, violei gravemente seu orgulho.

Grandes obséquios não trazem gratidão, mas vingança; e quando a pequena bondade não é esquecida, então se torna um verme roedor.

"Sede reservados ao receber! Indicai com isso que recebeis algo!" – assim aconselho aqueles que nada têm a presentear.

Eu, porém, sou um presenteador: com prazer presenteio meus amigos, como amigo seu. Mas que estranhos e pobres colham eles mesmos o fruto de minha árvore: assim é menos vergonhoso.

Pedintes, no entanto, devem ser totalmente suprimidos! Deveras, é irritante dar-lhes algo e igualmente irritante não lhes dar nada.

E também os pecadores e as más consciências! Acreditai, amigos: mordidas da consciência ensinam a morder.

Mas o pior são os pequenos pensamentos. Deveras, melhor agir com maldade do que pensar pequeno!

Pois dizeis: "O prazer com pequenas maldades poupa-nos de muitas grandes maldades". Mas nisso não se deveria querer poupar.

Como um abscesso é a maldade: ela coça e coça e eclode – ela fala com sinceridade.

"Vê só, eu sou doença" – assim fala a maldade; eis sua sinceridade.

Mas o pequeno pensamento é como o bolor: ele é sorrateiro e esquivo e não quer estar em parte alguma – até que o corpo todo esteja mofado e murcho de tantos pequenos bolores.

Àquele, porém, que está possuído pelo diabo, digo estas palavras ao ouvido: "Melhor será se fizeres crescer teu diabo! Também para ti há ainda um caminho grandioso!". –

Ah, meus irmãos! De todo mundo sabe-se algo demais! E muitos ficam para nós transparentes, mas isso não significa absolutamente que possamos atravessá-los.

É difícil viver com as pessoas porque calar é muito difícil.

E não somos mais iníquos com aquele que se opõe a nós, mas contra aquele que absolutamente não nos diz respeito.

Se tens, porém, um amigo que sofre, sê então um asilo para seu sofrimento, mas igualmente também uma cama dura, uma cama de campanha: assim lhe serás da maior serventia.

E se um amigo te faz mal, então fala: "Eu perdoo o que me fizeste; mas que o tenhas feito a *ti*, – como poderia perdoar?".

Assim fala todo grande amor: ele supera também o perdão e a compaixão.

Deve-se segurar o coração; pois se o deixamos solto, logo também a cabeça se nos evade!

Ah, onde no mundo terão ocorrido maiores tolices do que entre os compassivos? E o que no mundo gerou mais sofrimento do que as tolices dos compassivos?

Ai de todos os amantes que não possuem ainda uma altura que esteja acima de sua compaixão!

Assim falou certa vez o diabo comigo: "Também Deus tem seu inferno: o amor aos homens".

E recentemente ouvi-o dizer estas palavras: "Deus está morto; Deus morreu de sua compaixão pelos homens". –

Ficai, pois, de sobreaviso quanto à compaixão: *daí* virá ainda para o homem uma nuvem carregada! Deveras, sou entendido de sinais do tempo!

Mas notai também estas palavras: todo grande amor encontra-se acima de toda sua compaixão: pois ele quer ainda – criar o amado!

"Ao meu amor ofereço-me a mim mesmo, *e, como a mim, também o meu próximo*" – assim é o discurso de todo criador.

Todo criador, porém, é duro. –

Assim falou Zaratustra.

Dos sacerdotes

E certa vez Zaratustra deu aos seus discípulos um sinal e falou estas palavras a eles:

"Há sacerdotes aqui: e embora sejam meus inimigos, passai por eles em silêncio e com a espada adormecida!

"Também entre eles há heróis; muitos deles sofreram demais – por isso querem fazer sofrer os outros.

"São inimigos maldosos: nada é mais vingativo do que sua humildade. E aquele que os ataca macula-se com facilidade.

"Mas meu sangue é aparentado ao seu; e quero ainda ver meu sangue ser honrado no deles." –

E, tendo eles passado, Zaratustra encheu-se de dor; e, após um curto tempo em contenda com a sua dor, começou a discursar assim:

Lamento por estes sacerdotes. Eles também vão contra meu gosto; mas isso é o mínimo desde que estou entre os homens.

Mas eu sofro e sofri com eles: para mim são prisioneiros e homens marcados. Aquele a quem chamam de libertador os pôs em cadeias: –

Em cadeias de falsos valores e palavras ilusórias! Ah, pudera alguém libertá-los de seu libertador!

Acreditavam outrora atracar em uma ilha, quando o mar os arrastava consigo; mas eis que era um monstro adormecido!

Falsos valores e palavras ilusórias: eis os piores monstros para os mortais, – por longo tempo dorme e aguarda neles a fatalidade.

Mas finalmente vem e acorda e devora e traga aqueles que sobre ela construíam seus casebres.

Ah, olhai para esses casebres que os sacerdotes construíam para si! Chamam de igrejas as suas cavernas perfumadas.

Ah, acima dessa luz falsificada, desse ar abafado! Aqui, onde a alma não pode – subir voando às suas alturas!

Ao invés disso, sua crença ordena: "De joelhos escada acima, pecadores!".

Deveras, prefiro ainda ver o desavergonhado do que os olhos oblíquos de sua vergonha e devoção!

Quem criou para si tais cavernas e escadas de penitência? Não foram aqueles que queriam se ocultar, que se envergonhavam diante do céu límpido?

E somente quando o céu límpido espreitar novamente por entre tetos rompidos e cair sobre a erva e a papoula encarnada ao longo de muros rompidos – somente então quero voltar meu coração novamente para os lugares desse deus.

Chamaram de Deus àquilo que os contradizia e feria: e, deveras, havia muito de heroico nessa adoração!

E não sabiam amar a seu deus a não ser pregando os homens na cruz!

Como cadáveres pretendiam viver, vestiram de preto os seus cadáveres; mesmo em seus discursos sinto ainda o mau cheiro de câmaras mortuárias.

E quem vive próximo deles vive próximo de lagoas negras, nas quais o sapo canta sua canção com doce melancolia.

Canções melhores precisariam cantar para que eu aprendesse a crer em seu libertador: mais libertos precisariam ser os seus discípulos!

Quero vê-los nus: pois somente a beleza deveria pregar penitência. Mas quem irá se deixar persuadir por essa aflição disfarçada?

Deveras, vossos próprios libertadores não vieram da liberdade e do sétimo céu da liberdade! Deveras, eles mesmos jamais pisaram os tapetes do conhecimento!

De lacunas constituía-se o espírito desses libertadores; mas em cada lacuna puseram sua ilusão, seu preenchimento que chamavam de Deus.

Seu espírito afogava-se em compaixão, e, quando se inflavam até o limite da compassividade, vinha à tona sempre uma grande tolice.

Com alarido levavam, zelosos, seu rebanho por sua senda: como se houvesse apenas um caminho para o futuro! Deveras, também esses pastores pertenciam ainda aos cordeiros!

Pequenos espíritos e almas volumosas tinham esses pastores: mas, meus irmãos, que pequenas terras foram até agora também as mais volumosas almas!

Escreviam símbolos de sangue pelo caminho que trilhavam, e sua tolice ensinava que a verdade era comprovada pelo sangue.

Mas o sangue é o pior testemunho da verdade; o sangue envenena mesmo a mais pura doutrina, para transformá-la em ilusão e ódio dos corações.

E se alguém atravessa o fogo por sua doutrina – o que prova isso? Com efeito, é melhor que do próprio incêndio saia a própria doutrina!

Coração abafado e cabeça fria: onde essas coisas coincidem, lá se constitui o vento ululante, o “libertador”.

Houve certamente homens maiores e mais bem-nascidos do que aqueles que o povo chama de libertadores, esses arrebatadores ventos ululantes!

E, meus irmãos, vós precisais ser libertos por outros, ainda maiores do que jamais foram todos os libertadores, caso quiserdes encontrar o caminho para a liberdade!

Jamais houve ainda um super-homem. Vi a ambos nus, o maior e o menor homem: –

Demasiado semelhantes entre si são eles ainda. Deveras, também o maior dentre eles achei – demasiado humano!

Assim falou Zaratustra.

Dos virtuosos

É preciso usar de trovões e fogos de artifício celestes para falar com sentidos frouxos e dormentes.

Mas a voz da beleza fala baixo: ela se insinua apenas nas almas mais despertas.

Suavemente vibrou e riu hoje meu escudo; são a risada e o tremor sagrados da beleza.

De vós, ó virtuosos, ria hoje minha beleza. E assim disse sua voz: “Eles querem ainda – ser pagos!”.

Ainda quereis ser pagos, ó virtuosos! Quereis receber recompensa pela virtude e o céu pela terra e a eternidade por vosso hoje?

E agora vos irritais comigo por ensinar que não há mestre de recompensas e pagamentos? E, deveras, nem mesmo ensino que a virtude seja a recompensa de si própria.

Ah, eis a minha aflição: com uma mentira inseriram-se no fundo das coisas a recompensa e o castigo – e agora também no fundo de vossas almas, ó virtuosos!

Mas como as presas do javali deve minha palavra revirar o fundo de vossas almas; quero ser o vosso arado.

Todos os segredos de vosso fundo devem vir à luz; e quando estiverdes largados ao sol, revirados e despedaçados, também vossa mentira encontrar-se-á diferenciada de vossa verdade.

Pois esta é a vossa verdade: sois *asseados demais* para a imundície das palavras vingança, castigo, recompensa, retribuição.

Amais vossa virtude como a mãe ama o filho; mas onde já se ouviu que uma mãe quisesse ser paga por seu amor?

É o vosso querido si-próprio, a vossa virtude. A sede do anel está em vós: é para alcançar-se novamente a si mesmo que todo anel anela e gira sobre si.

E como uma estrela que se apaga é cada obra de vossa virtude: sua luz está sempre ainda a caminho e vagueia – e quando não estará mais a caminho?

A luz de vossa virtude, portanto, encontra-se ainda a caminho, mesmo quando a obra já está feita. Que ela agora morra e seja esquecida: seu raio de luz ainda vive e vagueia.

Que a vossa virtude seja o vosso si-próprio, e não algo estranho, uma pele, um disfarce: eis a verdade do fundo de vossa alma, ó virtuosos! –

Mas há também aqueles para os quais virtude significa contrair-se sob um açoite: e vós destes demasiada atenção à sua gritaria!

E para outros chama-se virtude quando seus vícios vão se tornando preguiçosos; e quando o ódio e o ciúme começam a se espreguiçar, desperta a "justiça", esfregando os olhos sonolentos.

E há outros ainda que são puxados para baixo: puxam-nos os seus diabos. Mas quanto mais afundam, tanto mais se acende o brilho de seu olho e o anseio por seu deus.

Ah, também deles chegou-vos a gritaria aos ouvidos, ó virtuosos: "Aquilo que *não* sou é para mim o deus e a virtude!".

E há outros ainda que passam pesados e rangendo, como carroças que carregam pedras morro abaixo: estes falam muito de dignidade e virtude – seu freio eles chamam de virtude!

E há outros ainda que são como relógios comuns aos quais se deu corda; fazem seu tique-taque e querem que se chame o tique-taque de – virtude.

Deveras, nesses me comprazo pessoalmente: onde encontro tais relógios, dou-lhes corda com meu escárnio; e eles devem ainda ronronar com isso!

E outros orgulham-se de seu punhado de justiça e cometem em seu nome sacrilégio contra todas as coisas: de modo que o mundo acaba afogado nessa injustiça.

Ah, como lhes sai mal da boca a palavra "virtude"! E quando dizem: "Sou justo", então soa sempre como se dissessem: "Estou vingado!".[5]

Com sua virtude querem arrancar os olhos de seus inimigos; e elevam-se somente para rebaixar a outros.

E há ainda também aqueles que se sentam em seu pântano e falam assim pela palhinha de junco que utilizam para respirar: "Virtude é sentar-se inerte no pântano.

---

5. Trocadilho com *gerecht* ("justo") e *gerächt* ("vingado"). (N.T.)

"Não mordemos ninguém e saímos do caminho daquele que quer morder; e em tudo temos a opinião que nos é dada."

E há ainda também aqueles que amam os trejeitos e pensam: a virtude é um tipo de trejeito.

Os seus joelhos sempre adoram, e suas mãos são louvações da virtude, mas seu coração nada sabe disso tudo.

E há por sua vez também aqueles que consideram virtude dizer: "Virtude é necessária"; mas no fundo acreditam apenas que a polícia seja necessária.

E alguns, incapazes de ver o que há de elevado nos homens, chamam de virtude ver de muito perto o que neles há de baixo, ou seja: chamam o mau olhado de virtude.

E alguns querem ser edificados e erigidos, e chamam-no de virtude; e outros querem ser derrubados – e também o chamam de virtude.

E desse modo creem quase todos ter alguma parte na virtude; e no mínimo quer cada um ser entendido acerca do "bom" e do "mau".

Mas Zaratustra não veio para dizer a todos esses mentirosos e néscios: "Que sabeis *vós* da virtude? Que *poderíeis saber* da virtude?". –

Mas para que vós, meus amigos, vos cansásseis das velhas palavras que aprendestes dos néscios e mentirosos:

Para que vos cansásseis das palavras "recompensa", "retribuição", "castigo", "vingança justa" –

Para que vos cansásseis de dizer: "Que uma ação seja boa significa que ela é desinteressada".

Ah, meus amigos! Que o *vosso* si-próprio esteja na ação como a mãe está no filho: que essa seja a *vossa* palavra acerca da virtude!

Deveras, tomei de vós cem palavras e os joguetes favoritos de vossa virtude; e agora vos irais contra mim, como se iram as crianças.

Elas brincavam à beira-mar – então veio a onda e arrastou seu brinquedo para as profundezas: agora choram. Mas a mesma onda deve trazer-lhes novos brinquedos e despejar diante delas novas conchas coloridas!

Assim se consolarão; e, como elas, também vós, meus amigos, deveis ter o vosso consolo – e novas conchas coloridas! –

Assim falou Zaratustra.

Da gentalha

A vida é uma fonte de prazeres; mas onde também a gentalha bebe, lá estão envenenados todos os poços.

Sou afeito a tudo que é asseado; mas não gosto de ver as bocarras sorridentes e a sede dos impuros.

Lançaram os olhos no fundo do poço: e agora seu sorriso revoltante reflete-se de lá de dentro.

Envenenaram a água sagrada com sua concupiscência; e ao chamarem de prazer os seus sonhos imundos envenenaram também as palavras.

A chama indispõe-se quando aproximam do fogo seus úmidos corações; o próprio espírito fervilha e exala fumaça onde quer que a gentalha se aproxime do fogo.

Em sua mão o fruto adocica e amolece: seu olhar faz a árvore frutífera mirrar e secar.

E muitos dos que se apartaram da vida apartavam-se apenas da gentalha: não queriam partilhar o poço e a chama e o fruto com a gentalha.

E muitos dos que foram para o deserto e que passaram fome com predadores apenas não queriam se sentar em torno da cisterna com os imundos condutores de camelos.

E muitos dos que saíram por aí como aniquiladores e como granizo para todos os pomares queriam apenas meter o pé na goela da gentalha para tapar-lhe a boca.

E o bocado com que mais engasguei não foi saber que a própria vida tem necessidade de inimizade e de morte e de martírios na cruz: –

Mas perguntei-me certa vez, e quase me sufoquei com minha pergunta: como? Terá a vida necessidade também da *gentalha*?

São necessários poços envenenados e fogos fedorentos e sonhos emporcalhados e vermes no pão da vida?

Não meu ódio, mas meu asco roía-me, faminto, a vida! Ah, cansei-me frequentemente do espírito ao descobrir que também a gentalha tem riqueza de espírito!

E voltei as costas aos governantes quando vi o que eles agora chamam de governar: regatear e negociar por poder – com a gentalha!

Vivi entre povos de línguas estrangeiras, com os ouvidos tapados: para que a língua do regateio e suas negociações por poder me permanecessem estranhas.

E, tapando o nariz, caminhei indisposto por todo ontem e hoje: deveras, todo ontem e hoje tem o fedor da gentalha escritora!

Como um aleijado que se fez surdo e cego e mudo: assim vivi durante longo tempo, para não viver com gentalhas do poder e da escrita e do prazer.

Penosamente subia meu espírito as escadas, e com cuidado; esmolas do prazer eram seu bálsamo; para o cego, a vida ia arrastando-se pela bengala.

Mas o que foi que me ocorreu? Como foi que me libertei do asco? Quem renovou meu olho? Como voei até as alturas, onde nenhuma gentalha se senta mais ao poço?

Terá meu próprio asco criado asas para mim e forças intuidoras de fontes? Deveras, precisei voar até as alturas mais elevadas para reencontrar a fonte do prazer!

Ó meus irmãos, eu a encontrei! Aqui, nas alturas mais elevadas, jorra a fonte do prazer! E há uma vida da qual nenhuma gentalha partilha o trago!

Jorras quase forte demais para mim, fonte do prazer! E frequentemente esvazias novamente o cálice por quereres preenchê-lo!

E ainda preciso aprender a aproximar-me de ti com mais humildade: ainda é forte demais a corrente que empurra a ti meu coração: –

Meu coração, sobre o qual queima meu verão curto, quente, melancólico, transbordando de alegria: como anseia meu coração estival por teu frescor!

É passada a hesitante tribulação de minha primavera! Passada a maldade de meus flocos de neve em junho! Fiz-me todo verão e meio-dia de verão!

Um verão nas mais elevadas alturas, com fontes frias e afortunado silêncio: ó amigos, vinde para que o silêncio se faça ainda mais venturoso!

Pois esta é a *nossa* altura e o nosso lar: moramos aqui alto e íngreme demais para todos os impuros e sua sede.

Lançai, pois, vossos olhos puros na fonte de meu prazer, ó amigos! Como poderia turvar-se com isso? Em resposta, ela deverá rir com *sua* pureza.

Fazemos nosso ninho na árvore do futuro; águias devem trazer em seus bicos refeições para nós, solitários!

Deveras, nenhuma refeição de que os impuros pudessem partilhar! Julgariam estar comendo fogo e queimar-se-iam as bocarras!

Deveras, não oferecemos nenhum abrigo para impuros! Nossa fortuna seria uma caverna de gelo para seus corpos e espíritos!

E como ventos fortes queremos viver acima deles, vizinhos das águias, vizinhos da neve, vizinhos do sol: assim vivem os ventos fortes.

E como um vento quero um dia ainda soprar entre eles e tomar com meu espírito o fôlego do espírito deles: assim quer o meu futuro.

Deveras, um vento forte é Zaratustra para todas as terras baixas; e o seguinte conselho oferece ele a seus inimigos e a tudo que cospe e escarra: "Cuidai para não cuspir *contra* o vento!".

Assim falou Zaratustra.

Das tarântulas

Olha, eis aqui a caverna da tarântula! Queres vê-la com os próprios olhos? Aqui pende sua teia: toca-a para que vibre.

Aí ela vem de boa vontade: bem-vinda, tarântula! Sobre teu dorso assenta-se negro teu triângulo e símbolo; e sei também o que tens na alma.

Há vingança em tua alma: onde quer que mordas, lá cresce uma escara negra; teu veneno faz a alma girar com vingança!

Assim falo-vos em parábola, a vós, que fazeis girar as almas, ó pregadores da *igualdade*! Sois tarântulas para mim e ocultos sedentos de vingança!

Mas quero trazer à luz os vossos esconderijos: por isso rio-vos na cara a minha risada das alturas.

Por isso repuxo vossas teias, para que vossa raiva vos atraia para fora de vossa caverna de mentiras, e para que vossa vingança salte de trás de vossa palavra "justiça".

Pois *que o homem seja liberto da vingança*: eis para mim a ponte para a mais alta esperança e um arco-íris após longas tempestades.

Mas as tarântulas, com efeito, querem outra coisa. "Para nós a justiça é que o mundo se preencha com o mau tempo de nossa vingança" – assim falam entre si.

"Queremos praticar a vingança e o insulto contra todos aqueles que não são iguais a nós" – assim fazem voto os corações das tarântulas.

"E 'vontade de justiça' – isso deve ser de agora em diante o nome para virtude; e contra tudo que tem poder queremos erguer nossas vozes!"

Ó pregadores da igualdade, a demência tirânica da impotência clama assim em vós por "igualdade": vossos mais secretos desejos tirânicos ocultam-se assim em palavras virtuosas!

Presunção carcomida, inveja reprimida, talvez a presunção e a inveja de vossos pais: em vós explodem como uma chama e como a demência da vingança.

O que o pai silenciou ganha voz no filho; e com frequência pareceu-me o filho o segredo revelado do pai.

São como os entusiastas: porém não é o coração que os entusiasma – mas a vingança. E quando se tornam finos e frios não é o espírito, mas a inveja que os faz finos e frios.

O seu ciúme guia-os também pelas sendas dos pensadores; e este é o sinal de seu ciúme: eles vão sempre longe demais – de modo que seu cansaço por fim precisa ainda se deitar para dormir na neve.

De todos os seus lamentos ressoa a vingança, em todos os seus louvores há um ferimento; e a bem-aventurança é para eles ser juiz.

Mas aconselho-vos o seguinte, amigos meus: desconfiai de todos aqueles em que o impulso para castigar for poderoso!

Trata-se de um povo de espécie e ascendência ruins; seus rostos têm o olhar do carrasco e do cão farejador.

Desconfiai de todos aqueles que falam muito de sua justiça! Deveras, não falta apenas mel em suas almas.

E quando se chamam a si próprios de "os bons e justos", então não esqueçais de que nada falta para que sejam fariseus, a não ser – poder!

Meus amigos, não quero me ver misturado e confundido.

Há os que pregam a minha doutrina da vida: e ao mesmo tempo são também pregadores da igualdade e tarântulas.

Que falem em favor da vida, embora sentados em sua caverna, essas aranhas venenosas, e afastados da vida: é porque querem com isso ferir.

Querem ferir àqueles que agora detêm o poder: pois entre esses a pregação da morte ainda se encontra em casa.

Fosse diferente, então as tarântulas ensinariam outras coisas: e justamente elas foram outrora as melhores difamadoras de mundos e queimadoras de hereges.

Não quero me ver misturado e confundido com esses pregadores da igualdade. Pois assim fala *comigo* a justiça: "Os homens não são iguais".

E tampouco devem se tornar iguais! Que seria de meu amor ao super-homem se eu falasse de outra forma?

Sobre mil pontes e sendas devem aglomerar-se em direção ao futuro, e sempre mais guerra e iniquidade devem ser postas entre eles: assim me leva a falar o meu grande amor!

Devem tornar-se inventores de imagens e fantasmas em suas inimizades, e com suas imagens e seus fantasmas devem ainda lutar, uns contra os outros, a mais alta de todas as lutas!

Bom e mau, rico e pobre, alto e baixo e todos os nomes dos valores: haverão de ser armas e sinais tilintantes de que a vida precisa sempre renovadamente superar-se a si mesma!

A própria vida quer construir-se até as alturas, com pilastras e degraus: quer olhar para distâncias recônditas e buscar belezas ditosas – *por isso* necessita de altura!

E, por precisar de altura, precisa também de degraus e da contradição entre os degraus e os que sobre eles ascendem! A vida quer ascender, e, ascendendo, quer superar-se.

E vede, meus amigos! Aqui, onde se encontra a caverna da tarântula, elevam-se às alturas os destroços de um antigo templo – olhai, pois, com olhos iluminados!

Deveras, quem aqui outrora elevou seus pensamentos em pedra, qual uma torre, sabia tanto do mistério de toda vida quanto o mais sábio!

Que haja luta e desigualdade também ainda na beleza, e guerra por poder e dominação: isso nos ensina ele aqui com uma analogia claríssima.

Como se rompem divinamente abóbadas e arcos nesta contenda: como se repelem com luz e sombra os que aspiram à divindade –

Que sejamos inimigos igualmente seguros e belos, meus amigos! Divinamente queremos *repelir-nos uns aos outros*! –

Ai! Agora me mordeu a tarântula, minha antiga inimiga! Com segurança divina e beleza mordeu-me o dedo!

"Deve haver castigo e justiça" – assim pensa ela: "não deve ele cantar aqui impunemente canções em honra da inimizade!"

Sim, ela se vingou! E ai de mim! Agora fará também a minha alma girar com vingança!

Para que eu *não gire*, amigos, atai-me bem a esta coluna! Prefiro ainda ser um estilita do que um turbilhão vingativo!

Deveras, não é Zaratustra nenhum vento rodopiante ou tufão; e se é um dançarino, jamais será, porém, um dançarino-tarântula! –

Assim falou Zaratustra.

Dos sábios célebres

Servistes, todos vós, ao povo e à superstição do povo, ó célebres sábios! – e *não* à verdade! E justamente por isso vos prestaram homenagens.

E por isso também suportou-se a vossa descrença, por ser uma astúcia e um desvio para chegar ao povo. Assim deixa o senhor liberdade aos escravos, ainda deleitando-se com sua petulância.

Mas aquele que é odiado pelo povo é como um lobo para os cães: ele é o espírito livre, o inimigo das amarras, o irreverente, o habitante das florestas.

Caçá-lo e desentocá-lo – foi sempre isso que significou para o povo o "sentido para o direito": contra ele atiça ainda hoje os seus cães de dentes mais afiados.

"Pois a verdade existe: pois não existe o povo? Ai, ai dos buscadores!" – assim ressoa há tempos.

Queríeis dar razão a vosso povo em sua veneração: era essa a vossa "vontade de verdade", ó célebres sábios!

E o vosso coração falava sempre para si: "Do povo vim: de lá veio-me também a voz de Deus".

Enquanto defensores do povo, fostes sempre obstinados e sagazes como o jumento.

E muitos poderosos, desejosos de ganhar o favor do povo, emparelharam diante de seus corcéis ainda – um jumentinho, um sábio célebre.

E agora gostaria, ó célebres sábios, que finalmente vos desfizésseis de uma vez por todas da pele de leão!

A pele do predador, de manchas multicolores, e a juba do investigador, buscador, conquistador!

Ah, para que eu cresse em vossa "veracidade" precisaríeis antes romper vossa vontade veneradora.

Veraz – assim chamo àquele que anda por desertos profanos e que quebrou seu coração venerador.

Na areia amarela, queimado pelo sol, ele cobiça sedento as ilhas de fontes abundantes, onde coisas vivas repousam sob copas escuras.

Mas a sede não o persuade a se tornar igual a esses acomodados: pois onde quer que haja oásis, há também ídolos.

Faminta, violenta, solitária, ateia: assim quer a si própria a vontade leonina.

Livre da fortuna dos servos, liberta de deuses e adorações, intrépida e assustadora, grande e solitária: assim é a vontade daquele que é veraz.

No deserto vivem desde há muito os verazes, os espíritos livres, como senhores do deserto; mas nas cidades vivem os bem-alimentados sábios célebres – os animais de tração.

Pois sempre puxam, como jumentos – a carroça do *povo*!

Não que me ire com eles por isso: mas permanecem sendo para mim servis e arreados, mesmo que seus arreios reluzam dourados.

E frequentemente foram bons servos e dignos de recompensa. Pois assim fala a virtude: "Se precisas ser servil, então procura aquele que tirará maior proveito de teu serviço!

"O espírito e a virtude de teu senhor devem crescer pelo fato de seres seu servo: assim crescerás tu mesmo juntamente com seu espírito e com sua virtude!"

E deveras, ó célebres sábios, ó servos do povo! Vós mesmos crescestes com o espírito e com a virtude do povo – e o povo por meio de vós! Para vossa honra digo-o!

Mas também em vossas virtudes permaneceis povo para mim, povo de olhar embotado – povo que não sabe o que é *espírito*!

Espírito é a vida que talha a própria vida: com a própria tortura aumenta o próprio saber – já sabíeis disso?

E a fortuna do espírito é a seguinte: ser ungido e com lágrimas consagrar-se como animal de sacrifício – já sabíeis disso?

E a cegueira do cego e seu procurar e tatear devem ainda atestar o poder do sol para o qual olhou – já sabíeis disso?

E com montanhas deve o conhecedor aprender a *construir*! Não é muito que o espírito mova montanhas – já sabíeis disso?

Conheceis apenas a faísca do espírito: mas não vedes a bigorna que é, nem a crueldade de seu martelo!

Deveras, não conheceis o orgulho do espírito! Mas suportaríeis ainda menos a modéstia do espírito, caso ela tomasse a palavra!

E tampouco jamais pudestes jogar vosso espírito em uma cova de neve: não sois quentes o suficiente para tanto! E assim tampouco conheceis os encantos de sua frieza.

Em tudo agis confiando demais no espírito; e da sabedoria fizestes muitas vezes um abrigo e um hospital para maus poetas.

Não sois águias: logo, tampouco experimentastes a felicidade no terror do espírito. E quem não é pássaro não deve fazer seu ninho à beira de abismos.

Sois mornos para mim: mas fria é a torrente de todo conhecimento profundo. Gélidos são os poços mais íntimos do espírito: são refresco para mãos quentes e gente ativa.

Honrosos postais-vos diante de mim, rígidos e de postura ereta, ó célebres sábios! – não sois movidos por vento e vontade fortes.

Jamais vistes uma vela ir por sobre o mar, abaulada e inflada e trêmula perante a impetuosidade do vento?

Como a vela, trêmula perante a impetuosidade do espírito, vai minha sabedoria por sobre o mar – minha selvagem sabedoria!

Mas vós, servos do povo, ó célebres sábios, – como *poderíeis* ir comigo? –

Assim falou Zaratustra.

A canção noturna

É noite: agora falam mais alto todos os chafarizes. E também minha alma é um chafariz.

É noite: somente agora despertam todas as canções dos amantes. E também minha alma é a canção de um amante.

Há algo de inquieto, algo impossível de aquietar em mim, que quer se fazer ouvir. Há em mim anseio por amor, e ele mesmo fala a língua do amor.

Sou luz: ah, pudera eu ser noite! Mas é esta a minha solidão: ser envolto pela luz.

Ah, se eu fosse escuro e noturno! Como haveria de sorver o seio da luz!

E também a vós haveria ainda de abençoar, pequenas estrelas cintilantes e vaga-lumes acima! – e alegrar-me-ia com vossos presentes de luz.

Mas vivo em minha própria luz, reabsorvo em mim as chamas que de mim irrompem.

Não conheço a fortuna daquele que toma; e muitas vezes sonhei que roubar haveria de ser uma bênção ainda maior do que tomar.

Eis minha pobreza, que minha mão jamais descanse do presentear; eis minha inveja, que eu veja os olhos esperançosos e as noites claras do desejo.

Ó desventura de todos os presenteadores! Ó eclipse de meu sol! Ó ânsia pelo anseio! Ó apetite devastador da fartura!

Tomam de mim: mas toco eu ainda as suas almas? Há um abismo entre dar e tomar; e o menor abismo é o último a ser atravessado.

Cresce uma fome de minha beleza: quero ferir aquele que ilumino, quero roubar de meus presenteados – assim tenho fome de maldade.

Retraindo a mão quando eles já estendem a sua em troca; hesitando como uma cascata que hesita ainda em queda – assim tenho fome de maldade.

Essa vingança cogita a minha plenitude; essa perfídia escoa de minha solidão.

Minha felicidade no presentear sucumbiu no presentear; minha virtude, em sua superabundância, cansou-se de si mesma!

O perigo de quem sempre presenteia é perder a vergonha; a mão e o coração de quem sempre distribui são calejados de tanto distribuir.

Meu olho não mais transborda perante a vergonha dos pedintes; minha mão tornou-se dura demais para o tremor de mãos preenchidas.

Para onde foi a lágrima de meu olho e a penugem de meu coração? Ó solidão de todos os presenteadores! Ó taciturnidade de todos os luminosos!

Muitos sóis circulam pelo espaço ermo: com tudo que é escuro falam eles por meio da luz – para mim calam.

Ó, esta é a inimizade da luz para com o luminoso, que impiedosa percorra suas órbitas.

Iníquo para com o luminoso nas profundezas do coração: frio para com os sóis – assim caminha todo sol.

Como uma tempestade voam os sóis em suas órbitas, eis o seu caminho. Seguem sua vontade inexorável, eis a sua frieza.

Ó, sois apenas vós, ó escuros, ó noturnos, que obtendes calor do que é luminoso! Ó, vós somente tomais o leite e o bálsamo dos úberes da luz!

Ah, o gelo envolve-me, minha mão queima-se no que é gélido! Ah, há sede em mim, sequiosa de vossa sede!

É noite: ah, que eu tenha de ser luz! E sede pelo noturno! E solidão!

É noite: agora jorra de mim como uma fonte o meu desejo – desejo discursos.

É noite: agora falam mais alto todos os chafarizes. E também minha alma é um chafariz.

É noite: somente agora despertam todas as canções dos amantes. E também minha alma é a canção de um amante. –

Assim cantou Zaratustra.

A canção dançante

Certa noite Zaratustra atravessava com seus discípulos a floresta; e, ao procurar por um poço, eis que se deparou com um gramado verde rodeado pelo silêncio de árvores e arbustos: sobre ele dançavam moças umas com as outras. Assim que reconheceram Zaratustra, as moças deixaram de dançar; Zaratustra, porém, aproximou-se com gestos amigáveis e falou estas palavras:

"Não deixeis de dançar, moças amáveis! Não veio até vós nenhum estraga-prazeres de olhar maldoso, nenhum inimigo das moças.

"Sou o apologeta de Deus perante o diabo: este, porém, é o espírito do peso. Como haveria eu de ser inimigo de vossas leves e divinas danças? Ou de pés femininos com belos tornozelos?

"De fato, sou uma floresta e uma noite de árvores escuras: mas quem não se intimida com minha escuridão encontra também roseiras entre meus ciprestes.

"E também haverá de encontrar o pequeno deus que é o favorito das moças: está deitado ao lado do poço, imóvel, de olhos cerrados.

"Deveras, caiu-me no sono em plena luz do dia, o mandrião! Terá perseguido demais as borboletas?

"Não vos irriteis comigo, belas dançarinas, se eu açoitar um pouco o pequeno deus! Certamente há de berrar e chorar – porém mesmo chorando é hilário!

"E com lágrimas nos olhos deve ele tirar-vos para dançar; e eu mesmo quero cantar uma canção para acompanhar sua dança:

"Uma canção dançante e zombeteira contra o espírito do peso, meu elevadíssimo, poderosíssimo diabo, que dizem ser 'senhor do mundo'." –

E esta é a canção que Zaratustra cantou enquanto Cupido e as moças dançavam juntos.

Em teu olho olhei há pouco, ó vida! E parecia afundar-me com isso no inescrutável.

Mas com vara de ouro de lá me fisgaste; riste zombeteira quando te chamei de inescrutável.

"Assim falam todos os peixes", disseste; "o que *eles* não escrutam é inescrutável.

"Mas sou apenas cambiável, e selvagem, e em tudo uma mulher, e não virtuosa:

"Embora para vós homens seja 'a profunda' ou 'a fiel', 'a eterna', a 'misteriosa'.

"Mas vós homens nos presenteais sempre com as próprias virtudes – ah, virtuosos que sois!"

Assim ria-se, a incrivelmente maravilhosa; mas eu não creio jamais nela e em sua risada quando fala mal de si mesma.

E quando, em confidência, conversava com minha selvagem sabedoria, esta me disse, irritada: "Queres, desejas, amas, somente por isso já *louvas* a vida!".

Quase respondi a isso com maldade, dizendo a verdade à irada; e não se pode responder pior do que quando se "diz a verdade" à sua sabedoria.

Assim ocorre com nós três. Em princípio amo apenas a vida – e, deveras, especialmente quando a odeio!

Mas se sou bom com a sabedoria, e frequentemente bom demais, é porque ela me lembra demais a vida!

Ela tem seu olho, sua risada, e até mesmo sua varinha de pescar dourada; que posso eu fazer, se são ambas tão parecidas?

E quando certa vez a vida me perguntou: quem é essa, a sabedoria? – respondi, solícito: "Ah sim! A sabedoria!

"Tem-se por ela uma sede insaciável, olha-se através de véus, tenta-se enredá-la em redes.

"Será bela? Que sei eu! Mas mesmo as carpas mais velhas são ainda por ela fisgadas.

"Ela é cambiável e obstinada; frequentemente a vi morder os lábios e passar o pente a contrapelo.

"Talvez seja má e falsa, e em tudo uma mulher; mas é mais sedutora justamente quando fala mal de si."

Tendo eu dito isso à vida, ela riu com maldade e cerrou os olhos. "Mas de quem falas? disse ela, acaso será de mim?

"E ainda que tivesses razão – dizes-me *isso* assim na cara? Mas fala agora também de tua sabedoria!"

Ah, e então abriste novamente o olho, ó vida amada! E pareceu-me que novamente afundava no inescrutável. –

Assim cantou Zaratustra. Mas quando a dança terminou e as moças se foram, ele entristeceu.

"O sol já se pôs há tempos", disse ele enfim; "o gramado está úmido, vem um frio das florestas.

"Há algo desconhecido envolvendo-me, mirando pensativo. Quê? Vives ainda, Zaratustra?

"Por quê? Para quê? Por meio de quê? Para onde? Onde? Como? Não será tolice viver ainda? –

"Ah, meus amigos, é o cair da noite que me pergunta assim. Perdoai a minha tristeza!

"A noite caiu: perdoai-me que tenha caído a noite!"

Assim falou Zaratustra.

A canção fúnebre

"Eis ali a ilha dos sepulcros, a ilha silenciosa; lá se encontram também os sepulcros de minha juventude. Para lá quero levar uma guirlanda sempre verde da vida."

Decidindo-me assim no coração, atravessei o mar. –

Ó, vós, rostos e aparições de minha juventude! Ó, todos vós, olhares do amor, instantes divinos! Por que morrestes tão depressa? Recordo-vos hoje como meus mortos.

De vós, meus queridos mortos, vem-me um odor adocicado, que me solta o coração e as lágrimas. Deveras, ele abala e solta o coração do navegante solitário.

Sigo sendo o mais rico e o mais invejável – eu, o mais solitário! Pois eu vos *tive*, e vós ainda me tendes: dizei, para quem caíram, como para mim, maçãs rosadas como estas do pé?

Ainda sou o herdeiro e a terra de vosso amor, florescendo em vossa memória com coloridas e selvagens virtudes, ó queridíssimos!

Ah, fomos feitos para permanecermos próximos uns dos outros, ó propícios e estranhos prodígios; e não viestes até mim e meu anseio como pássaros acanhados – não, pelo contrário, confiantes viestes até o confiante!

Sim, fostes feitos para a fidelidade, como eu, e para delicadas eternidades: e agora preciso chamar-vos segundo vossa infidelidade, ó olhares e momentos divinos: ainda não aprendi outro nome.

Deveras, morrestes muito depressa para mim, ó fugazes. E no entanto não fugistes de mim, nem eu de vós: somos inocentes em nossa infidelidade.

Para matar *a mim* estrangularam-vos, a vós, aves cantoras de minhas esperanças! Sim, contra vós, meus favoritos, atirou a maldade sempre suas flechas – para atingir o meu coração!

E acertou! Pois fostes-me sempre o que há de mais querido, minha posse e meu ser possuído: *por isso* precisastes morrer jovens e demasiado cedo!

Atirou-se a flecha contra a mais vulnerável de minhas posses: vós, cuja pele é como uma penugem, e mais, como o sorriso que sucumbe com um olhar!

Mas quero dizer estas palavras a meus inimigos: que é todo assassinato, se comparado àquilo que me fizestes?

Fizestes-me mais maldade do que o é todo assassinato; tomastes-me algo irrecuperável – assim vos falo, meus inimigos!

Pois assassinastes os semblantes de minha juventude e meus mais queridos prodígios! Tomastes-me meus companheiros, os espíritos bem-aventurados! Em sua memória ofereço esta guirlanda e lanço esta maldição.

Esta maldição contra vós, meus inimigos! Pois encurtastes-me a minha eternidade, como um som que se rompe na noite fria! Mal acabara de chegar, como um pestanejar de olhos divinos – como um piscar de olhos!

Assim falou em boa hora outrora a minha pureza: "Divinos devem ser-me todos os entes".

E então me atacastes com fantasmas imundos; ah, para onde terá fugido aquela boa hora?

"Todos os dias devem ser-me sagrados" – assim falava outrora a sabedoria de minha juventude: deveras, o discurso de uma sabedoria alegre!

Mas então vós, meus inimigos, me roubastes as minhas noites e vendestes-as por tortura insone: ah, para onde terá voado aquela alegre sabedoria?

Outrora eu ansiava por pássaros de bom agouro: e então atravessastes uma coruja aberrante em meu caminho, uma adversidade. Ah, para onde fugiu então meu delicado anseio?

Outrora votei por renunciar a todo asco: e então transformastes aqueles próximos de mim e meus próximos em abscessos. Ah, para onde fugiu então meu voto mais digno?

Como cego segui outrora por caminhos de bem-aventurança: e jogastes entulho no caminho do cego: e então ele se enojou da antiga senda dos cegos.

E, tendo feito o que me era mais difícil, estando a comemorar minhas superações: então fizestes aqueles que me amavam gritar que eu os feria mais do que tudo.

Deveras, foi este sempre o vosso proceder: amargastes meu melhor mel e a diligência de minhas melhores abelhas.

Enviáveis sempre à minha benevolência os mendigos mais atrevidos; em torno de minha compaixão amontoáveis sempre os desavergonhados incuráveis. Assim feristes minha virtude em sua crença.

E se oferecia ainda o que me era mais sagrado como sacrifício: imediatamente vossa "devoção" acrescentava suas gordas oferendas: para que no vapor de vossa gordura também meu mais sagrado sufocasse.

E outrora quis dançar como jamais dancei: queria dançar para além de todos os céus. Então persuadistes meu cantor favorito.

E agora ele entoava uma assombrosa e surda melodia; ah, soava como uma trombeta sombria aos meus ouvidos!

Cantor assassino, instrumento da maldade, inocentíssimo! Já me encontrava pronto para a melhor de todas as danças: e então assassinaste com teus sons o meu êxtase!

Apenas na dança sei fazer parábolas para as coisas mais elevadas – e então ficou-me impronunciada, nos membros, minha mais elevada parábola!

Impronunciada e irredimida permaneceu-me a mais elevada esperança! E morreram para mim todos os rostos e consolos de minha juventude!

Como pude suportar? Como suprimi e superei tais feridas? Como se ergueu novamente a minha alma de dentro desses sepulcros?

Sim, há algo de invulnerável, insepultável em mim, algo que faz saltar rochedos: *a minha vontade*. Ela caminha calada e inalterada ao longo dos anos.

Ela quer percorrer o seu caminho sobre meus pés, minha velha vontade; de coração duro e invulnerável é seu sentido.

Sou invulnerável apenas no calcanhar. Apesar de tudo ainda vives lá e és igual a ti mesma, pacientíssima! Apesar de tudo ainda conseguiste atravessar todos os sepulcros!

Em ti vive também o que há de irredimido em minha juventude; e como vida e juventude sentas-te aqui, esperançosa, sobre amarelados escombros de sepulcros.

Sim, ainda és para mim a demolidora de todos os sepulcros: vida longa a ti, vontade minha! E somente onde há túmulos há também ressurreições. –

Assim cantou Zaratustra. –

Da autossuperação

"Vontade de verdade" chama-se para vós, ó sapientíssimos, aquilo que vos move e vos põe excitados?

Vontade para a pensabilidade de tudo que é: assim chamo *eu* a vossa vontade!

Quereis em primeiro lugar *fazer* com que tudo que é se torne pensável: pois duvidais, com boa desconfiança, de que já o seja.

Mas tudo que é deve ser conformado a vós e ante vós curvar-se! Assim quer vossa vontade. Tudo deve tornar-se liso e submisso ao espírito, como seu espelho e sua réplica.

Eis a vossa vontade toda, ó sapientíssimos, como uma vontade de poder; e também quando falais do bem e do mal e de avaliações.

Quereis criar ainda o mundo diante do qual podeis vos ajoelhar: eis vossa última esperança e embriaguez.

Os insipientes, decerto, o povo – estes são como o rio sobre o qual um barco segue seu rumo: e no barco encontram-se, solenes e dissimuladas, as avaliações.

Pusestes vossa vontade e vossos valores sobre o rio do devir; uma antiga vontade de poder me é revelada naquilo que é considerado bom e mau pelo povo.

Fostes vós, ó sapientíssimos, que pusestes tais hóspedes nesse barco e que lhes destes pompa e nomes orgulhosos – vós e vossa vontade dominante!

Mais além é levado agora o barco pelo rio: ele *precisa* carregá-lo. Pouca diferença faz se a onda, ao quebrar, resiste espumante à quilha!

Não é o rio o vosso perigo e o fim de vosso bem e mal, ó sapientíssimos: mas aquela vontade mesma, a vontade de poder – a vontade vital inesgotada e criadora.

Mas para que compreendais minhas palavras acerca do bem e do mal: para tal ainda vos quero dizer minha palavra acerca da vida e do modo de ser de tudo que é vivente.

Persegui o vivente, fui pelos maiores e menores caminhos para conhecer seu modo de ser.

Com um espelho de mil faces apanhei-lhe ainda o olhar quando sua boca estava cerrada: para que o olho falasse comigo. E o olho falou-me.

Mas, onde quer que encontrasse algo vivente, lá ouvia também o discurso da obediência. Todo vivente é obediente.

E isto em segundo lugar: é comandado aquele que é incapaz de se obedecer a si próprio. Assim é o modo de ser de tudo que é vivente.

Isto, porém, é a terceira coisa que ouvi: que comandar é mais difícil do que obedecer. E não apenas porque aquele que comanda carrega o fardo de todos os obedientes, e porque esse fardo facilmente o oprime:

Pareceu-me haver um ensaio e uma ousadia em todo comandar; e, sempre que comanda, o vivente ousa fazê-lo.

Sim, mesmo quando comanda a si próprio: mesmo então ainda precisa expiar seu comando. Deve tornar-se juiz e vingador e vítima de sua própria lei.

Mas como pode isso ocorrer?, perguntava-me. O que persuade o vivente a obedecer e a ordenar e também, ordenando, a exercer a obediência?

Ouvi agora minhas palavras, ó sapientíssimos! Considerai seriamente se não penetrei o coração da própria vida, até as raízes!

Onde quer que tenha encontrado algo vivente, lá encontrei vontade de poder; e também na vontade do servente encontrei a vontade de ser senhor.

Que o mais fraco sirva ao mais forte: disso persuade-o sua vontade, que quer ser senhora do que for ainda mais fraco: somente a esse desejo é impossível renunciar.

E assim como o que é menor se entrega ao maior para desfrutar do que é menor ainda e ter poder sobre ele: da mesma forma também o maior de todos se entrega e, por amor ao poder – expõe a vida.

É esta a entrega do supremo: ser ousadia e perigo e um jogo de dados com a morte.

E onde quer que hajam sacrifícios e ofícios e olhares de amor: lá também há vontade de se fazer senhor. Por vias secretas o mais fraco insinua-se na fortaleza e até no coração do mais poderoso – e rouba-lhe poder.

E este segredo me foi dito pela própria vida: "Vê", falou, "sou *aquilo que precisa sempre superar a si mesmo.*

"Com efeito, vós o chamais de vontade de criação ou impulso para o propósito, ao mais elevado, mais distante, mais múltiplo: mas tudo isso é um e um só segredo.

"Prefiro ainda sucumbir a abdicar dessa única coisa; e deveras, onde quer que haja ocaso e desfolhamento, vê só, lá se sacrifica a vida – por poder!

"Que eu precise ser luta e devir e propósito e a contradição dos propósitos: ah, quem adivinha minha vontade adivinha também por que *tortuosos* caminhos ela precisa ir!

"O que quer que crie e como quer que o ame – logo preciso me tornar seu inimigo e de meu amor: assim o quer minha vontade.

"E também tu, conhecedor, és apenas uma senda e uma pegada de minha vontade: deveras, minha vontade de poder caminha também sobre os pés de tua vontade de verdade!

"Com efeito, não encontrou a verdade aquele que a buscou a partir da 'vontade de existir': essa vontade – não existe!

"Pois o que não é não pode querer; e o que se encontra na existência, como poderia ainda querê-la?

"Apenas onde há vida há também vontade: porém não vontade de vida, mas – assim to ensino – vontade de poder!

"Há muitas coisas mais estimadas pelo vivente do que a própria vida; mas na própria avaliação fala – a vontade de poder!" –

Assim ensinou-me outrora a vida: e com isso soluciono para vós, ó sapientíssimos, também o enigma de vossos corações.

Deveras, digo-vos: um bem e um mal que sejam imperecíveis – isso não existe! Também bem e mal devem superar-se a si próprios sempre renovadamente.

Com vossos valores e palavras acerca do bem e do mal exercitais a violência, vós, avaliadores: e esse é o vosso amor oculto e o brilho, o estremecimento e o transbordamento de vossas almas.

Mas uma violência mais forte cresce de vossos valores, e uma nova superação: nela rompem-se o ovo e a casca.

E quem precisar ser um criador em matéria de bem e mal – deveras, esse deve primeiramente ser um aniquilador e romper valores.

Assim, a maior maldade pertence à maior bondade: esta, porém, é a criadora. –

Falemos disso, ó sapientíssimos, mesmo que seja vil. Pior é calar; todas as verdades veladas tornam-se venenosas.

E que se rompa tudo que em nossas verdades – puder ser rompido! Há ainda muitas casas por construir!

Assim falou Zaratustra.

Dos sublimes

Tranquilo é o fundo de meu mar: quem adivinharia que oculta monstros galhofeiros?

Inabalável é minha profundeza: mas ela cintila com enigmas e risadas que nela nadam.

Vi hoje um sublime, um solene, um penitente do espírito: ó, como riu minha alma de sua feiura!

De peito inflado, como quem prende a respiração: assim o encontrei, o sublime, e calado:

Adornado com verdades feias, sua presa, e rico em vestes rotas; também pendiam dele muitos espinhos – mas não vi rosa alguma.

Ainda não aprendeu a risada e a beleza. Sombrio retornou esse caçador da floresta do conhecimento.

Retornou ao lar após ter lutado com animais selvagens: mas em sua seriedade há também ainda um animal selvagem – insuperado!

Como um tigre permanece, um tigre prestes a investir contra a presa; mas não me agradam essas almas tensas, meu gosto abomina todos esses retraídos.

E me dizeis, amigos, que não se deve discutir gosto e degustação? Mas toda a vida é briga por causa do gosto e da degustação!

Gosto: simultaneamente peso e prato da balança e pesador; e ai de todo vivente que quiser viver sem briga pelo peso e pelo prato e pelo pesador!

Quando ele se cansasse de sua sublimidade, esse sublime: somente então sua beleza começaria a se mostrar – e somente então haveria de querer degustá-lo e achá-lo gostoso.

E somente quando se desviar de si mesmo é que saltará por sobre a própria sombra e – deveras! – estará então sob o *seu* sol.

Tempo demais permaneceu na sombra, empalideceram as maçãs do rosto do penitente do espírito; quase morreu de fome por causa de suas esperanças.

Ainda há desprezo em seu olho; e o asco oculta-se em sua boca. Ele repousa, decerto, mas seu repouso ainda não se deitou ao sol.

Como o touro deveria agir; e sua fortuna deveria ter o cheiro da terra, e não do desprezo contra a terra.

Quero vê-lo como um touro branco, bufando e urrando ao puxar o arado: e seus urros deveriam ainda bendizer tudo quanto é mundano!

Sombrio é ainda seu semblante; a sombra da mão estende-se por sobre ele. Ainda está sombreado o sentido de seu olho.

Seu próprio ato é ainda a sombra acima dele: a mão obscurece o agente. Ainda não superou ele seu ato.

Quero bem nele a cerviz do touro: mas agora quero ver também o olho do anjo.

Também sua vontade heroica deve ainda desaprender: ele deve ser para mim um elevado, e não apenas um sublime: o próprio éter deveria elevá-lo, a ele, que é destituído de querer!

Ele domou monstros, solucionou enigmas: mas ainda deveria libertar seus monstros e enigmas, deveria ainda transformá-los em crianças celestes.

Seu conhecimento ainda não aprendeu a sorrir e a se livrar do ciúme; sua paixão torrencial ainda não se acalmou na beleza.

Deveras, não é na satisfação que seu desejo deve calar e afundar, mas na beleza! O garbo pertence à generosidade do magnânimo.

Com o braço sobre a cabeça: assim deveria descansar o herói, assim deveria também superar o próprio descanso.

Mas justamente para o herói a *beleza* de todas as coisas é o mais difícil. Inconquistável é a beleza para toda vontade impetuosa.

Um pouco mais, um pouco menos: justo isso é muito aqui, isso é aqui o máximo.

Postar-se com músculos negligentes e com a vontade desatrelada: eis o mais difícil para todos vós, sublimes!

Quando o poder se apieda e descende ao visível: chamo de beleza essa descida.

E de ninguém quero como quero de ti a beleza, ó violento: que tua bondade seja tua última autoconquista.

Confio em ti para tudo que é mau: por isso quero de ti o bem.

Deveras, ri frequentemente dos fracotes que se creem bons por terem as patas aleijadas!

Deves aspirar à virtude da coluna: mais bela e delgada se faz, porém internamente mais dura e robusta, à medida que se eleva.

Sim, ó sublime, algum dia ainda haverás de ser belo e de apresentar o espelho a tua própria beleza.

Então tua alma estremecerá de divinos apetites; e haverá ainda veneração em tua vaidade!

Pois este é o mistério da alma: somente quando o herói a tiver deixado aproxima-se dela, em sonho – o super-herói.

Assim falou Zaratustra.

Do país da cultura

Voei demasiado longe para o futuro: fui tomado pelo horror.

E quando olhei à minha volta – vê só! – o tempo era meu único contemporâneo.

Fugi então para trás, para casa – e cada vez mais depressa: e assim cheguei até vós, ó hodiernos, e ao país da cultura.

Pela primeira vez trouxe comigo um olho para vós, e um bom apetite: deveras, vinha com o coração pleno de anseios.

Mas o que foi que me ocorreu? Por mais que me assustasse – precisei rir! Jamais vira meu olho algo tão colorido!

Eu ria e ria enquanto o pé ainda me tremia e também o coração: "Pois não é aqui o lar de todos os potes coloridos?" – dizia.

Pintado com cinquenta borrões no rosto e nos membros: assim vos mostráveis, para meu espanto, ó hodiernos!

E com cinquenta espelhos ao vosso redor que adulavam e repetiam vossos jogos de cores!

Deveras, não poderíeis vestir nenhuma máscara melhor, ó hodiernos, do que vosso próprio rosto! Quem poderia – *vos reconhecer*?

Completamente preenchidos com os símbolos do passado, e também esses símbolos encobertos por outros novos: assim vos escondestes bem de todos os interpretadores de símbolos!

E mesmo que se seja examinador renal: quem irá ainda crer que tendes rins? Pareceis forjados de cores e de tiras de papel coladas.

Todos os tempos e povos olham coloridos de dentro de vossos véus; todos os costumes e crenças falam coloridos de dentro de vossos gestos.

Quem de vós se despisse de véus e mantos e cores e gestos: restar-lhe-ia apenas o suficiente para espantar os pássaros.

Deveras, eu mesmo sou o pássaro espantado, que certa vez vos viu nus e descoloridos; e escapei voando quando o esqueleto me deu um aceno amoroso.

Eu preferiria ser peão no submundo e entre as sombras do passado! – até mesmo os submundanos são mais gordos e cheios que vós!

Isto sim é amargor para minhas entranhas, não vos suportar nem nus nem vestidos, ó hodiernos!

Tudo que há de inquietante no futuro, que jamais fez estremecerem os pássaros perdidos, é em verdade ainda mais familiar e confiável do que vossa "realidade".

Pois falais assim: "Somos completamente reais e destituídos de crença e superstição": assim inflais o peito de orgulho – ah, mesmo não tendo peito algum!

Sim, como *poderíeis* crer, ó coloridos – se sois quadros de tudo em que jamais foi crido?

Sois refutações ambulantes da própria crença e desmembramento de todo pensamento. *Indignos de crença*: assim vos chamo *eu*, ó reais!

Todos os tempos matraqueiam uns contra os outros em vossos espíritos; e até os sonhos e o matraquear de todos os tempos eram mais reais do que vossa vigília!

Sois estéreis: *por isso* falta-vos a crença. Mas quem precisava criar tinha sempre também suas verdades oníricas e seus signos estelares – e cria na crença! –

Sois portões entreabertos, junto aos quais esperam coveiros. E esta é a *vossa* realidade: "Tudo é digno de sucumbir".

Ah, como vos apresentais a mim, ó estéreis, que magreza nas costelas! E alguns dentre vós certamente também se deram conta disso.

E estes falaram: "Terá um deus, enquanto eu dormia, extraviado algo secretamente? Deveras, o suficiente para fazer uma mulherzinha!

"Admirável é a pobreza de minhas costelas!", assim falaram já alguns hodiernos.

Sim, sois hilários para mim, ó hodiernos! E especialmente quando vos espantais convosco mesmos!

E ai de mim se eu não fosse capaz de rir de vosso espanto e tivesse de engolir tudo que há de asqueroso em vossas gamelas!

Por isso quero tratar-vos com leveza, pois já tenho coisas *pesadas* para carregar; e que diferença faz se besouros e vermes alados ainda pousarem sobre o meu fardo?

Deveras, não haverá de ficar mais pesado com isso! E não de vós, ó presentes, haverá de me vir o grande cansaço. –

Ah, para onde mais deverei me elevar com meu desejo? De todas as montanhas busco com o olhar pátrias e mátrias.

Mas não encontrei um lar em parte alguma: permaneço inquieto em todas as cidades e uma despedida em todos os portões.

São-me estranhos e ridículos os hodiernos, rumo aos quais meu coração foi há pouco atraído; e expulso fui das pátrias e mátrias.

E assim amo apenas *a terra de meus filhos*, o indescoberto, nos mares mais longínquos: por ela faço buscar e buscar minhas velas.

Em meus filhos quero reparar o ser filho de meus pais: e em todo futuro – *este* presente!

Assim falou Zaratustra.

Do conhecimento imaculado

Quando ontem nasceu a lua tive a impressão de que queria dar à luz um sol: ampla e prenhe repousava sobre o horizonte.

Mas era mentirosa quanto à gravidez; e antes prefiro crer no homem lunar do que na mulher.

É certo que ele também não é muito homem, esse tímido notívago. Deveras, é com má consciência que vaga por sobre os telhados.

Pois ele é lascivo e ciumento, o monge lunar, lascivo para com a terra e para com todas as alegrias dos amantes.

Não, não me agrada esse gato nos telhados! Repugnantes são-me todos aqueles que rondam janelas entreabertas!

Piedoso e calado vaga ele por sobre tapetes estelares – mas desagradam-me todos os homens de pés leves, em cujos passos não se ouve tinir uma espora.

O passo de tudo que é honesto fala; o gato, porém, desliza furtivamente por sobre o solo. Vede, a lua passa desonestamente como um felino. –

Essa parábola vos dou, a vós, sensíveis hipócritas, a vós, que "conheceis com pureza"! *Eu* vos chamo – lascivos!

Também vós amais a terra e o que é mundano: eu bem vos adivinhei – mas há vergonha em vosso amor e má consciência: sois como a lua!

Convenceu-se o vosso espírito a desprezar o que é terreno, mas não se convenceram as vossas entranhas: *estas*, porém, são o que há de mais forte em vós!

E agora se envergonha o vosso espírito de estar à mercê de vossas entranhas e por vergonha trilha sendas ocultas e falaciosas.

"Isto seria para mim o mais elevado" – assim fala a si mesmo o vosso espírito enganador – "olhar para a vida sem desejo e não como o cão, de língua para fora:

"Ser afortunado no olhar, com a vontade mortificada, sem o jugo e a cobiça do egoísmo – frio e cinzento em todo o corpo, mas com embriagados olhos lunares!

"Isto seria para mim o mais querido" – assim seduz-se a si próprio o seduzido – "amar a terra como a ama a lua e apalpar a sua beleza unicamente com o olho.

"E chama-se para mim o conhecimento *imaculado* de todas as coisas que eu não queira nada das coisas, a não ser poder me deitar diante delas como um espelho de cem olhos." –

Ó sensíveis hipócritas, lascivos que sois! Falta-vos a inocência no desejo: e agora caluniais por isso o desejo!

Deveras, não é como criadores, geradores, sequiosos de devir que amais a terra!

Onde está a inocência? Onde há vontade de gerar. E quem quer criar para além de si mesmo tem para mim a vontade mais pura.

Onde está a beleza? Onde eu *precisar querer* com toda vontade; onde eu quero amar e ter meu ocaso para que uma imagem não permaneça apenas imagem.

Amar e ter o ocaso: essas coisas combinam desde sempre. Vontade de amar é estar disposto também a morrer. Assim falo a vós, covardes!

Mas agora vosso emasculado olhar enviesado quer ser chamado de "contemplação"! E aquilo que se deixa tocar com olhos covardes deve ser batizado como "belo"! Ó poluidores de nomes nobres!

Mas vossa maldição, ó imaculados, puros conhecedores, será a de jamais poderdes dar à luz: mesmo que vos deiteis amplos e prenhes no horizonte!

Deveras, encheis a boca de palavras nobres: e nós devemos crer que vosso coração transborda, ó embusteiros?

Minhas palavras, entretanto, são pequenas, desprezadas, tortas: apanho com prazer aquilo que cai para baixo da mesa durante vossa refeição.

Com elas posso ainda – dizer a verdade a hipócritas! Sim, minhas espinhas, conchas e folhas espinhosas devem – fazer cócegas aos narizes dos hipócritas!

Sempre há um ar ruim em torno de vós e de vossas refeições: pois vossos desejos lascivos, vossas mentiras e vossos segredos estão no ar!

Ousai primeiro crer em vós mesmos – em vós e em vossas entranhas! Quem não crê em si mesmo mente sempre.

Vós, os "puros", vos ocultastes sob o invólucro de um deus: no invólucro de um deus ocultou-se vosso verme horroroso.

Deveras, vós iludis, ó "contemplativos"! Também Zaratustra foi outrora o néscio ludibriado por vossas peles divinas; não adivinhou o pulular ofídico que as recheava.

Imaginava outrora ver brincar em vossos jogos a alma de um deus, ó puros conhecedores! Não imaginava nenhuma arte melhor que as vossas!

Imundície ofídica e mau cheiro ocultaram-me a distância: e também o fato de que aqui espreitava uma ardilosidade réptil, lasciva.

Mas eu *me aproximei* de vós: então fez-se dia para mim – e agora ele se faz para vós – findou-se o namoro lunar!

Olhai, pois! Lá está ela, pálida e surpreendida – pela aurora!

Pois ele já vem, o ardente – o *seu* amor à terra vem! Inocência e desejo criador é todo amor solar!

Vede como se eleva impaciente por sobre o mar! Não sentis a sede e o hálito quente de seu amor?

Ele quer chupar o mar e, ao tragá-lo, trazer suas profundezas até si, nas alturas: e o desejo do mar alça-se com isso em mil seios.

Ele *quer* ser beijado e chupado pela sede do sol; ele *quer* se tornar ar e altura e trilha para a luz e a própria luz!

Deveras, como o sol amo eu a vida e todos os mares profundos.

E isto se chama conhecimento *para mim*: tudo quanto é profundo deve ascender – até minhas alturas!

Assim falou Zaratustra.

Dos eruditos

Enquanto eu dormia, uma ovelha comeu da coroa de hera de minha cabeça – comeu e falou: "Zaratustra não é mais um erudito".

Disse-o e partiu, altiva e orgulhosa. Uma criança mo contou.

Gosto de me deitar aqui onde brincam as crianças, junto à muralha ruída, entre cardos e rubras papoulas.

Sou ainda um erudito para as crianças e também para os cardos e rubras papoulas. São inocentes, mesmo em sua maldade.

Mas para as ovelhas não mais o sou: assim quer meu destino – abençoado seja!

Pois esta é a verdade: mudei-me da casa dos eruditos: e ainda bati a porta atrás de mim.

Tempo demais sentou-se a minha alma faminta à sua mesa; não sou, como eles, treinado para conhecer como para quebrar nozes.

Amo a liberdade e o ar que paira sobre a terra fresca; prefiro dormir sobre peles de boi do que sobre as dignidades e os respeitos deles.

Sou demasiado quente e queimado com pensamentos próprios: com frequência parece-me faltar o fôlego. E então preciso de ar livre, sair de todos os aposentos empoeirados.

Mas eles permanecem sentados, frios na sombra fria: querem ser em tudo apenas espectadores e cuidam para não se sentarem onde o sol abrasa os degraus.

Como aqueles que ficam pelas ruas a encarar embasbacados os passantes: assim esperam também eles e fitam embasbacados os pensamentos que outros pensaram.

Se os agarramos com as mãos, levantam uma nuvem de poeira em torno de si, como sacos de farinha, e involuntariamente: mas quem adivinharia que sua poeira vem do cereal e do encanto amarelo de campos estivais?

Quando se fazem de sábios, seus pequenos ditos e verdades dão-me calafrios: há muitas vezes um odor em sua sabedoria, como se proviesse do pântano: e deveras, já ouvi também o sapo coaxar de dentro dela!

São habilidosos, têm dedos hábeis: que há de querer a *minha* simplicidade com sua variedade? Seus dedos sabem tudo fiar e ligar e tecer: assim fazem as meias do espírito!

São bons relógios: que apenas se cuide para lhes dar corda direito! Então mostram sem erro a hora, acompanhada de um modesto alarde.

Como moinhos trabalham e moem: basta arremessar-lhes os grãos! – Já sabem moer o cereal e fazer dele poeira branca.

Vigiam os dedos uns dos outros e não ousam fazer melhor. Engenhosos em pequenas sagacidades, esperam por aqueles cujo saber caminha sobre pés aleijados – como aranhas esperam.

Sempre os vi preparar o veneno com cuidado; e sempre cobriram para tanto os dedos com luvas vítreas.

Também com dados viciados sabem jogar; e os vi jogar com tanto zelo que suavam ao fazê-lo.

Somos estranhos uns aos outros, e suas virtudes vão ainda mais contra meu gosto do que suas falsidades e seus dados viciados.

E, quando morava entre eles, morava de fato acima deles. Por isso zangaram-se comigo.

Não querem ouvir que alguém vaga por sobre suas cabeças; e assim depositaram madeira e terra e sujeira entre mim e suas cabeças.

Assim abafavam o ressoar de meus passos: e até agora foram os eruditos que pior me ouviram.

Todas as faltas e fraquezas dos homens puseram entre si e mim: de "teto falso" chamaram-no em suas casas.

Mas assim mesmo vago com meus pensamentos *por sobre* as suas cabeças; e mesmo que quisesse vagar sobre meus próprios equívocos ainda estaria acima deles e de suas cabeças.

Pois os homens *não* são iguais: assim fala a justiça. E o que eu quero, *eles* não poderiam querer!

Assim falou Zaratustra.

Dos poetas

"Desde que conheci melhor a vida" – disse Zaratustra a um de seus discípulos – "o espírito é para mim apenas uma parábola; e tudo que é 'imperecível' – tudo isso é também mera parábola."

"Já te ouvi falar assim outrora", respondeu o discípulo; "e naquela vez acrescentaste: 'mas os poetas mentem demais'. Mas por que disseste que os poetas mentem demais?"

"Por quê?", disse Zaratustra. "Perguntas por quê? Não pertenço àqueles aos quais se pode perguntar pelo seu por quê.

"É por acaso de ontem a minha vivência? Faz tempo que vivenciei as razões de minhas opiniões.

"Não precisaria eu ser um barril de memória se quisesse ter comigo também as minhas razões?

"Já é demais para mim manter as próprias opiniões; e alguns pássaros me escapam.

"E vez ou outra encontro também um animal estranho que entrou voando em meu pombal, e que estremece quando ponho a mão sobre ele.

"Mas que te disse outrora Zaratustra? Que os poetas mentem demais? – Mas também Zaratustra é um poeta.

"Crês, pois, que ele dizia aqui a verdade? Por que o crês?"

O discípulo respondeu: "Eu creio em Zaratustra". Mas Zaratustra sacudiu a cabeça e sorriu.

A crença não me faz venturoso, disse ele, sobretudo não a crença em mim.

Mas, dado que alguém tenha dito com toda seriedade que os poetas mentem demais: então tem razão – *nós* mentimos demais.

Também sabemos muito pouco e somos maus aprendizes: logo, só por isso, já precisamos mentir.

E qual de nós, poetas, não terá adulterado seu vinho? Muitas mesclas venenosas ocorreram em nosso porão, muito de indescritível lá foi feito.

E por sabermos pouco agradam-nos de coração os espiritualmente pobres, especialmente quando se trata de jovens mocinhas!

E somos desejosos até mesmo das coisas que as velhas mulherzinhas contam ao cair da noite. Isso chamamos nós mesmos de o eternamente feminino em nós.

E como se houvesse um acesso secreto especial ao saber que se *cerrasse* àqueles que aprendem algo: assim cremos no povo e em sua "sabedoria".

Nisto, porém, creem todos os poetas: que quem, deitado sobre a erva ou à beira de abismos solitários, afia os ouvidos, experimenta algo das coisas que estão entre o céu e a terra.

E se lhes vêm sentimentos ternos, então pensam os poetas sempre que a natureza está por eles apaixonada:

Que ela se insinua aos seus ouvidos para dizer segredos e apaixonadas lisonjas: por isso estufam o peito e pavoneiam-se perante todos os mortais!

Ah, há tantas coisas entre o céu e a terra das quais apenas os poetas se permitiram sonhar algo!

E sobretudo *acima* do céu: pois todos os deuses são parábolas poéticas, artimanhas poéticas!

Deveras, somos sempre atraídos para o alto – isto é, para o reino das nuvens: ali assentamos nossos bonecos coloridos e chamamo-los então de deuses e super-homens: –

Pois são suficientemente leves para esses assentos! – todos esses deuses e super-homens.

Ah, como estou cansado de toda essa insuficiência que deve passar por acontecimento! Ah, como estou cansado dos poetas!

Tendo Zaratustra falado assim, seu discípulo irritou-se com ele, mas permaneceu calado. E também Zaratustra calou; e seu olho voltara-se para dentro, como se olhasse distâncias longínquas. Finalmente suspirou e tomou fôlego.

Eu sou de hoje e de outrora, disse então; mas há algo em mim que é de amanhã e de depois de amanhã e de um dia vindouro.

Cansei-me dos poetas, dos velhos e novos: são-me todos superficiais e mares rasos.

Não pensaram fundo o suficiente: por isso seu sentimento não afundou até as profundezas.

Um pouco de volúpia e um pouco de tédio: foi isso até mesmo sua melhor reflexão.

Hálito de fantasma e vulto fantasmagórico é para mim todo seu tilintar de harpas; que souberam até agora do fervor dos tons?

Tampouco me são asseados o suficiente: turvam todas as suas águas para que pareçam profundas.

E aprazem-se em com isso se apresentar como conciliadores: mas permanecem para mim mediadores e misturadores e meio-a-meios e desasseados! –

Ah, lancei minha rede em seus mares e queria pegar bons peixes; mas sempre puxava à tona a cabeça de um deus antigo.

De maneira que o mar dava ao faminto uma pedra. E é bem possível que eles mesmos procedam do mar.

Certamente, há pérolas neles: tanto mais se assemelham assim a duros crustáceos. E no lugar da alma encontrei neles muitas vezes um muco salgado.

Aprenderam do mar também sua vaidade: não é o mar o pavão dos pavões?

Mesmo diante do búfalo mais horroroso ainda oscila com sua cauda, ele jamais se cansa de seu leque de prata e seda.

O búfalo observa, robusto, próximo da areia em sua alma, ainda mais próximo da mata, porém acima de tudo próximo do pântano.

Que são para ele a beleza e o mar e ornamentos de pavão? Essa parábola digo aos poetas.

Deveras, seu próprio espírito é o pavão dos pavões e um mar de vaidade!

O espírito do poeta quer espectadores: mesmo que sejam búfalos! –

Mas cansei-me desse espírito: e vejo aproximar-se o dia em que ele se cansará de si mesmo.

Já vi os poetas transformados, voltando o olhar contra si mesmos.

Vi chegarem expiadores do espírito: cresceram deles.

Assim falou Zaratustra.

Dos grandes acontecimentos

Há uma ilha no mar – não longe das ilhas bem-aventuradas de Zaratustra – sobre a qual fumega continuamente uma montanha de fogo; dela diz o povo, e especialmente as velhas mulherzinhas dentre o povo, que foi posta como uma rocha diante do portal do submundo: e que através da própria montanha levaria o estreito caminho descendente até esse portal do submundo.

Por volta do tempo em que Zaratustra se demorava nas ilhas bem-aventuradas ocorreu que um navio ancorou na ilha em que se encontra a montanha fumegante; e sua tripulação foi a terra para caçar coelhos. Por volta do meio-dia, porém, estando reunidos novamente o capitão e seus homens, viram subitamente um homem vir até eles atravessando os ares, e uma voz disse nitidamente: "É tempo! Já não era sem tempo!". Mas quando a figura se aproximou deles – embora passasse voando rapidamente, como uma sombra, na direção em que se encontrava a montanha de fogo – reconheceram com grande sobressalto que era Zaratustra; pois todos já o tinham visto, a não ser o próprio capitão, e amavam-no como ama o povo: de maneira que se reúnem em partes iguais o amor e o pudor.

"Vede!", disse o velho timoneiro. "Lá vai Zaratustra para o inferno!" –

Por volta do mesmo tempo em que esses navegantes atracaram na ilha de fogo espalhou-se o rumor de que Zaratustra teria desaparecido; e, quando questionados, seus amigos contaram que ele partira de navio durante a noite, sem dizer para onde pretendia viajar.

Instalou-se assim certa inquietude; após três dias, porém, somou-se a essa inquietude a história dos marujos – e agora todo o povo dizia que o diabo teria levado Zaratustra. Seus discípulos, porém, riam dessa conversa;

e um deles chegou a dizer: "Creio antes que Zaratustra tenha levado o diabo". Mas no fundo da alma todos estavam cheios de preocupação e saudade: de modo que foi grande sua felicidade quando no quinto dia Zaratustra apareceu entre eles.

E este é o relato da conversa de Zaratustra com o cão infernal.

A terra, disse ele, tem uma pele; e essa pele tem doenças. Uma dessas doenças chama-se, por exemplo: "homem".

E uma outra dessas doenças chama-se "cão dos infernos": quanto a *este* os homens se iludiram e se deixaram iludir copiosamente.

Para desvendar esse mistério atravessei o mar: e vi a verdade nua, deveras!, descalça até o colo.

Sei agora de que trata essa história de cão dos infernos; e igualmente o que são todos esses demônios da escória e da subversão, temidos não apenas pelas velhas mulherzinhas.

"Sai, ó cão infernal, de tua profundeza!", exclamei, "e confessa o quão profunda essa profundeza é! De onde vem isso que bafejas para o alto?

"Bebes abundantemente do mar: isso se vê em tua salgada eloquência! Com efeito, para um cão das profundezas tomas demasiado alimento da superfície!

"Considero-te, no máximo, o ventríloquo da terra: e sempre que ouvi falarem demônios da subversão e da escória, achei-os iguais a ti: salgados, mentirosos e rasos.

"Sabeis urrar e obscurecer com cinzas! Sois os melhores bocudos e aprendestes à exaustão a arte de ferver lama.

"Onde estiverdes, lá deverá haver sempre lama nas proximidades, e muitas coisas porosas, cavernosas, oprimidas: tudo isso quer liberdade.

"'Liberdade' é o que tendes mais gosto em urrar: mas eu perdia a crença em 'grandes acontecimentos' tão logo muita gritaria e fumaça os tivessem envolvido.

"E acredita agora, meu amigo, algazarra dos infernos! Os maiores acontecimentos – não são as nossas horas mais ruidosas, mas as mais silenciosas.

"Não em torno dos inventores de novos ruídos: é em torno dos inventores de novos valores que o mundo gira; *inaudível* é essa rotação.

"E confessa, apenas! Sempre havia ocorrido pouco quando tua algazarra e tua fumaça se desfaziam. Que importa se uma cidade foi mumificada, se uma estátua está caída na lama?

"E estas palavras digo ainda aos derrubadores de estátuas: é a maior das tolices jogar sal no mar e estátuas na lama.

"Na lama de vosso desprezo estava caída a estátua: mas é justamente sua lei que do desprezo lhe nasçam outra vez a vida e a beleza viva!

"Com traços mais divinos levanta-se agora e seduz para o sofrimento; e deveras, ela ainda vos agradecerá por a terdes derrubado, ó subversores!

"Este conselho, porém, dou aos reis e às igrejas e a todos que se encontram na fraqueza da idade e da virtude – deixai-vos ser derrubados! Para que retorneis à vida e a vós retorne – a virtude! –"

Assim falava eu perante o cão infernal: interrompeu-me, então, e perguntou, sisudo: "Igreja? Que é isso?".

"Igreja?", respondi. "Igreja é uma espécie de Estado, o mais mentiroso. Mas cala-te, cão hipócrita! Conheces a tua espécie bem demais!

"Como tu, o Estado é um cão hipócrita; como tu, ele se apraz em falar com fumaça e aos urros – para, como tu, fazer crer que fala da barriga das coisas.

"Pois ele quer ser o animal mais importante da terra, o Estado; e as pessoas ainda acreditam que o seja." –

Tendo eu dito isso, o cão infernal começou a se comportar como se estivesse louco de inveja. "Como?", gritou. "O animal mais importante da terra? E ainda se acredita nele?" E saíam-lhe tanto vapor e tantas vozes horríveis da goela que pensei que ele sufocaria de irritação e inveja.

Finalmente se acalmou e sua ofegância se abrandou; mas, tendo ele se acalmado, disse eu rindo:

"Tu te irritas, cão infernal: logo, tenho razão sobre ti!

"E para que eu também mantenha a razão, ouve de um outro cão dos infernos: este fala realmente do coração da terra.

"Seu hálito expele ouro e uma chuva áurea: assim quer o coração. Que lhe importam cinza e fumaça e muco incandescente!

"O riso esvoaça dele como uma nuvem colorida; motivo de inveja é ele para teu gargarejar e vomitar e enfurecer das entranhas!

"O ouro, porém, e o riso – ele os toma do coração da terra: pois que o saibas apenas tu – *o coração da terra é de ouro*."

Tendo escutado isso, o cão infernal não mais aguentou me ouvir. Recolheu a cauda, intimidado, disse um modesto au! au! e rastejou de volta para a sua caverna. –

Assim narrou Zaratustra. Seus discípulos, porém, mal o ouviam: tão grande era seu anseio por contar-lhe dos marujos, dos coelhos e do homem voador.

"Que devo eu pensar disso?", disse Zaratustra. "Acaso sou um fantasma?

"Mas haverá de ter sido minha sombra. Já ouvistes algo do caminhante e de sua sombra?

"Certo, porém, é o seguinte: devo mantê-la mais próxima – senão ainda me arruína a reputação."

E novamente sacudiu Zaratustra a cabeça, admirado. "Que devo eu pensar disso?", disse novamente.

"Por que terá gritado o fantasma: é tempo! Já não era sem tempo!

"Já não era sem tempo – *para quê*?" –

Assim falou Zaratustra.

O vidente

"– e vi uma grande tristeza cair sobre os homens. Os melhores cansaram-se de suas obras.

"Uma doutrina era proferida, uma crença acompanhava-a: 'Tudo é vazio, tudo é igual, tudo foi!'

"E de todos os montes ressoou: 'Tudo é vazio, tudo é igual, tudo foi!'

"Sim, fizemos a colheita: mas por que todas as frutas apodreceram e ficaram marrons em nossas mãos? O que terá caído da lua má naquela última noite?

"Em vão foi todo o trabalho, veneno tornou-se nosso vinho, um mau olhado chamuscou nossos campos e corações, amarelando-os.

"Secamos todos; e se cai fogo sobre nós, levantamos poeira, como cinzas: sim, cansamos o próprio fogo.

"Todos os nossos poços secaram, também o mar retrocedeu. Todo chão quer rachar, mas a profundeza não nos quer tragar!

"'Ah, onde haverá ainda um mar em que possamos nos afogar': assim ressoa nosso lamento – por sobre pântanos rasos.

"Deveras, já estamos cansados demais para morrer; agora vigiamos ainda e seguimos vivendo – em criptas!" –

Assim ouviu Zaratustra falar um vidente; e seu vaticínio tocou-lhe o coração e transformou-o. Ia triste por aí, e cansado; e tornou-se igual àqueles dos quais o vidente falara.

"Deveras", dizia ele a seus discípulos, "dentro em pouco virá esse longo crepúsculo. Ah, como haverei de salvar minha luz ao atravessá-lo?

"Que ele não me sufoque com sua tristeza! Em mundos longínquos deve haver luz, e em noites mais longínquas ainda!"

Com essa inquietação no coração ia Zaratustra por aí; e durante três dias não aceitou bebida nem comida, não tinha descanso e perdeu a fala. Finalmente sucedeu que caísse em um sono profundo. Seus discípulos, porém, sentavam-se em seu entorno em longas vigílias noturnas e esperavam com preocupação para ver se despertaria e voltaria a falar e estaria curado de sua tribulação.

Este, porém, é o discurso que Zaratustra proferiu ao despertar; sua voz, porém, chegava aos discípulos como que de muito longe.

"Ouvi o sonho que sonhei, ó amigos, e ajudai-me a adivinhar-lhe o sentido!

"Ainda me é um enigma esse sonho; seu sentido encontra-se oculto nele e preso, e ainda não voa por sobre ele com asas livres.

"Renunciara a toda vida, assim sonhei. Tornara-me guarda da noite e do cemitério, ali, no solitário forte sobre o monte da morte.

"Lá cuidava eu de seus caixões: as úmidas abóbadas estavam preenchidas com esses troféus. De dentro de caixões vítreos mirava-me a vida superada.

"Eu respirava o odor de eternidades empoeiradas: minha alma prostrava-se, abafada e empoeirada. E quem poderia ter arejado lá a sua alma?

"Havia sempre uma claridade de meia-noite ao meu entorno; a solidão acocorava-se ao lado; e, em terceiro lugar, um silêncio mortal e estertorante, o pior de meus amigos.

"Tinha chaves comigo, as mais enferrujadas de todas as chaves; e eu sabia com elas abrir os mais rangentes portões.

"Como uma gralharia amargurada ecoava o som pelas longas galerias quando se erguiam as pesadas folhas do portão: de má vontade gritava o pássaro, não lhe agradava ser desperto.

"Porém mais terrível ainda, de amarrar o coração, era quando ele novamente calava e se fazia silêncio ao redor, e eu me sentava só em meio a esse pérfido silêncio.

"Assim me passava, às furtadelas, o tempo, se é que ainda havia tempo: que sei eu! Mas finalmente ocorreu aquilo que me despertou.

"Três vezes bateram ao portão, como trovoadas, e as abóbadas ressoaram e gemeram três vezes em resposta: fui então ao portão.

"Alpa! exclamei, quem traz suas cinzas à montanha? Alpa! Alpa! Quem traz suas cinzas à montanha?

"E eu forçava a chave e me esforçava por erguer o portão. Mas este não se moveu nem mesmo um dedo:

"E então um vento uivante escancarou-lhe as folhas: assobiando estridente, cortante, arremessou contra mim um caixão negro:

"E uivando e assobiando estridente rebentou o caixão e cuspiu miríades de gargalhadas.

"E de milhares de carrancas infantis, anjos, corujas, néscios e borboletas do tamanho de crianças ria e escarnecia e uivava contra mim.

"Assustei-me terrivelmente com isso: jogou-me por terra. E gritei de terror como jamais gritara antes.

"Mas meu próprio grito despertou-me: – e voltei a mim." –

Assim relatou Zaratustra seu sonho e então se calou: pois ainda não sabia interpretá-lo. Mas o discípulo que era o seu mais querido ergueu-se rapidamente, tomou a mão de Zaratustra e falou:

"Tua própria vida interpreta-nos esse sonho, ó Zaratustra!

"Não és tu mesmo o vento de assobios estridentes que rebenta os portões das fortalezas da morte?

"Não és tu mesmo o caixão pleno de colorida maldade e carrancas angelicais da vida?

"Deveras, como uma miríade de risos infantis penetra Zaratustra todas as criptas, rindo-se desses guardas da noite e do cemitério, e de quem mais sacode sombrias chaves.

"Haverás de assustá-los e deitá-los abaixo com tua gargalhada; seu desmaio e seu despertar haverão de comprovar teu poder sobre eles.

"E também, quando vier o longo crepúsculo, e com ele o cansaço mortal, não terás teu ocaso em nosso céu, apologeta da vida!

"Deixaste-nos ver novas estrelas e novas maravilhas noturnas; deveras, estendeste o próprio riso como uma lona colorida por sobre nós.

"Agora brotará sempre um riso infantil dos caixões; agora sempre soprará um vento forte de vitória contra todo cansaço mortal: dele nos és tu mesmo um fiador e um vidente!

"Deveras, *com eles mesmos sonhaste*, teus inimigos: foi este teu sonho mais difícil!

"Mas, assim como acordaste deles e voltaste a ti, também eles devem acordar de si mesmos – e vir a ti!" –

Assim falou o discípulo; e todos os outros amontoavam-se agora em torno de Zaratustra e tomavam-no pelas mãos e queriam persuadi-lo a deixar o leito e a tristeza e a voltar a eles. Zaratustra, porém, sentava-se ereto sobre seu leito, com um olhar distante. Assim como alguém que retorna ao lar de uma longa ausência, olhava para os discípulos e examinava seus rostos; e ainda não os reconhecia. Quando, porém, o ergueram e o puseram de pé, transformou-se de repente seu olhar; ele compreendeu tudo que acontecera, alisou a barba e disse com voz potente:

"Pois bem! Isto tem seu tempo; mas cuidai, meus discípulos, para que façamos uma boa refeição, e depressa! Pretendo assim expiar meus maus sonhos!

"O vidente, porém, deve comer e beber comigo: e, deveras, quero ainda lhe mostrar um mar em que possa se afogar!"

Assim falou Zaratustra. Em seguida, porém, olhou longamente o rosto do discípulo que lhe havia interpretado o sonho, sacudindo a cabeça. –

Da redenção

Quando certo dia Zaratustra atravessava a grande ponte, foi cercado pelos aleijados e pedintes, e um corcunda falou-lhe assim:

"Olha, Zaratustra! Também o povo aprende contigo e adquire crença em tua doutrina: mas para que possa crer totalmente nela, ainda falta algo – precisas ainda persuadir a nós, aleijados! Aqui tens uma bela variedade e, deveras, uma oportunidade de múltiplos proveitos! Podes curar os cegos e fazer os coxos andarem; e àquele que tem um fardo excessivo sobre as costas, bem que poderias tomar-lhe um pouco: essa, creio eu, seria a maneira correta de fazer crer os aleijados em Zaratustra!"

Zaratustra, porém, respondeu assim àquele que falava: "Se se toma a corcunda do corcunda, toma-se seu espírito – assim ensina o povo. E se se dá olhos ao cego, então ele verá por demais coisas vis sobre a terra: de modo que maldirá aquele que o curou. Aquele, porém, que faz o coxo andar, causa-lhe o maior prejuízo: pois mal pode ele andar, já o arrastam consigo seus vícios – assim ensina o povo acerca dos aleijados. E por que não deveria Zaratustra aprender também com o povo, uma vez que o povo aprende com Zaratustra?

"E desde que estou entre os homens, o menos importante para mim é ver que 'a este falta um olho e àquele uma orelha e a um terceiro a perna, e há outros ainda que perderam a língua ou o nariz ou a cabeça'.

"Eu vejo e tenho visto coisas piores, e algumas tão repugnantes que não quero falar delas, e outras que nem mesmo calar quero, a saber: pessoas às quais tudo falta a não ser uma coisa, da qual têm demais – pessoas que nada mais são além de um grande olho, ou uma grande bocarra, ou um grande ventre ou alguma coisa grande – chamo a esses de aleijados invertidos.

"E, quando saí de minha solidão e atravessei esta ponte pela primeira vez, não podia crer em meus olhos, e olhei e olhei e disse finalmente: 'Eis uma orelha! Uma orelha do tamanho de uma pessoa!'. Olhei com ainda mais atenção: e, com efeito, sob a orelha movia-se ainda algo, tão pequeno e pobre e franzino que me compadeci. E, verdadeiramente, a orelha monstruosa encontrava-se sobre um pequeno e delgado palito – o palito, porém, era um homem! Quem se valesse de uma lente podia até mesmo reconhecer ainda uma pequena carinha invejosa; e também que, atada a esse palito, oscilava uma alminha inflada. O povo, porém, disse-me que a grande orelha não era apenas uma pessoa, mas um grande homem, um gênio. Mas eu jamais cri no povo quando este falou de grandes homens – e ative-me à minha crença de que se tratava de um aleijado invertido, que em tudo tinha de menos e em uma coisa demais."

Tendo falado Zaratustra assim ao corcunda e àqueles para os quais ele fora porta-voz e intercessor, voltou-se com profunda indisposição aos seus discípulos e disse:

"Deveras, meus amigos, caminho entre homens como entre fragmentos e membros de homens!

"É assustador para meu olho que eu encontre as pessoas desmembradas e dispersas, como num campo de guerra ou num abatedouro.

"E se acaso meu olho foge do agora para o passado, encontra sempre o mesmo: fragmentos e membros e acasos espantosos – mas pessoa alguma!

"O agora e o outrora sobre a terra – ah! Meus amigos – isso é *para mim* o mais insuportável; e eu não saberia viver se não fosse também um vidente para aquilo que precisa vir.

"Um vidente, um querente, um criador, eu mesmo um futuro e uma ponte para o futuro – e, ah, também como que um aleijado sobre essa ponte: tudo isso é Zaratustra.

"E também vós perguntastes com frequência: 'Quem é para nós Zaratustra? Como deve chamar-se para nós?'. E, como eu, destes-vos perguntas como resposta.

"É ele um prometedor? Ou um realizador? Um conquistador? Ou um herdeiro? Um outono? Ou um arado? Um médico? Ou um convalescente?

"É um poeta? Ou um veraz? Um libertador? Ou um opressor? Um bom? Ou um mau?

"Eu caminho entre os homens como se fossem fragmentos do futuro: daquele futuro que eu vejo.

"E todo meu interesse consiste em compor e unir em uma unidade aquilo que é fragmento e enigma e um acaso terrível.

"E como teria eu suportado ser humano se o homem não fosse também poeta e decifrador de enigmas e o redentor do acaso!

"Redimir os passados e transformar todo 'foi' em um 'assim queria eu!' – somente isso seria para mim a redenção!

"Vontade – assim se chama o libertador e a fonte de alegrias: assim vos ensinei, meus amigos! E agora aprendei também isto: a própria vontade é ainda prisioneira.

"Querer liberta: mas como se chama aquilo que põe em cadeias também o libertador?

"'Foi': assim chama-se o ranger de dentes e a mais solitária aflição da vontade. Impotente contra aquilo que está feito – ela é uma espectadora zangada de tudo que é passado.

"A vontade não pode querer para trás; que ela não seja capaz de romper o tempo e a avidez do tempo – eis a mais solitária aflição da vontade.

"Querer liberta: o que inventa a própria vontade para si, de modo a livrar-se de sua tribulação e troçar do cárcere?

"Ah, todo cativo torna-se néscio! Nesciamente liberta-se também a vontade cativa.

"Que o tempo não ande para trás – eis o motivo de sua raiva; 'aquilo que foi' – assim chama-se a pedra que ela é incapaz de mover.

"E assim move ela pedras, de raiva e indisposição, e exerce vingança em tudo aquilo que não sente, como ela, raiva e indisposição.

"Assim se converteu a vontade, a libertadora, em causadora de dor: e ela se vinga em tudo que é capaz de sofrimento por não poder retroceder.

"Isto, sim, somente isto é a própria *vingança*: a aversão da vontade ao tempo e ao seu 'foi'.

"Deveras, em nossa vontade mora uma grande nescidade; e tornou-se a maldição de tudo quanto é humano que essa nescidade tenha adquirido espírito!

"*O espírito da vingança*: meus amigos, essa foi até agora a melhor reflexão dos homens; e onde havia sofrimento, deveria haver sempre castigo.

"'Castigo': eis o nome da própria vingança – com uma palavra mentirosa ela simula para si uma boa consciência.

"E por haver sofrimento no próprio querente por não poder querer para trás – por isso o próprio querer e toda a vida deveriam ser – castigo!

"E agora se acumulavam nuvens sobre nuvens acima do espírito: até que por fim a loucura pregasse: 'Tudo é passageiro, por isso tudo é digno de sucumbir!'.

"'E isso mesmo é a justiça, essa lei do tempo, que ele tenha de devorar seus filhos': assim pregava a loucura.

"'As coisas encontram-se ordenadas moralmente, segundo direito e castigo. Ó, onde estará a redenção do fluxo das coisas e do castigo chamado 'existência'?' Assim pregava a loucura.

"'Poderá haver redenção se houver um direito eterno? Ah, inamovível é a pedra chamada 'foi': eternos devem ser também todos os castigos!' Assim pregava a loucura.

"'Nenhum ato pode ser aniquilado: como poderiam eles ser desfeitos por meio do castigo? Isto, isto é o que há de eterno no castigo chamado 'existência', que a existência precise também eternamente ser novamente ato e culpa!

"'A não ser que a própria vontade finalmente se redimisse e o querer se convertesse em não querer –': mas conheceis, meus irmãos, essa canção fabulosa da loucura!

"Afastei-vos dessas canções fabulosas ao ensinar-vos: 'A vontade é criadora'.

"Todo 'foi' é um fragmento, um enigma, um acaso terrível – até que a vontade criadora diga: 'Mas assim queria eu!'.

"– Até que a vontade criadora diga: 'Mas assim o quero eu! Assim hei de querer!'.

"Mas terá ela jamais falado assim? E quando ocorrerá isso? Já estará a vontade desatrelada de sua própria tolice?

"Já se tornou a vontade sua própria redentora e causa de alegria? Terá ela desaprendido o espírito da vingança e todo ranger de dentes?

"E quem lhe terá ensinado a reconciliação com o tempo e coisas mais elevadas do que qualquer reconciliação?

"Coisas mais elevadas que qualquer reconciliação precisa querer a vontade que é vontade de poder – mas como lhe ocorre isso? Quem lhe terá ensinado a querer também para trás?"

– Mas nesse momento de seu discurso ocorreu que Zaratustra de repente se deteve e ficou exatamente como alguém que levara um susto tremendo. Com um olho assustado encarou seus discípulos; seu olho penetrou como que com flechas os pensamentos e as intenções ocultas deles. Mas após um pequeno lapso já ria novamente, dizendo, com bondade na voz:

"É difícil viver com pessoas, porque calar é muito difícil. Especialmente para um tagarela." –

Assim falou Zaratustra. O corcunda, porém, escutara a conversa, ocultando o rosto; mas, ao ouvir o riso de Zaratustra olhou-os com curiosidade e disse lentamente:

"Mas por que fala Zaratustra diferentemente conosco do que com seus discípulos?"

Zaratustra respondeu: "Que há aí para se admirar! Com corcundas pode-se falar de maneira corcunda!".

"Bom", disse o corcunda; "e com alunos pode-se também tagarelar à maneira professoral.

"Mas por que fala Zaratustra diferentemente com seus discípulos do que – consigo mesmo?" –

Da astúcia humana

Não a altura: o precipício é o terrível!

No precipício, o olhar precipita-se *para baixo* e a mão estende-se *para cima*. O coração sente vertigem ante essa sua dupla vontade.

Ah, amigos, acaso adivinhais também a dupla vontade de meu coração?

Sim, eis aí o *meu* precipício e o meu perigo, que meu olhar se precipite para as alturas e que minha mão deseje se aparar e se apoiar – nas profundezas!

Aos homens agarra-se minha vontade, com cadeias ato-me às pessoas, porque sou arrastado para o alto, para o super-homem: pois é para lá que quer ir minha outra vontade.

É *para isso* que vivo cegamente entre os homens, como se não os conhecesse: para que minha mão não perca a crença no que é firme.

Não vos conheço, homens: essa treva consoladora envolve-me frequentemente.

Sento-me ao portal e pergunto a todo velhaco que passa: quem quer me enganar?

É esta a minha primeira astúcia humana, que eu me deixe ludibriar para não estar de sobreaviso contra ludibriadores.

Ah, se eu estivesse de sobreaviso contra o homem: como poderia o homem ser uma âncora para meu balão? Demasiado fácil seria arrancado para cima e para além!

Esta providência rege meu destino, que eu não possa ter previdência.

E quem dentre os homens não quiser morrer de sede precisa aprender a beber de todas as taças; e quem dentre os homens quiser permanecer puro precisa saber se lavar também com água suja.

E assim falei muitas vezes, para consolar-me: "Pois bem! Que seja, velho coração! Um infortúnio saiu-te mal: aproveita-o como – tua fortuna!".

Esta, porém, é minha outra astúcia humana: poupo mais os *vãos* do que os orgulhosos.

Não é a vaidade ferida a mãe de todas as tragédias? Mas onde o orgulho é ferido haverá de crescer algo ainda melhor do que o orgulho.

Para que a vida seja boa de se assistir, seu espetáculo deve ser bem interpretado: para tal, porém, são necessários bons atores.

Bons atores pareceram-me ser todos os vãos: eles interpretam e querem que se tenha prazer em assisti-los – empenham todo o espírito nessa vontade.

Eles se exibem, se inventam; amo assistir à vida em sua proximidade – é a cura para a melancolia.

Por isso poupo os vãos, por serem médicos de minha melancolia e por me prenderem ao homem como a um espetáculo.

E então: quem poderá medir no vão toda a profundidade de sua modéstia? Sou-lhe bom e compassivo por sua modéstia.

De vós quer aprender sua crença em si; ele se aproxima de vossos olhares, come o louvor de vossas mãos.

Em vossas mentiras ainda crerá, se mentirdes bem acerca dele: pois no fundo suspira seu coração: "Que sou *eu*?".

E se a virtude reta é aquela que não sabe se esquivar de si mesma – pois então, o vaidoso não sabe contornar sua modéstia! –

Esta, porém, é minha terceira astúcia humana, que eu não deixe vossa pusilanimidade arruinar para mim a visão dos *maus*.

Sinto-me ditoso de ver as maravilhas chocadas pelo sol quente: tigres e palmeiras e cascavéis.

Também entre os homens há belas ninhadas de sóis quentes e muitas coisas dignas de admiração nos maus.

A saber, assim como os vossos sapientíssimos não me pareceram absolutamente tão sábios: do mesmo modo a maldade humana pareceu-me subestimada.

E frequentemente perguntava, sacudindo a cabeça: por que ainda matraqueais, ó cascavéis?

Deveras, há um futuro também para o que é mau! E o sul mais tórrido não foi ainda descoberto pelos homens.

Quantas coisas são hoje chamadas de as piores maldades, tendo a largura de apenas doze pés e o comprimento de três meses! Mas um dia hão de vir dragões maiores ao mundo.

Pois para que não falte ao super-homem o seu dragão, o superdragão que lhe seja digno: para tanto é preciso que muito sol quente abrase a úmida selva!

É preciso que primeiramente se tenham feito tigres de vossos gatos selvagens e crocodilos de vossas rãs venenosas: pois o bom caçador deve ter uma boa caça!

E deveras, ó bons e justos! Em vós há muitas coisas ridículas, especialmente vosso temor ante aquilo que até agora se chamou “diabo”!

Vossas almas são tão estranhas à grandeza que o super-homem vos seria *apavorante* em sua bondade!

E vós, sábios e sapientes, fugiríeis do sol escaldante da verdade sob o qual o super-homem tem prazer em banhar sua nudez!

Ó homens mais elevados com os quais cruzou meu olhar! Eis minha dúvida quanto a vós e meu riso secreto: suponho que chamaríeis ao meu super-homem – diabo!

Ah, cansei-me desses mais elevados e melhores: de sua "altura" desejava subir, sair, partir para o super-homem!

Um horror tomou-me ao ver desnudos esses melhores: e então cresceram-me as asas para voar até futuros distantes.

Para futuros mais distantes, para suis mais meridionais do que jamais sonhou um construtor: para lá onde os deuses se envergonham de toda vestimenta!

Mas *vós*, próximos e semelhantes, quero ver-vos fantasiados e bem adornados e vãos e dignos, como "os bons e justos" –

E disfarçado quero também eu mesmo sentar-me entre vós – para que *não reconheça* a mim e a vós: e essa é justamente minha última astúcia humana.

Assim falou Zaratustra.

A hora mais silenciosa

O que me ocorreu, meus amigos? Vedes-me transtornado, impelido, obediente contra a vontade, pronto para partir – ah, partir para longe de *vós*!

Sim, mais uma vez precisa Zaratustra retornar à sua solidão: mas é de má vontade que desta vez o urso retorna à sua caverna!

O que terá me ocorrido? Quem mo ordena? – Ah, minha senhora iracunda o quer assim, ela falou comigo: jamais vos a nomeei?

Ontem ao cair da noite falou-me *minha hora mais silenciosa*: eis o nome de minha terrível senhora.

E foi assim que ocorreu – pois devo dizer-vos tudo, para que vosso coração não se endureça contra aquele que subitamente se despede de vós!

Conheceis o susto daquele que adormece? –

Assusta-se até os dedos dos pés porque o chão lhe cede e o sonho começa.

Digo-vos isto como parábola. Ontem, à hora mais silenciosa, cedeu-me o chão: começou o sonho.

O ponteiro moveu-se, o relógio de minha vida tomou fôlego – jamais ouvira tamanho silêncio à minha volta: de modo que se assustou meu coração.

E então me falou, sem voz: "*Tu sabes, Zaratustra?*". –

E eu gritei de susto com esse sussurro, e o sangue deixou-me a face: mas calei.

Então me falou novamente, sem voz: "Tu sabes, Zaratustra, mas não dizes!". –

E eu respondi finalmente, com arrogância: "Sim, eu sei, mas não quero dizer!".

E então me falou novamente, sem voz: "Não *queres*, Zaratustra? Será verdade? Não te escondas em tua arrogância!". –

E eu chorei e tremi como uma criança e falei: "Ah, bem que queria, mas como serei capaz de dizer? Dispensa-me disso, somente! Está além de minhas forças!".

E então me falou novamente, sem voz: "Que importas tu, Zaratustra? Fala tua palavra e rompe-te!". –

E eu respondi: "Ah, será *minha* essa palavra? Quem sou eu? Aguardo alguém mais digno; não sou digno sequer de me romper nela".

E então me falou novamente, sem voz: "Que importas tu? Ainda não me és humilde o suficiente. A humildade tem a pele mais grossa". –

E eu respondi: "O que não terá carregado ainda a pele de minha humildade? Moro ao pé de minha altura: quão altos são meus cumes? Ninguém mo disse até o presente. Mas conheço bem os meus vales".

E então me falou novamente, sem voz: "Ó Zaratustra, quem tem montanhas a mover move também vales e terras baixas". –

E eu respondi: "Ainda não moveram as minhas palavras montanha alguma, e o que eu disse não alcançou os homens. Fui até os homens, mas não os alcancei".

E então me falou novamente, sem voz: "Que sabes tu a respeito *disso*? O orvalho cai sobre a erva quando a noite está mais silenciosa". –

E eu respondi: "Troçaram de mim quando encontrei e trilhei meu próprio caminho; e em verdade tremiam àquele tempo os meus pés.

"E assim falaram comigo: desaprendeste o caminho, agora desaprendes também o caminhar!".

E então me falou novamente, sem voz: "Que importa a sua troça? Tu desaprendeste a obediência; agora deves comandar!

"Não sabes *quem* é o mais necessário de todos? Aquele que comanda grandes coisas.

"Realizar grandes coisas é difícil: mas mais difícil é comandar coisas grandes.

"Eis o que te é mais imperdoável: tens o poder e não queres reger". –

E eu respondi: "Falta-me a voz do leão para qualquer comando".

E então me falou novamente, como que sussurrando: "São as palavras mais silenciosas que trazem a tempestade. Pensamentos que vêm sobre pés columbinos guiam o mundo.

"Ó Zaratustra, deves avançar como uma sombra daquilo que precisa vir: assim comandarás, e comandando hás de seguir adiante". –

E eu respondi: "Tenho vergonha".

E então me falou novamente, sem voz: "Precisas ainda te tornar criança e sem vergonha.

"O orgulho da juventude ainda está sobre ti, ficaste jovem tarde: mas quem quiser se converter em criança deve superar também a própria juventude." –

E eu hesitei longamente, a tremer. Finalmente, porém, disse o que dissera em primeiro lugar: "Eu não quero".

Então ocorreu uma risada ao meu entorno. Ai, como me dilacerava as entranhas e me talhava o coração essa risada!

E falou-me pela última vez: "Ó Zaratustra, teus frutos estão maduros, mas tu não estás maduro para teus frutos!

"Por isso precisas retornar à solidão: pois deves ainda entenrecer." –

E novamente riu e fugiu: então se fez silêncio em torno de mim, como que um duplo silêncio. Eu, porém, encontrava-me deitado no chão, e o suor escorria-me dos membros.

– Agora ouvistes tudo, e a razão pela qual preciso retornar à minha solidão. Nada vos omiti, amigos meus.

Mas também ouvistes de mim *quem* segue sendo de todos os homens o mais silencioso – e quer sê-lo!

Ah, meus amigos! Ainda teria algo a vos dizer, ainda teria algo a vos dar! Por que não o dou? Acaso sou avaro? –

Tendo, porém, dito essas palavras, Zaratustra foi tomado pela violência da dor e sentiu a proximidade da despedida de seus amigos, de modo que chorou copiosamente; e ninguém foi capaz de consolá-lo. À noite, porém, partiu só e deixou seus amigos.

TERCEIRA PARTE

“Vós olhais para cima quando desejais elevação. E eu olho para baixo, porque sou elevado.

Qual de vós pode simultaneamente rir e ser elevado?

Aquele que escala as mais altas montanhas ri de todas as tragédias e de todos os dramas.”

Zaratustra, do ler e escrever. (I, p. 58)

O andarilho

Era por volta da meia-noite quando Zaratustra tomou o caminho por sobre o dorso da ilha, para chegar à outra costa ao amanhecer: pois lá queria embarcar num navio. Havia ali uma boa enseada, na qual também navios estrangeiros costumavam ancorar; estes levavam consigo quem quisesse partir das ilhas bem-aventuradas e cruzar o mar. E enquanto Zaratustra subia assim a montanha, pensava nas muitas caminhadas solitárias de sua juventude, e em quantas montanhas e encostas e cumes já havia escalado.

Sou um andarilho e um montanhista, disse ele a seu coração, não amo as planícies e parece-me que sou incapaz de permanecer imóvel por muito tempo.

E o que quer que ainda me venha como destino e vivência – haverá aí caminhadas e escaladas: ao final, vivencia-se somente a si mesmo.

É passado o tempo em que acasos ainda podiam me ocorrer; e o que *poderia* me ocorrer ainda, que já não fosse meu?

Ele retorna apenas, finalmente volta para casa – meu próprio si-próprio e aquilo que dele esteve por longo tempo no estrangeiro e disperso entre todas as coisas e todos os acasos.

E sei ainda mais uma coisa: encontro-me agora diante de meu último cume e diante daquilo que durante o mais longo tempo me foi poupado. Ah, devo ascender no meu mais duro caminho! Ah, comecei minha mais solitária caminhada!

Mas quem é como eu não se esquiva de uma hora como esta: da hora que lhe diz: "Somente agora trilhas teu caminho da grandeza! Cume e precipício – terminaram por ser uma só coisa!

"Trilhas teu caminho da grandeza: agora se tornou o teu último abrigo aquilo que até então era teu último perigo!

"Trilhas teu caminho da grandeza: há que ser agora tua maior coragem não haver mais caminho atrás de ti!

"Trilhas teu caminho da grandeza; aqui ninguém deve espreitar-te! Teu próprio pé apagou atrás de ti o caminho, e sobre ele se vê escrito: impossível.

"E se de agora em diante te faltam todas as escadas, deves saber ainda subir sobre tua própria cabeça: de que outra maneira quererias ascender?

"Sobre tua própria cabeça e por cima de teu próprio coração! Agora o mais ameno em ti deve ainda se tornar o mais duro.

"Quem sempre se poupou muito adoece ao final de tanto se poupar. Louvado seja aquilo que endurece! Não louvo a terra de que manteiga e mel – escorrem!

"É necessário aprender a *desviar o olhar* de si para ver *muito*: – todo aquele que escala montanhas necessita dessa dureza.

"Quem, porém, é importuno com os olhos enquanto conhecedor, como haveria de ver de todas as coisas mais do que a superfície?

"Mas tu, ó Zaratustra, querias ver o fundo e o pano de fundo de todas as coisas: para tal precisas escalar por sobre ti mesmo – para além, para o alto, até que tenhas também as tuas estrelas *sob* ti!

"Sim! Ver-me de cima e também as minhas estrelas: somente isso chamaria de meu *cume*, é isso que me restou como meu *último* cume! –"

Assim falou Zaratustra consigo enquanto escalava, consolando seu coração com pequenos e duros ditos: pois estava ferido no coração como jamais estivera. E quando chegou à altura da encosta, vede, lá estava o outro mar estendido diante dele: então parou e calou longamente. A noite, porém, era fria nessas alturas, e clara, e estrelada.

Reconheço meu destino, disse, por fim, com tristeza. Pois bem! Estou preparado. Acaba de começar minha última solidão.

Ah, este mar negro e triste sob mim! Ah, este prenhe mau humor noturno! Ah, destino e mar! Até vós preciso agora *descer*!

Encontro-me diante de minha mais alta montanha e de minha mais longa caminhada: por isso preciso primeiramente descer mais fundo do que jamais desci:

– descer mais fundo do que jamais na dor, até penetrar sua mais negra enchente! Assim quer meu destino: Pois bem! Estou pronto.

De onde vêm as mais altas montanhas?, perguntei outrora. E aprendi que elas vêm do mar.

Esse testemunho encontra-se escrito em seus rochedos e nas encostas de seus cumes. Das profundezas deve o mais alto ascender até sua altura. –

Assim falou Zaratustra sobre o pico da montanha, onde fazia frio; quando, porém, foi se aproximando do mar, e por fim se viu só entre os recifes, estava cansado da caminhada e ainda mais saudoso do que antes.

Tudo ainda dorme agora, falou; também o mar dorme. Seu olho, embriagado de sono, observa-me com estranhamento.

Mas sua respiração é morna, isso eu sinto. E sinto também que ele sonha. Revira-se em sonho sobre duros travesseiros.

Ouve! Escuta! Como geme de más recordações! Ou serão más expectativas?

Ah, estou triste contigo, monstro escuro, e ainda desgostoso comigo mesmo por causa de ti.

Ah, que minha mão não tenha força suficiente! Gostaria, deveras, de livrar-te de teus maus sonhos! –

E, enquanto falava assim, Zaratustra ria de si mesmo com melancolia e amargura. "O quê? Zaratustra!", disse ele. "Queres ainda cantar consolos ao mar?

"Ah, Zaratustra, néscio caridoso, mais que ditoso em confiança! Mas assim foste sempre: sempre chegaste confiante a tudo quanto é terrível.

"Querias ainda acariciar todos os monstros. Um sopro de hálito morno, um pouco de penugem macia nas garras – e logo estavas pronto para amá-los e atraí-los.

"O *amor* é o perigo do mais solitário, o amor a tudo *que simplesmente esteja vivo*! Ridículas são de fato minha nescidade e minha modéstia no amor!" –

Assim falou Zaratustra, rindo-se novamente: mas então pensou nos amigos que deixara para trás – e, como se com seus pensamentos os tivesse desrespeitado, irritou-se por tê-los pensado. E logo aconteceu que o ridente chorou: de ira e saudade chorava Zaratustra amargamente.

Da visão e do enigma

1.

Quando os marinheiros tomaram conhecimento da presença de Zaratustra no navio – pois embarcara com ele um homem que vinha das ilhas bem-aventuradas – fizeram-se grande curiosidade e expectativa. Mas Zaratustra calou durante dois dias e estava frio e surdo de tristeza, de modo que não respondia nem a olhares nem a perguntas. Ao cair da noite do segundo dia abriu novamente os ouvidos, embora ainda calasse: pois havia muito de estranho e perigoso para se ouvir nesse navio, que vinha de longe e que queria ir para mais longe ainda. Zaratustra, porém, era amigo de todos aqueles que fazem grandes viagens e que não gostam de viver sem perigo. E vê só! Por fim, no escutar soltou-se sua própria língua e partiu-se o gelo de seu coração – e então começou a falar assim:

A vós, os audazes buscadores, experimentadores, e a quem mais já navegou alguma vez com ardilosas velas por sobre mares terríveis –

a vós, embriagados pelo enigma, que se alegram no lusco-fusco, cujas almas são atraídas com flautas a todo abismo de perdição:

– pois não quereis seguir um fio, apalpando-o com mão covarde; e, onde podeis *adivinhar*, odiais o *deduzir* –

somente a vós relato o enigma que *vi* – a visão do mais solitário. –

Sombrio atravessava eu há pouco a lívida aurora – sombrio e endurecido, com lábios comprimidos. Mais que um sol havia se posto para mim.

Uma trilha que ascendia obstinadamente pelo cascalho, maldosa, solitária, à qual não mais era concedida nem erva nem arbusto: uma trilha montanhosa rangia sob a obstinação de meu pé.

Avançando mudo por sobre o tinido sarcástico do cascalho, pisoteando a pedra que o fazia deslizar: assim abria meu pé o caminho para o alto.

Para o alto: apesar do espírito que o puxava para baixo, para o abismo, o espírito do peso, meu demônio e meu arqui-inimigo.

Para o alto: embora se sentasse sobre mim, metade anão, metade toupeira; paralítico; paralisante; chumbo em meu ouvido, gotejando pensamentos plúmbeos em meu cérebro.

"Ó Zaratustra", murmurou ele ironicamente, sílaba a sílaba, "ó pedra da sabedoria! Jogaste-te ao alto, mas toda pedra arremessada precisa – cair!

"Ó Zaratustra, pedra da sabedoria, pedra de funda, estilhaçador de estrelas! Foi a ti mesmo que arremessaste para tão alto – mas toda pedra arremessada – precisa cair!

"Condenado a ti mesmo e à própria lapidação: ó Zaratustra, arremessaste longe a pedra – mas é sobre *ti* que ela cairá!"

Dito isso, calou-se o anão; e por um longo tempo. Mas aquele silêncio oprimia-me; e, deveras, estar a dois dessa maneira é mais solitário do que quando se está só!

Eu ascendia, ascendia, sonhava, pensava – mas tudo me oprimia. Eu era como um enfermo que se cansa de seu martírio terrível e que é novamente desperto de seu sono por um sonho ainda pior. –

Mas há algo em mim que eu chamo de coragem: uma coisa que até agora matou em mim todo desalento. Essa coragem comandou-me finalmente que parasse e falasse: "Anão! Tu! Ou eu!" –

Pois a coragem é a melhor matadora – a coragem que *ataca*: pois em todo ataque há um toque de fanfarra.

O homem, porém, é o animal mais corajoso: com isso superou todos os demais. Com um toque de fanfarra superou ainda toda dor; mas a dor humana é a dor mais profunda.

A coragem mata também a vertigem à beira de abismos: e onde não estaria o homem à beira de abismos? Não é ver, em si mesmo – ver abismos?

A coragem é a melhor matadora: a coragem mata também a compaixão. A compaixão, porém, é o abismo mais profundo: quanto mais o homem aprofundar o olhar na vida, mais se aprofundará também sua visão do sofrimento.

A coragem, porém, é a melhor assassina, a coragem que ataca: ela mata ainda a morte, pois diz: "Foi *isto* a vida? Pois bem! Mais uma vez!".

Mas em tal dito há muita fanfarra. Quem tiver ouvidos, que ouça. –

2.

"Parado! Anão!", falei. "Eu! Ou tu! Eu, porém, sou o mais forte de nós: tu não conheces meu pensamento abismal! Não serias capaz de *suportá-lo*!" –

E então ocorreu o momento de meu alívio: pois o anão saltou-me do ombro – o curioso! – e acocorou-se sobre uma pedra diante de mim. E havia um portal justamente onde paramos.

"Olha este portal! Anão!", segui falando: "Ele tem duas faces. Dois caminhos unem-se aqui. Ninguém jamais os percorreu até o final.

"Esta longa estrada para trás: ela dura uma eternidade. E aquela longa estrada para além – é outra eternidade.

"Eles se contradizem, estes caminhos; chocam-se diretamente, cabeça contra cabeça: e é aqui, neste portal, que se encontram. O nome do portal está escrito acima: 'Instante'.

"Mas se alguém seguisse por um deles – cada vez mais longe, cada vez mais além: crês, anão, que estes caminhos se contradizem eternamente?" –

"Tudo que é reto mente", murmurou desdenhoso o anão. "Toda verdade é torta, o próprio tempo é um círculo."

"Espírito do peso!", disse eu, irado. "Não o tornes demasiado simples! Senão te deixo acocorado aí, onde estás, coxo – e fui eu quem te carreguei *para cima*!

"Olha", segui falando, "olha este instante! Deste portal Instante parte uma estrada longa e eterna *para trás*: há atrás de nós uma eternidade.

"Não é preciso que tudo aquilo que *pode* caminhar já tenha trilhado alguma vez esta estrada? Não é preciso que, de todas as coisas, aquilo que *pode* ocorrer já tenha alguma vez ocorrido, agido, passado?

"E se tudo já existiu: que pensas tu, anão, deste instante? Não é preciso que também este portal – já tenha existido?

"E não estão todas as coisas atadas com tal firmeza que este instante puxa atrás de si *todas* as coisas vindouras? *Logo* – também a si mesmo?

"Pois tudo aquilo que *pode* caminhar: também por esta longa estrada *para além* – *precisa* mais uma vez ainda caminhar! –

"E esta lenta aranha que rasteja ao luar, e este próprio luar, e eu e tu juntos sob o portal, sussurrando, sussurrando acerca de coisas eternas – não é preciso que já tenhamos todos existido antes?

"– e que retornemos e andemos por aquela outra estrada, para além, adiante, por esta estrada longa e assombrosa – não é preciso que retornemos eternamente? –"

Assim falava eu, e cada vez mais baixo: pois temia meus próprios pensamentos e minhas intenções. E então, subitamente, ouvi um cão *uivar* nas proximidades.

Teria jamais ouvido um cão uivar daquela forma? Meu pensamento correu para trás. Sim! Quando criança, na infância mais remota:

– então ouvira um cão uivar assim. E vi-o também, de pelos eriçados, com a cabeça voltada para o alto, tremendo, no silêncio absoluto da meia-noite, onde também cães creem em fantasmas:

– de modo que me compadeci. Justamente naquele momento passava a lua cheia, num silêncio mortal, por sobre a casa, justamente naquele momento encontrava-se imóvel, uma brasa redonda, – imóvel sobre o teto raso, como que sobre propriedade alheia: –

com isso espantou-se então o cão: pois cães creem em ladrões e fantasmas. E quando o ouvi uivar novamente, novamente me compadeci.

Para onde teria ido agora o anão? E o portal? E a aranha? E todo o sussurrar? Estaria sonhando? Estaria despertando? Encontrei-me de uma vez entre rochedos selvagens, só, abandonado, no mais ermo dos luares.

Mas jazia ali um homem caído! E lá! O cão, saltando, de pelo eriçado, gemendo – agora me via chegando – uivou novamente, *gritou* – teria alguma vez ouvido um cão gritar daquela forma por socorro?

E, deveras, o que vi não tinha igual. Vi um jovem pastor, retorcendo-se, sufocando, em espasmos, de semblante contorcido, de cuja boca pendia uma serpente negra e pesada.

Teria alguma vez visto tanto asco e pálido horror em um semblante? Estivera dormindo? E então a serpente arrastou-se para dentro da goela – e fincou-se firme com uma mordida.

Minha mão puxava e puxava a serpente – em vão! Não lograva arrancá-la da goela. E então saiu de mim o grito: "Morde! Morde!

"Arranca a cabeça! Morde!" – assim gritaram de dentro de mim meu horror, meu ódio, meu asco, meu compadecimento, tudo que em mim havia de bom e vil gritou com uma só voz. –

Ó audazes ao meu entorno! Buscadores, experimentadores, e aqueles de vós que navegaram mares inexplorados com velas ardilosas! Vós, que tendes vossa alegria em enigmas!

Pois adivinhai-me o enigma que então vi, interpretai a visão do mais solitário!

Pois foi uma visão, e uma previsão: *o que* vi eu então em parábola? E *quem* é que precisa ainda vir?

Quem é o pastor para dentro de cuja goela se arrastou a serpente? *Quem* é o homem para dentro de cuja goela se arrastará tudo de mais pesado e negro?

– O pastor, porém, mordeu, como lhe aconselhara meu brado; mordeu com boa mordida! Cuspiu longe a cabeça da serpente: e ficou de pé num salto. –

Não mais pastor, não mais homem – um transformado, um iluminado, que *ria*! Nenhum homem sobre a terra jamais riu como *ele* ria!

Ó, meus irmãos, eu ouvia um riso que não era humano – e agora me consome uma sede, um desejo que nunca cala.

Meu desejo por esse riso consome-me: ó, como suportarei ainda viver? E como suportaria morrer agora? –

Assim falou Zaratustra.

Da bem-aventurança contra a vontade

Com tais enigmas e amarguras no coração atravessou Zaratustra o mar. Quando, porém, chegou a quatro dias de viagem das ilhas bem-aventuradas e de seus amigos, já tinha superado toda sua dor: vitorioso e de pés firmes encontrava-se novamente erguido sobre seu destino. E então falou Zaratustra assim à sua consciência rejubilante:

Estou novamente só, e assim quero estar, só com céu límpido e mar livre; e novamente faz-se tarde à minha volta.

À tarde encontrei pela primeira vez os meus amigos, também à tarde pela segunda vez: à hora em que toda luz se faz mais silenciosa.

Pois aquilo da fortuna que ainda se encontra a caminho entre o céu e a terra busca para si como pousada uma alma iluminada: *de tanta fortuna* fez-se agora mais silenciosa toda luz.

Ó tarde de minha vida! Também a *minha* fortuna desceu outrora ao vale, buscando abrigo para si: e encontrou estas almas abertas e hospitaleiras.

Ó tarde de minha vida! O que não daria para ter apenas uma coisa: esta plantação viva de meus pensamentos e esta luz matutina de minha mais elevada esperança!

Companheiros buscava outrora o criador, e filhos de *sua* esperança: e vê só, ocorreu que não pôde encontrá-los, a não ser criando-os ele mesmo.

Encontro-me, pois, em meio à minha obra, indo até meus filhos e retornando deles: por seus filhos precisa Zaratustra consumar-se primeiramente a si mesmo.

Pois ama-se radicalmente apenas seu filho e sua obra; e onde há grande amor para consigo mesmo, esse amor é sinal de prenhez: assim o encontrei.

Ainda verdejam meus filhos em sua primeira primavera, próximos uns aos outros e sacudidos conjuntamente pelo vento, árvores de meu jardim e de meu solo mais fecundo.

E deveras! Onde tais árvores se encontram reunidas, lá *há* ilhas bem-aventuradas!

Mas quero um dia transplantá-las e separá-las: para que aprendam a solidão e a obstinação e o cuidado.

Nodosas e retorcidas e com flexível dureza devem postar-se junto ao mar, um farol vivo de vida invencível.

Lá, onde tempestades se precipitam para o mar, onde a tromba das montanhas bebe água: lá deve cada uma vigiar dia e noite para *sua* provação e para *seu* conhecimento.

Conhecido e provado deve ser para que seja averiguado se é de minha espécie e linhagem – se é senhor de uma longa vontade, calado também quando fala, e de tal modo cedente que, ao dar, *tome*:

– para que se torne um dia meu companheiro e um cocriador e cofestejador de Zaratustra – alguém que inscreva a minha vontade em minhas tábuas: para a mais plena consumação de todas as coisas.

E por ele e por seus semelhantes devo *eu mesmo* aperfeiçoar-me: por isso desvio-me agora de minha fortuna e ofereço-me a todo infortúnio – para *minha* última provação e para *meu* último conhecimento.

E, deveras, já era tempo que me fosse; e a sombra do caminhante e o instante mais demorado e a hora mais silenciosa – todos me diziam: "Já não era sem tempo!".

O vento soprava através da fechadura e dizia "vem!". A porta escancarava-se ardilosamente e dizia "vai!".

Mas eu me encontrava acorrentado ao amor por meus filhos: o desejo impunha-me esse laço, o desejo por amor, de me fazer presa de minhas crianças, perdendo-me nelas.

Desejar – para mim isso é já: ter me perdido. *Eu vos tenho, filhos meus!* Nessa posse deve ser tudo segurança e nada desejo.

Mas o sol de meu amor estava sobre mim, encubando-me; Zaratustra cozia no próprio sumo – e passaram sombras e dúvidas voando por sobre mim.

Já sentia o apetite por gelo e inverno: "Ó, que gelo e inverno me fizessem estalar e ranger novamente!" suspirava eu: – e ergueu-se de mim uma bruma gelada.

Meu passado rompeu seus sepulcros, mais de uma dor enterrada viva despertou: repousavam apenas, ocultas em vestes fúnebres.

Assim gritava-me tudo em símbolo: "É tempo!" – mas eu – não ouvia: até que finalmente meu abismo se remexeu e meu pensamento me mordeu.

Ah, pensamento abissal, que és *meu* pensamento! Quando haverei de encontrar a força para ouvir-te cavar sem mais tremer?

O coração fica-me a ponto de sair pela boca quando te ouço cavar! Também teu silêncio quer estrangular-me, ó abissalmente silencioso!

Jamais ousei, até o momento, chamar-te *para cima*: já era suficiente que – te carregasse comigo! Ainda não fui forte o suficiente para a última petulância e malícia leonina.

Suficientemente assustador foi-me sempre já o teu peso: mas algum dia ainda hei de encontrar a força e a voz leonina que te chama para cima!

E quando o tiver superado, hei de querer também superar coisas maiores; e uma *vitória* haverá de selar minha consumação! –

Por enquanto vagueio ainda sobre mares incertos; o acaso adula-me com sua língua branda; olho para frente e para trás – ainda não vejo um fim.

Ainda não me veio a hora de minha luta derradeira – ou estará vindo agora? Deveras, com beleza pérfida olham-me o mar e a vida à minha volta!

Ó tarde de minha vida! Ó fortuna antes do cair da noite! Ó porto em alto mar! Ó paz na incerteza! Como desconfio de todos vós!

Deveras, desconfio de vossa pérfida beleza! Sou como o amante que desconfia de sorrisos por demais aveludados.

Assim como ele afasta de si a amada, ainda delicado em sua dureza, o ciumento – da mesma maneira afasto de mim esta hora bem-aventurada.

Fora contigo, ó hora bem-aventurada! Contigo veio-me uma bem-aventurança contra a vontade! Cá estou, disposto à dor mais profunda: vieste em má hora!

Fora daqui, ó hora venturosa! É preferível que te abrigues lá – entre meus filhos! Depressa! E, antes que caia a noite, abençoa-os ainda com a *minha* fortuna!

E eis que a noite cai: o sol se põe. Vai-te – fortuna minha! –

Assim falou Zaratustra. E durante toda a noite esperou por seu infortúnio: mas esperou em vão. A noite permaneceu clara e calma, e a própria fortuna aproximava-se dele mais e mais. Pela manhã, porém, Zaratustra riu para seu coração e disse zombeteiro: "A fortuna persegue-me. É nisso que dá não perseguir as mulheres. A fortuna, porém, é uma mulher".

Antes do nascer do sol

Ó céu sobre mim! Límpido! Profundo! Abismo de luz! Observando-te estremeço de desejos divinos.

Arremessar-me para tuas alturas – eis a *minha* profundidade! Ocultar-me em tua pureza – eis a *minha* inocência!

O deus é oculto por sua beleza: assim ocultas tu as tuas estrelas. Não falas: *assim* manifestas para mim a tua sabedoria.

Mudo por sobre o mar revolto nasceste hoje para mim, o teu amor e o teu pudor fazem revelações à minha alma revolta.

Que tenhas vindo belo até mim, oculto em tua beleza, que fales mudo comigo, evidente em tua sabedoria:

Ó, como não haveria de adivinhar tudo que há de vergonhoso em tua alma? *Antes* do sol vieste até mim, o mais solitário.

Somos amigos desde o início: são-nos comuns a tristeza, o horror e a razão; também o sol é-nos comum.

Não falamos um com o outro, pois sabemos demais: silenciamos, sorrimos o nosso conhecimento um para o outro.

Não és a luz de meu fogo? Não tens a alma gêmea de meu conhecimento?

Juntos aprendemos tudo; juntos aprendemos a ascender por cima de nós até nós mesmos e a rir desanuviados: –

– sorrir desanuviado para baixo, com olhos luminosos e a muitas milhas de distância, enquanto evaporam sob nós, como chuva, a coação, a finalidade e a culpa.

E se caminhava só: *por quem* estava faminta a minha alma nas noites e nos desvios? E se escalava montanhas, *a quem* buscava eu sempre, se não a ti, sobre montanhas?

E todo o meu caminhar e escalar montanhas era apenas uma necessidade e um auxílio para o desvalido: *voar* somente quer toda a minha vontade, voar para dentro de *ti*!

E a quem odiava eu mais que as nuvens passageiras e tudo que te mancha? E odiava ainda o meu próprio ódio, porque ele te manchava!

Sinto raiva das nuvens passageiras, esses felinos furtivos: tomam de ti e de mim aquilo que nos é comum – o monstruoso e ilimitado dizer sim e amém.

Irritam-nos esses mediadores e misturadores, as nuvens passageiras: esses meio a meio, que nem aprenderam a abençoar, nem maldizem radicalmente.

Prefiro me sentar no tonel sob o céu fechado, prefiro me sentar no abismo sem céu algum do que ver a ti, céu luminoso, manchado de nuvens passageiras!

E muitas vezes tive vontade de atá-las com fulgurais arames farpados de ouro, para que, como o trovão, golpeasse, qual tímpanos, suas barrigas de caldeira: –

– um timpanista irado por me roubarem o teu sim e o teu amém, ó céu sobre mim, límpido! Claro! Abismo de luz! – por roubarem de ti o *meu* sim e o *meu* amém!

Pois prefiro ainda barulho e trovão e maldições meteorológicas do que esse dúbio e duvidoso silêncio felino; e também entre os homens odeio mais todos os de pés leves e os meio-a-meio e duvidosas, hesitantes nuvens passageiras.

E "quem não é capaz de abençoar deve *aprender* a maldizer!" – essa clara doutrina caiu-me do céu claro, essa estrela encontra-se em meu céu também em noites negras.

Eu, porém, sou um abençoador e um afirmador; basta apenas que estejas ao meu entorno, ó límpido! Claro! Ó abismo de luz! – Para todo abismo carrego então minha abençoante afirmação.

Converti-me em abençoador e em afirmador: para tanto, combati por muito tempo, e fui combatente para que um dia tivesse as mãos livres para abençoar.

Esta, porém, é a minha bênção: encontrar-me sobre cada coisa como o seu próprio céu, como seu telhado abobadado, seu sino cerúleo e sua eterna segurança: e venturoso é quem assim abençoa!

Pois todas as coisas são batizadas na fonte da eternidade e para além de bem e mal; bem e mal eles mesmos, porém, são apenas sombras intermediárias e úmidas tribulações e nuvens passageiras.

Deveras, é uma bênção e não uma blasfêmia se ensino: "Sobre todas as coisas encontra-se o céu acaso, o céu inocência, o céu casualidade, o céu petulância".

"De Casualidade" – eis a mais antiga aristocracia do mundo, a ela restituí todas as coisas, libertei-a da servidão à finalidade.

Essa liberdade e alegria celestial pus sobre todas as coisas como um sino cerúleo ao ensinar que não há uma "vontade eterna" que, por cima e através delas – quer.

Pus essa petulância e essa nescidade no lugar daquela vontade, ao ensinar: "Em tudo uma coisa é impossível – racionalidade!".

Um *pouco* de razão, é verdade, uma semente de sabedoria é espalhada de estrela em estrela – esse fermento encontra-se imiscuído a todas as coisas: é pela nescidade que a sabedoria se encontra imiscuída a todas as coisas!

Um pouco de sabedoria até é possível; mas esta venturosa segurança encontrei em todas as coisas: que preferem ainda – *dançar* sobre os pés do acaso.

Ó céu sobre mim, límpido! Elevado! Esta é para mim a tua pureza, que não haja nenhuma aranha eterna da razão, nem teia da razão alguma: –

– que sejas uma pista de dança para divinos acasos, que sejas uma mesa divina para dados e jogadores divinos! –

Mas enrubesces? Terei dito algo de indizível? Terei eu blasfemado, querendo abençoar-te?

Ou é o pudor a dois que te fez enrubescer? – Ordenas que me vá calado porque agora – vem o *dia*?

O mundo é fundo –: e mais fundo do que jamais pensou o dia. Nem tudo pode ganhar voz diante do dia. Mas o dia vem: apartemo-nos, então!

Ó céu sobre mim, pudico! Abrasado! Ó minha fortuna antes do nascer do sol! O dia vem: apartemo-nos, então! –

Assim falou Zaratustra.

Da virtude apequenadora

1.

Ao voltar para terra firme, Zaratustra não partiu diretamente para sua montanha e para sua caverna, mas tomou muitos caminhos e fez muitas perguntas e investigou isso e aquilo, de modo que disse de si mesmo, gracejando: "Vê só, um rio que corre em muitas sinuosidades de volta à fonte!". Pois queria inteirar-se quanto ao que havia entrementes sucedido *com o homem*: se ele se tornara maior ou menor. E em certa ocasião viu uma fileira de casas novas; ao que se admirou e disse:

"Que significam estas casas? Deveras, não foi nenhuma grande alma que as pôs aqui, como símbolo seu!

"Terá uma criança boba as tirado de sua caixa de brinquedos? Que uma outra criança as recoloque em sua caixa!

"E estes quartos e câmaras: poderão *homens* sair daí e aí entrar? Parecem-me feitos para bonecas de seda; ou para gatos gulosos que também permitem que se petisque deles mesmos."

E Zaratustra deteve-se e refletiu. Finalmente disse, aflito: "*Tudo* ficou menor!

"Por toda parte vejo portões mais baixos: quem é de *minha* espécie ainda pode, decerto, passar por eles, mas – precisará se curvar!

"Ó, quando retornarei ao meu lar, onde não mais precise me curvar – não mais curvar *perante os pequenos*!" – E Zaratustra suspirou e olhou para o horizonte. –

No mesmo dia, porém, proferiu seu discurso sobre a virtude apequenadora:

2.

Caminho em meio a este povo e mantenho abertos os olhos: eles não perdoam que eu não sinta inveja de suas virtudes.

Avançam sobre mim, mordendo, porque eu lhes digo: para pessoas pequenas são necessárias pequenas virtudes – e por me ser difícil aceitar que gente pequena é *necessária*!

Ainda sou como o galo em uma chácara estranha, sobre o qual também as galinhas avançam; mas não levo a mal essas galinhas por isso.

Sou gentil com elas assim como em face de todo pequeno aborrecimento; ser espinhoso contra o que é pequeno parece-me uma sabedoria para porcos-espinho.

Todos eles falam de mim quando sentados em torno do fogo ao cair da noite – falam de mim, mas ninguém pensa – em mim!

Foi este o novo silêncio que aprendi: o seu matraquear ao meu entorno envolve meus pensamentos com um manto.

Eles matraqueiam entre si: "O que quer de nós esta nuvem sinistra? Cuidemos para que não nos traga uma epidemia!".

E recentemente uma mulher agarrou sua criança, que queria vir até mim: "Tirai as crianças daqui!", gritou; "olhos como estes chamuscam as almas infantis".

Eles tossem quando falo: creem que tossir seja uma objeção a ventos fortes – mas nada adivinham do bramido de minha fortuna!

"Ainda não temos tempo para Zaratustra" – assim objetam; mas que importa um tempo que "não tem tempo" para Zaratustra?

E mesmo que me afamem: como poderia eu adormecer sobre a fama *deles*? O seu louvor é para mim um cinto de espinhos: ainda me arranha mesmo quando dele me livro.

E também isto aprendi entre eles: aquele que louva age como se retribuísse; em verdade, porém, quer receber mais presentes!

Perguntai ao meu pé se lhe agrada esse modo de louvar e seduzir! Deveras, com um compasso e um tique-taque desses ele não quererá nem dançar nem ficar parado.

Querem louvar-me para seduzir-me à pequena virtude; querem persuadir meu pé ao tique-taque da pequena fortuna.

Caminho em meio a esse povo e mantenho abertos os olhos: ficaram *menores*, e diminuem cada vez mais: *isso, porém, deve-se à sua doutrina da felicidade e da virtude.*

Com efeito, são modestos também na virtude – pois querem comodidade. Mas somente a virtude modesta combina com a comodidade.

Decerto também eles aprendem à sua maneira a caminhar e a caminhar para diante: a isso chamo o seu *coxear*. Com ele, tornam-se obstáculos para todo aquele que tem pressa.

E alguns dentre eles andam para diante olhando para trás, com o pescoço tenso: nesses tenho prazer em dar um encontrão.

Pés e olhos não devem mentir, nem desmentir um ao outro. Mas há muita mentira entre a gente pequena.

Alguns deles querem, mas a maioria só é querida. Alguns deles são autênticos, mas a maioria é de maus atores.

Há entre eles atores por ignorância e atores contra a vontade – os autênticos são sempre raros, especialmente os atores autênticos.

Há poucos homens aqui: por isso se masculinizam as suas mulheres. Pois apenas quem for homem suficiente irá, na mulher, – *libertar a mulher.*

E esta hipocrisia achei entre eles a pior: que também aqueles que comandam simulem as virtudes daqueles que servem.

“Eu sirvo, tu serves, nós servimos” – assim reza também a hipocrisia dos governantes, e ai de quando o primeiro senhor é *apenas* o primeiro servo!

Ah, também em suas hipocrisias perdeu-se a curiosidade voadora de meu olho; e bem adivinhei toda a sua fortuna de mosca e o seu zumbir em torno de vidraças ensolaradas.

Tanta bondade – tanta fraqueza, eis o que vejo. Tanta justiça e compaixão – tanta fraqueza.

São rotundos, justos e bondosos uns para com os outros, assim como grãozinhos de areia são rotundos, justos e bondosos para com outros grãozinhos de areia.

Abraçar com modéstia uma pequena fortuna – a isso chamam “resignação”! E ao fazê-lo já cobiçam modestamente uma nova pequena fortuna.

No fundo, em sua simplicidade, querem acima de tudo apenas uma coisa: que ninguém os machuque. Por isso são gentis para com todos e a todos fazem bem.

Mas isso é *covardia*: embora seja chamado de “virtude”. –

E se alguma vez falam com rispidez, essa gente pequena: *eu* ouço somente a sua rouquidão – pois qualquer corrente de ar os faz roucos.

São astutos, suas virtudes têm dedos astutos. Mas faltam-lhes os punhos, seus dedos não sabem se ocultar atrás de punhos.

Virtude é para eles aquilo que torna modesto e manso: com isso fizeram do lobo o cão e do próprio homem o melhor animal doméstico para o homem.

“Colocamos o nosso assento no *meio*” – diz-me o seu sorriso satisfeito – “igualmente afastados de gladiadores moribundos e das leitoas satisfeitas.”

Mas isso é – *mediocridade*: embora se chame moderação. –

3.

Caminho em meio a este povo e deixo cair uma palavra ou outra: mas eles não sabem nem tomar, nem preservar.

Admiram-se de que eu não tenha vindo para blasfemar contra desejos e vícios; e, deveras, não vim para prevenir contra trombadinhas!

Admiram-se de que eu não esteja disposto a refinar e aguçar sua astúcia: como se não houvessem espertalhões demais, cujas vozes me causam gastura como o giz na lousa!

E quando exclamo: "Maldizei todos os demônios covardes em vós que se aprazem em lamuriar e que querem unir as mãos e adorar", exclamam eles: "Zaratustra é ateu".

E exclamam-no em especial os seus professores da resignação; mas amo gritar justamente em seus ouvidos: sim! Eu *sou* Zaratustra, o ateu!

Esses professores da resignação! Como piolhos rastejam para toda parte que seja pequena e doentia e repugnante; e apenas meu asco impede-me de estourá-los.

Pois bem! Eis a minha pregação para os *seus* ouvidos: eu sou Zaratustra, o ateu, que pergunta: "Quem é mais ateu que eu, para que me alegre com sua instrução?".

Eu sou Zaratustra, o ateu: onde encontro meus semelhantes? E são meus semelhantes todos aqueles que dão sua vontade a si próprios e que afastam de si toda resignação.

Eu sou Zaratustra, o ateu: cozinho ainda todo acaso em *meu* caldeirão. E somente quando ele lá já tiver sido cozido é que eu lhe dou as boas-vindas como *minha* refeição.

E, deveras, houve acasos que vieram até mim senhoris: mas ainda mais senhoril falou-lhes a minha *vontade* – e logo se prostravam, rogando, de joelhos –

– rogando que encontrassem asilo e coração em mim, falando-me lisonjeiramente: "Vê só, ó Zaratustra, como apenas amigos se aproximam de amigos!" –

Mas que digo eu, onde ninguém tem *minhas* orelhas? E assim quero gritar a plenos pulmões:

Vós vos tornais cada vez menores, gente pequena! Desmoronais, vós, os acomodados! Ainda sucumbireis –

– graças às vossas muitas pequenas virtudes, às vossas muitas pequenas omissões, às vossas muitas pequenas resignações!

Ele protege demais, cede demais: assim é o vosso solo! Mas, para tornar-se *grande*, a árvore quer lançar raízes duras em torno de duros rochedos!

Também aquilo que omitis tece a trama de todo futuro da humanidade; também o vosso nada é uma teia de aranha e uma aranha que vive do sangue do futuro.

E quando tomais, é como se furtásseis, pequenos virtuosos; porém mesmo entre mandriões fala a *honra*: "Deve-se furtar apenas onde não se pode roubar".

"Entrega-se" – essa é também uma doutrina da resignação. Mas eu vos digo, ó acomodados: *toma-se*, e haverá de tomar sempre cada vez mais de vós!

Ah, que vos livrásseis de todo querer *pela metade* e vos decidísseis tanto pela indolência como pela ação!

Ah, que compreendêsseis as minhas palavras: "Fazei sempre o que quereis – mas sede primeiro tais que *possam querer*!".

"Amai sempre o vosso próximo como a vós mesmos – mas sede primeiro tais que *se amem a si próprios* –

"– que se amem com o grande amor, com o grande desprezo!" Assim fala Zaratustra, o ateu. –

Mas que falo eu onde ninguém tem *minhas* orelhas? É aqui ainda uma hora cedo demais para mim.

Sou o meu próprio precursor entre esse povo, meu próprio cacarejar por vielas escuras.

Mas a *sua* hora chega! E chega também a minha! A cada hora ficam menores, mais pobres, mais estéreis – pobre vegetação! Pobre solo!

E *logo* deverão ficar como erva seca e estepe, e, deveras, cansados de si mesmos – e mais do que por água, sequiosos por *fogo*!

Ó hora abençoada do raio! Ó mistério matutino! – Quero ainda fazer deles fogos que se alastram e profetas de línguas flamejantes: –

– devem ainda um dia profetizar com línguas flamejantes: ele vem, ele está próximo, *o grande meio-dia*!

Assim falou Zaratustra.

No monte das oliveiras

O inverno, um mau hóspede, senta-se comigo em casa; azuis estão minhas mãos graças a seu amigável aperto de mão.

Eu o honro, esse mau hóspede, mas prefiro deixá-lo sentado só. Gosto de fugir dele; e correndo *bem* dele se escapa!

Com pés e pensamentos aquecidos corro para onde o vento faz calmaria – para o canto ensolarado de meu monte das oliveiras.

Lá rio de meu severo hóspede e até lhe sou grato por afastar as moscas em casa e por silenciar muitos pequenos ruídos.

Pois ele não suporta quando um pernilongo quer cantar, ou mesmo dois; também a viela torna solitária, de modo que à noite o luar nela sente medo.

É um hóspede duro – mas eu o honro, e não venero, como a gente delicada, o barrigudo ídolo de fogo.

Ainda é preferível bater um pouco os dentes do que venerar ídolos! – assim o quer a minha espécie. E zango-me especialmente com todos os voluptuosos, vaporosos e abafados ídolos de fogo.

Quem eu amo, amo-o melhor no inverno do que no verão; agora faço melhor troça de meus inimigos, e de modo mais efusivo, desde que o inverno adentrou minha casa.

Efusivo, deveras, mesmo quando *rastejo* para a cama: mesmo então ainda ri maliciosamente a minha fortuna oculta; ri ainda o meu sonho mentiroso.

Eu – um rastejante? Jamais rastejei em vida diante de poderosos; e se menti alguma vez, menti por amor. Por isso sou feliz também no leito invernal.

Uma cama pequena aquece-me mais do que uma cama rica, pois tenho ciúmes de minha pobreza. E no inverno ela me é mais fiel.

Começo cada dia com uma maldade, faço troça do inverno com um banho frio: meu hóspede severo resmunga com isso.

Também gosto de lhe fazer cócegas com uma pequena vela de cera: para que me deixe finalmente sair o céu do crepúsculo cinzento.

Sou especialmente maldoso pela manhã: pela alvorada, quando o balde tine no poço e os cavalos relincham, mornos, por vielas cinzentas: –

Lá espero impacientemente que o céu claro finalmente se abra para mim, o céu invernal com sua barba nevada, o ancião de cabeça branca –

– o céu invernal, calado, que frequentemente cala também o seu sol!

Terei aprendido com ele o calar longa e luminosamente? Ou terá ele aprendido comigo? Ou terá cada um de nós o inventado por conta própria?

A origem de todas as coisas boas é múltipla – todas as coisas boas e maliciosas saltam desejosas para a existência: como haveriam de fazê-lo sempre apenas – uma vez!

Uma coisa boa e maliciosa é também o longo silenciar e o olhar, como do céu invernal, de um semblante luminoso e de olhos arredondados: –

– calar, como ele, o sol e a sua inflexível vontade solar: deveras, essa arte e essa malícia invernal, eu as aprendi *bem*!

Minha mais querida maldade e arte é que o meu silêncio tenha aprendido a não se entregar calando.

Matraqueando com palavras e dados ludibrio os solenes guardiães: a todos esses severos e atentos devem escapar minha vontade e minha finalidade.

Que ninguém veja meu fundo e minha última vontade – para tanto inventei o calar de maneira longa e luminosa.

Encontrei certos astutos que ocultavam o semblante e turvavam suas águas para que ninguém visse através delas o seu fundo.

Mas era justamente até eles que vinham os mais astutos desconfiados e quebra-nozes: justamente dele se pescava o peixe mais oculto!

Pelo contrário, os claros, os bravos, os transparentes – são estes para mim os mais astutos silenciadores: aqueles cujo fundo é *tão fundo*, que também a mais clara água não os – entrega. –

Ó silencioso céu invernal de barba nevada, ó cabeça branca de olhos redondos sobre mim! Ó analogia celeste de minha alma e de sua malignidade!

E não *preciso* me ocultar, como alguém que engoliu ouro – para que não se disseque a minha alma?

Não *preciso* andar sobre pernas de pau para que *não reparem* em minhas longas pernas – todos esses invejosos e pesarosos que me rodeiam?

Essas almas defumadas, aquecidas, gastas, verdes, azedadas – como *poderia* a sua inveja suportar minha fortuna?

Assim lhes mostro apenas o gelo e o inverno sobre meus picos – e *não* que meu monte também é envolto por todos os anéis solares!

Eles ouvem apenas o assobio de minhas tempestades invernais: e *não* que também viajo por sobre mares mornos, como saudosos, pesados e quentes ventos austrais.

Eles se compadecem ainda de meus acidentes e acasos – mas *eu* digo: "Deixai que o acaso venha até mim: ele é inocente como uma criancinha!".

Como *poderiam* suportar a minha fortuna se eu não a envolvesse com acidentes e necessidades invernais e toucas de ursos polares e invólucros de céus nevados?

– se eu mesmo não me compadecesse de sua *compaixão*: da compaixão desses invejosos e penosos!

– se eu mesmo não suspirasse diante deles e tremesse de frio e me *deixasse* envolver pacientemente em sua compaixão!

É esta a sábia malícia e a benevolência de minha alma, que ela *não oculte* seu inverno e suas tempestades de gelo; tampouco oculta ela suas geladuras.

A solidão de um é a fuga do enfermo; a solidão de outro é *fugir dos enfermos.*

Que me *ouçam* tremer e suspirar de frio invernal, todos esses vesgos mandriões em meu entorno! Suspirando e tremendo dessa maneira fujo ainda de seus aposentos aquecidos.

Que se compadeçam de mim e suspirem por minhas geladuras: "Ele ainda haverá de nos *congelar* com o gelo do conhecimento!" – assim se queixam.

Entrementes corro com pés quentes para cima e para baixo em meu monte das oliveiras: no canto ensolarado de meu monte das oliveiras canto e faço troça de toda compaixão. –

Assim cantou Zaratustra.

Do passar ao largo

Assim, atravessando lentamente muitos povos e diversas cidades, retornava Zaratustra, por desvios, à sua montanha e à sua caverna. E assim chegou inesperadamente também aos portões da *cidade grande*: aqui, porém, saltou um néscio espumante ao seu encontro, com as mãos estendidas, obstruindo-lhe o caminho. Esse, porém, era o mesmo néscio que o povo chamava de "o macaco de Zaratustra": pois tinha copiado algo de seu tom e da cadência de sua fala e gostava também de lhe tomar emprestado do tesouro de sua sabedoria. E o néscio disse assim a Zaratustra:

"Ó Zaratustra, eis aqui a cidade grande: aqui nada tens a procurar e tudo tens a perder.

"Por que passarias a vau por essa lama? Tem compaixão de teu pé! É melhor que cuspas nos portões da cidade e – dês meia volta!

"Aqui é o inferno para pensamentos de eremitas: aqui grandes pensamentos são fervidos vivos e cozidos até ficarem pequenos.

"Aqui se decompõem todos os grandes sentimentos: aqui somente os sentimentinhos franzinos podem matraquear!

"Não sentes já o odor dos abatedouros e refeitórios do espírito? Não fumega esta cidade com o vapor do espírito abatido?

"Não vês as almas dependuradas como trapos gastos e imundos? – E ainda fazem jornais com esses trapos!

"Não ouves como o espírito se tornou aqui jogo de palavras? Ele vomita um asqueroso jorro de palavras! – E ainda fazem jornais com essa água suja de palavras.

"Atiçam-se uns aos outros, mas não sabem para onde! Exaltam-se uns aos outros, mas não sabem por quê! Tilintam com seu latão, retinem com seu ouro.

"São frios e buscam calor na aguardente; são aquecidos e buscam refresco em espíritos congelados; são todos malsãos e viciados em opiniões públicas.

"Todos os apetites e vícios encontram-se em casa aqui; mas há aqui também virtuosos, há muita virtude habilmente empregada:

"Muita virtude habilidosa com dedos que escrevem e carne dura de esperar sentado, abençoada com pequenas estrelas no peito e filhas rechonchudas sem traseiro.

"Há aqui também muita piedade e muita piedosa lambeção de botas, adulação perante o deus dos rebanhos.

"'De cima' goteja a estrela e a saliva misericordiosa; para cima anseia todo peito sem estrelas.

"A lua tem sua corte, e corte tem suas aberrações lunares: mas para tudo que vem da corte reza o povo mendicante e toda dócil virtude mendicante.

"'Eu sirvo, tu serves, nós servimos' – assim reza toda dócil virtude para o príncipe: que a estrela merecida seja finalmente pregada aos peitos estreitos!

"Mas a lua gira ainda em torno de tudo que é mundano: e da mesma maneira gira também o príncipe em torno do que é mais mundano que tudo: isso, porém, é o ouro dos merceeiros.

"O deus dos rebanhos não é um deus das barras de ouro; o príncipe pensa, mas o merceeiro – governa!

"Por tudo que é luminoso e forte e bom em ti, ó Zaratustra! Cospe nesta cidade dos merceeiros e dá meia volta!

"Aqui todo sangue corre podre e tépido e espumoso por todas as veias: cospe na cidade grande, que é o grande desaterro onde toda escória é reunida, espumando!

"Cospe na cidade das almas oprimidas e dos peitos estreitos, dos olhos afiados, dos dedos pegajosos –

"– na cidade dos importunos, dos desavergonhados, dos escribas e choramingas, dos ambiciosos superaquecidos: –

"– onde tudo que é podre, suspeito, lascivo, obscuro, amolecido, ulceroso, conspiratório, supura: –

"– cospe na cidade grande e dá meia volta!" – –

Aqui, porém, Zaratustra interrompeu o néscio espumante e tapou-lhe a boca.

"Para logo de uma vez!", exclamou Zaratustra. "Já me enojaste demais com teu discurso e com teus modos!

"Por que moraste tanto tempo no pântano que precisaste te tornar tu mesmo rã e sapo?

"Não flui agora em tuas próprias veias um sangue pantanoso, podre e espumante, por teres aprendido a coaxar e blasfemar dessa maneira?

"Por que não foste à floresta? Ou lavraste a terra? Não é o mar pleno de ilhas verdejantes?

"Desprezo o teu desdém; e se me advertiste – por que não te advertiste a ti mesmo?

"Do amor somente deve alçar voo o meu desprezo e o meu pássaro anunciador: e não do pântano! –

"Dizem que és meu macaco, néscio espumante: mas eu digo que és meu porco grunhidor – com teu grunhido ainda vais estragar meu louvor à nescidade.

"O que foi que te fez grunhir pela primeira vez? Que ninguém te tenha *bajulado* o suficiente: por isso te sentaste em meio a este lixo, para que tivesses motivo para grunhir bastante –

"– para que tivesses motivo para *te vingares* bastante! Pois é vingança, néscio vão, todo o teu espumar – adivinhei-te!

"Mas a tua palavra néscia causa danos *a mim*, mesmo quando estás certo! E mesmo que a palavra de Zaratustra *fosse* cem vezes certa: *tu* sempre farias com a minha palavra – *um erro*!"

Assim falou Zaratustra; e mirou a cidade grande, suspirou e calou longamente. Finalmente disse assim:

Também esta grande cidade me dá asco, e não apenas este néscio. Em ambos nada há para melhorar, nada para piorar.

Ai desta cidade grande! – e eu queria já ver a coluna de fogo na qual será queimada!

Pois tais colunas de fogo devem preceder o grande meio-dia. Mas isso tem seu tempo e seu próprio destino. –

Este ensinamento, porém, dou a ti, néscio, como despedida: por onde não mais é possível amar deve-se – *passar ao largo*! –

Assim falou Zaratustra e passou ao largo do néscio e da cidade grande.

Dos apóstatas

1.

Ah, já se encontra murcho e cinzento tudo aquilo que recentemente ainda era verde e colorido neste prado? E quanto mel da esperança levei daqui em meus favos!

Estes jovens corações já estão todos velhos – e nem mesmo velhos! Apenas cansados, ordinários, acomodados: a isso chamam de "voltar a ser piedoso".

Recentemente ainda os vi partir cedo sobre pés valentes: mas seus pés do conhecimento cansaram-se, e agora caluniam também ainda a valentia matutina!

Deveras, alguns dentre eles ergueram outrora as pernas como dançarinos, insinuava-se para eles o riso em minha sabedoria: e então deram-se conta. Acabo de vê-los curvados – arrastando-se até a cruz.

Esvoaçavam outrora em torno da luz e da liberdade como pernilongos e jovens poetas. Um pouco mais velhos, um pouco mais frios: e já são obscurecedores e sussurradores ajuntando-se em torno do fogão.

Terá seu coração desanimado porque a solidão me deglutiu qual uma baleia? Terá seu ouvido ficado *em vão* a escutar longa e ansiosamente por mim e por minhas trombetas e meus chamados de arauto?

– Ah! Há sempre apenas poucos cujos corações possuem longa coragem e petulância; e neles também o espírito permanece paciente. O resto, porém, é *covarde.*

O resto é sempre a grande maioria, o cotidiano, o supérfluo, os excedentes – todos esses são covardes! –

A quem é de minha índole também as vivências de minha espécie virão ao seu encontro: de maneira que seus primeiros companheiros haverão de ser cadáveres e bufões.

Seus segundos companheiros, porém – esses se denominarão os seus *fiéis*: um enxame vivo, muito amor, muita tolice, muita adoração imberbe.

Mas quem dentre os homens for de minha índole não deve atar seu coração a esses crentes; não deve crer nessas primaveras e campinas coloridas aquele que conhece a fugaz e covarde espécie humana!

Se *pudessem* fazer diferente, então também *quereriam* diferentemente. Os meio-a-meio estragam tudo que é inteiro. Que as folhas murchem – que há aí para se queixar?

Deixa-as partir e cair, ó Zaratustra, e não te queixes! De preferência sopra ainda ventos farfalhantes por entre elas –

– sopra entre essas folhas, ó Zaratustra: para que tudo quanto é *murcho* parta de ti mais depressa ainda! –

2.

"Voltamos a ser piedosos" – assim confessam esses apóstatas; e alguns deles são ainda demasiado covardes para assim se confessarem.

A esses olho nos olhos, a eles digo na cara e na vermelhidão de suas bochechas: vós voltastes a *rezar*!

Rezar, porém, é uma ignomínia! Não para todos, mas para ti e para mim e para quem mais tiver a sua consciência na cabeça. Para *ti* é uma ignomínia rezares!

Bem o sabes: o diabo covarde em ti, que gostaria de juntar as mãos e cruzar os braços e se acomodar – esse diabo covarde fala contigo: "*Há* um deus!".

Com isso, porém, pertences à estirpe lucífuga, à qual a luz jamais dá descanso; e agora precisas meter diariamente a cabeça cada vez mais fundo na noite e na bruma!

E, deveras, escolheste bem a hora: pois acabam de alçar voo novamente as aves noturnas. Chegou a hora de todo o povo lucífugo, a solene hora vespertina, onde não se – "festeja".

Ouço-o e farejo-o: chegou a sua hora de caçar e migrar, e não para uma caçada selvagem, mas para uma caçada mansa, coxa, farejante, uma caçada de pisa-mansinho e reza-mansinho –

– para uma caçada por maria vai com as outras de almas plenas: todas as ratoeiras cordiais estão novamente armadas! E onde ergo um cortinado, precipita-se dali uma mariposinha.

Teria ela estado ali, sentada junto de outra mariposinha? Pois em toda parte farejo pequenas paróquias ocultas; e, onde quer que haja quartinhos, lá há novos irmãos de oração e a bruma dos irmãos de oração.

Sentam-se juntos uns dos outros por longas noites e falam: "Deixai-nos ser novamente como as criancinhas e dizer 'Deus do céu'!" – arruinados na boca e no estômago pelos pios doceiros.

Ou assistem por longas noites a uma sagaz e espreitadora aranha-crucifixo, que prega astúcia às próprias aranhas, ensinando-lhes o seguinte: "É bom tecer a teia sob cruzes!".

Ou sentam-se durante o dia com varas de pescar à beira de pântanos e creem-se *profundos* com isso; mas àquele que pesca onde não há peixes não chamo nem mesmo de superficial!

Ou, pios e alegres, aprendem a dedilhar a harpa com um poeta cancioneiro que se apraz em se harpejar para dentro do coração de jovens mulherzinhas: pois cansou-se das velhas mulherzinhas e de seus elogios.

Ou aprendem a meter medo com um meio louco erudito que aguarda em quartos escuros a vinda de espíritos – e de quem o espírito foge completamente!

Ou dão ouvidos a um velho vagabundo, curioso e ralhento, que aprendeu com ventos sombrios os tons da soturnidade; agora assobia ele como o vento e prega em tons sombrios a soturnidade.

E alguns deles chegaram mesmo a se tornar guardas noturnos: sabem agora assoprar cornetas e perambular pela noite e despertar coisas velhas que já dormiam havia tempos.

Cinco palavras de coisas velhas ouvi ontem à noite junto ao muro do jardim: elas partiram desses velhos, soturnos e secos guardas noturnos.

"Para um pai ele não cuida o suficiente dos filhos: pais humanos fazem-no melhor!" –

"Ele é velho demais! Já não cuida absolutamente dos filhos" – assim respondeu o outro guarda noturno.

"Mas *terá* ele mesmo filhos? Ninguém pode provar a não ser ele mesmo! Há tempos gostaria que ele o provasse de uma vez por todas."

"Provar? Como se *ele* jamais tivesse provado alguma coisa! Provar é-lhe difícil; ele confia que se *creia* nele."

"Sim! Sim! A crença torna-o bem-aventurado, a crença nele. É o modo de ser da gente velha! Ocorre o mesmo conosco!" –

– Assim falaram entre si os dois velhos guardas noturnos e lucífugos, e em seguida sopraram, soturnos, as suas cornetas: assim ocorreu ontem à noite junto ao muro do jardim.

Meu coração, porém, contorcia-se de tanto rir, e queria quebrar e não sabia para onde ir e afundou-se no diafragma.

Deveras, ainda haverá de ser a minha morte sufocar de tanto rir ao ver jumentos embriagados e ao ouvir guardas noturnos duvidarem assim de Deus.

Já não passou *há muito* o tempo de tais dúvidas? Quem poderá ainda despertar essas velhas e sonolentas coisas lucífugas?

Os velhos deuses já se acabaram há tempos: e, deveras, tiveram um bom e alegre fim divino!

Eles não se "crepuscularam" até a morte – isso é mentira! Antes: morreram, certa vez, – *de rir*!

Isso ocorreu quando um deus proferiu, ele mesmo, as palavras mais ateias – as palavras: "Há um Deus! Não deves ter outro deus além de mim!" –

– um velho deus irado, um ciumento excedeu-se a esse ponto:

E todos os deuses riram então, sacudindo-se em suas cadeiras e gritando: "Não é a divindade justamente que haja deuses, mas nenhum Deus?".

Quem tiver ouvidos, que ouça. –

Assim discursava Zaratustra na cidade que ele amava e que era chamada "Vaca colorida". Daqui seriam apenas mais dois dias de caminhada até sua caverna e seus animais; a sua alma, porém, rejubilava-se constantemente com a proximidade do retorno ao lar. –

O retorno ao lar

Ó solidão! Meu *lar*, a solidão! Tempo demais vivi como um selvagem em selvagens terras estrangeiras para que não retornasse a ti com lágrimas nos olhos!

Ameaça-me agora com o dedo, como ameaçam as mães, sorri agora para mim, como sorriem as mães, fala agora: "E quem foi que outrora, como um vento tempestuoso, se precipitou para longe de mim? –

"– que gritou, em despedida: tempo demais permaneci em solidão, e assim desaprendi a calar! E *isso* – aprendeste-o agora?

"Ó, Zaratustra, sei de tudo: e que foste mais *abandonado* entre eles, tu que és único, do que jamais foste comigo!

"Uma coisa é o abandono, outra coisa é a solidão: *Isso* – aprendeste agora! E que entre os homens sempre serás selvagem e estranho:

"– selvagem e estranho mesmo quando te amam: pois querem acima de tudo ser *poupados*!

"Aqui, porém, estás em teu lar e em tua casa; aqui podes dizer tudo e verter todas as razões, nada aqui se constrange com sentimentos ocultos e obstinados.

"Aqui todas as coisas vêm carinhosas de encontro ao teu discurso e bajulam-te: pois querem montar sobre tuas costas. Sobre cada parábola montas aqui até cada verdade.

"Reto e franco podes falar aqui com todas as coisas: e, deveras, soa-lhes como louvor aos ouvidos que alguém esteja – a falar com todas as coisas!

"Algo diferente, porém, é estar abandonado. Pois ainda te lembras, ó Zaratustra, de quando então o teu pássaro gritou por sobre ti enquanto te encontravas na floresta, indeciso quanto ao teu rumo, desnorteado, junto de um cadáver: –

"– quando falaste: que me guiem os meus animais! Achei mais perigoso encontrar-me entre os homens do que entre os animais – *isso sim* era abandono!

"E ainda te lembras, ó Zaratustra, de quando te sentaste sobre tua ilha, um poço de vinho entre baldes vazios, dando e distribuindo, presenteando e servindo entre sedentos:

"– até que te encontraste só, sedento entre ébrios, e te queixaste à noite 'não é tomar mais abençoado do que dar? E roubar mais abençoado que tomar?' – *isso sim* era abandono!

"E ainda te lembras, ó Zaratustra, de quando veio a tua hora mais silenciosa, afastando-te de ti mesmo ao falar em sussurros maldosos: 'fala e rompe-te!' –

"– quando ela transformou todo o teu esperar e calar em sofrimento e desencorajou a tua humilde coragem: *isso sim* era abandono!" –

Ó solidão! Tu, solidão, meu lar! Quão ditosa e delicada fala a mim a tua voz!

Não nos perguntamos um ao outro, não nos queixamos um do outro, juntos atravessamos abertamente portas abertas.

Pois contigo tudo é aberto e claro; e também as horas passam aqui sobre pés mais leves. Pois é mais difícil suportar o tempo no escuro do que na luz.

Aqui se escancaram para mim todas as palavras do ser e todos os relicários de palavras: todo ser quer tornar-se palavra aqui, todo devir quer aprender aqui a falar comigo.

Mas lá embaixo – lá todo falar é em vão! Lá a melhor sabedoria é o esquecer e o passar ao largo: *isso* – aprendi agora!

Quem quisesse compreender tudo nos homens teria de tudo agarrar. Mas tenho mãos demasiado límpidas para tanto.

Já o seu hálito eu não gosto de respirar; ah, que eu tenha vivido tão longamente em meio a seu barulho e mau hálito!

Ó bem-aventurado silêncio em meu entorno! Ó puros odores em meu entorno! Ó, como este silêncio toma um fôlego puro de um peito profundo! Ó, como escuta, este venturoso silêncio!

Mas lá embaixo – lá tudo fala, lá nada é ouvido. Pode-se anunciar a sabedoria com um repique de sinos: os merceeiros no mercado hão de abafá-lo com o tilintar de suas moedas!

Tudo fala entre eles, ninguém mais sabe entender. Tudo cai na água, nada mais cai em poços profundos.

Tudo fala entre eles, nada mais tem sucesso e chega ao termo. Tudo cacareja, mas quem ainda há de querer sentar em silêncio sobre o ninho e chocar ovos?

Tudo fala entre eles, tudo é falado até se desfazer. E o que ontem ainda era duro demais para o próprio tempo e seu dente: hoje está em farrapos, roído, dependurado das bocarras dos hodiernos.

Tudo fala entre eles, tudo é revelado. E o que outrora era chamado de mistério e de segredo de almas profundas pertence hoje aos trompeteadores de vielas, entre outras borboletas.

Ó ser humano, excêntrica criatura! Tu, que és barulho em vielas escuras! Agora me ficaste novamente para trás: – meu maior perigo ficou-me para trás!

No poupar e no compadecer esteve sempre o meu maior perigo; e todo ser humano quer ser poupado e pranteado.

Com verdades retidas, com mão néscia e néscio coração e rico em pequenas mentiras da compaixão: assim vivi sempre entre os homens.

Sentei-me disfarçado entre eles, disposto a *me* ignorar para que suportasse a *eles*, contentando-me com falar a mim mesmo: "Tu és um néscio, tu não conheces os homens!".

Desaprende-se os homens quando se vive entre eles: há demasiado primeiro plano em todos os homens – o que hão de querer *aí* olhos hipermetropes, ansiosos por distâncias?

E se não me conheciam: eu, néscio que sou, poupava-os mais do que a mim mesmo por isso: acostumado à dureza contra mim e ainda frequentemente vingando-me em mim mesmo por poupá-los.

Coberto de picadas de moscas peçonhentas e consumido por dentro, como uma pedra, pelas muitas gotas de maldade, assim me sentava eu entre eles e falava ainda a mim mesmo: "Tudo que é pequeno é inocente de sua pequenez!".

Descobri que especialmente aqueles que se chamam "os bons" eram as moscas mais peçonhentas: picam em toda inocência, mentem em toda inocência; como *seriam capazes* de ser – justos para comigo!

Quem vive entre os bons aprende a fingir compaixão. A compaixão abafa o ar para todas as almas livres. Pois a estupidez dos bons é inescrutável.

Ocultar-me a mim mesmo e a minha riqueza – *isso* aprendi lá embaixo: pois ainda descobri que cada um deles era pobre em espírito. Era essa a mentira de minha compaixão, que eu soubesse, quanto a cada um,

– que eu visse e farejasse em cada um o que lhe era *suficiente*, e também o que lhe era *demais* em termos de espírito!

Os seus rígidos sábios: chamei-os de sábios, e não de rígidos – aprendi assim a engolir minhas palavras. Os seus coveiros: chamei-os investigadores e examinadores – aprendi assim a trocar palavras.

Os coveiros desenterram doenças para si. Sob antigos dejetos repousam maus vapores. Não se deve revolver o lodaçal. Deve-se viver sobre montanhas.

Com venturosas narinas respiro novamente a liberdade das montanhas! Enfim meu nariz encontra-se liberto do odor de todo ser humano!

Tomada pelo comichão de ventos cortantes, como se fossem vinhos espumantes, a minha alma *espirra* – espirra e exclama, jubilosa: saúde!

Assim falou Zaratustra.

Dos três males

1.

Em sonho, no último sonho matutino, encontrava-me hoje sobre um promontório, para além do mundo, segurava uma balança e *pesava* o mundo.

Oh, que a aurora me tenha vindo cedo demais: despertou-me com o seu ardor, a ciumenta! Ela tem sempre ciúmes das brasas de meu sonho matinal.

Mensurável para aquele que tem tempo, pesável para um bom pesador, sobrevoável para asas fortes, adivinhável para quebra-nozes divinos: assim encontrou meu sonho o mundo –

Meu sonho, um marujo temerário, metade navio, metade ciclone, calado como uma borboleta, impaciente como um falcão: como teve hoje paciência e tempo para pesar o mundo!

Ter-lhe-á falado em segredo a minha sabedoria, a minha risonha, desperta sabedoria diurna que faz troça de todos os "mundos infinitos"? Pois ela fala: "Onde há força, lá também o *número* se torna mestre: pois tem mais força".

Com quanta segurança mirava o meu sonho esse mundo finito, sem curiosidade, nem por novidades, nem por velharias, sem medo, sem súplica –

– como se uma maçã rotunda se oferecesse à minha mão, um pomo de ouro, maduro, de pele fresca, suave, aveludada: assim ofereceu-se o mundo a mim –

– como se uma árvore acenasse para mim, de copa larga, de vontade forte, curvada para formar um encosto e também um apoio para os pés cansados do caminho: assim encontrava-se o mundo sobre meu promontório –

– como se mãos graciosas me trouxessem um relicário – um relicário aberto ao encanto de olhos pudicos e veneradores: assim ofereceu-se o mundo a mim hoje –

– não suficientemente enigma para que afugentasse de si o amor dos homens, não suficientemente solução para que entorpecesse a sabedoria dos homens: uma coisa boa aos homens pareceu-me hoje o mundo do qual se dizem coisas tão más!

Como agradeço ao meu sonho matutino ter pesado o mundo hoje cedo! Veio-me como uma coisa boa aos homens esse sonho e consolo para o coração!

E para que eu faça como ele durante o dia e aprenda com ele e imite dele o seu melhor: quero agora pôr as três piores coisas sobre a balança e pesá-las humanamente bem.

Quem ensinou a abençoar ensinou também a amaldiçoar: quais são, no mundo, as três coisas mais amaldiçoadas? Quero pô-las na balança.

Volúpia, despotismo, egoísmo: essas três coisas foram até agora as mais malditas e caluniadas e difamadas da pior maneira – essas três quero pesar humanamente bem.

Pois bem! Aqui está o meu promontório e lá o mar: *este* se revolve em minha direção, viloso, adulador, o velho e fiel monstro canino de cem cabeças que eu amo.

Pois bem! Aqui quero suspender a balança sobre o mar revolto: e escolho também uma testemunha, para que assista – a ti, árvore ermitã, a ti, odorosa, de copa larga, que eu amo! –

Sobre que ponte vai o agora para o outrora? Com que coação coage-se o elevado a rebaixar-se? E o que comanda que também o mais elevado – cresça ainda mais? –

Agora encontra-se a balança equilibrada e imóvel: arremessei-lhe três perguntas pesadas, três pesadas respostas carrega o outro prato.

2.

Volúpia: aguilhão e pelourinho de todos os desprezadores do corpo com seus cilícios, e maldita como "mundo" por todos os transmundanos: pois ridiculariza e faz troça de todos os mestres da confusão e da desorientação.

Volúpia: para a gentalha o fogo baixo sobre o qual queima; para toda madeira carcomida, para todos os trapos fedorentos, o forno do cio fervente.

Volúpia: inocente e livre para os de coração livre, o jardim da fortuna terrena, o excesso de gratidão de todo futuro para com o agora.

Volúpia: um veneno adocicado apenas para os murchos; para aqueles dotados de vontade leonina, porém, o grande reconforto e o respeitosamente poupado vinho dos vinhos.

Volúpia: a grande analogia da fortuna para fortunas mais elevadas e para a mais elevada esperança. Pois para muitos são as núpcias promessas e mais do que núpcias –

– para muitos, que são mais estranhos a si mesmos do que homem e mulher são estranhos um ao outro: e quem haveria de compreender completamente *o quão estranhos* são homem e mulher um ao outro?

Volúpia: – mas quero ter cercas em torno de meus pensamentos e também de minhas palavras: para que os porcos e os fanáticos não invadam os meus jardins! –

Despotismo: o flagelo ardente dos mais duros entre os duros de coração; o cruel martírio reservado ao mais cruel; a chama sombria de piras vivas.

Despotismo: o freio maldoso que é imposto aos povos mais vaidosos; o escarnecedor de toda virtude incerta que monta todo cavalo e todo orgulho.

Despotismo: o tremor de terra que arrebenta e arromba tudo quanto é podre e carcomido; a rolante, retumbante, castigante arrebentadora de tumbas envernizadas; o ponto de exclamação fulminante ao lado de respostas precipitadas.

Despotismo: diante de cujo olhar o homem rasteja e se humilha e se submete e se rebaixa mais que a serpente ou o porco: até que, finalmente, o grande desprezo ergue a voz de dentro dele –

Despotismo: o mestre terrível do grande desprezo que prega na cara de cidades e reinos "fora contigo!" – até que eles mesmos exclamem "fora *comigo*!".

Despotismo: o qual, porém, também eleva sedutoramente para alturas puras e solitárias e autossuficientes, ardente como um amor que pinta, sedutor, purpúreas bem-aventuranças no céu terreno.

Despotismo: mas quem chama de *vício* quando o elevado descende ao desejo de poder! Deveras, nada há de enfermo e vicioso nesses desejos e nessa descida!

Que as alturas solitárias não se isolem eternamente em autocontentamento; que a montanha venha ao vale e os ventos das alturas às depressões –

Ó, quem encontraria o nome de virtude adequado para batizar tal anseio? "Virtude que presenteia" – assim chamou outrora Zaratustra o inominável.

E então ocorreu também – e, deveras, ocorreu pela primeira vez! – que sua palavra louvasse como bem-aventurado o *egoísmo*, o egoísmo são, saudável, que flui da alma poderosa –

– da alma poderosa, à qual pertence o corpo elevado, belo, triunfal, agradável, em torno do qual todas as coisas se tornam espelhos:

– o corpo flexível, convincente, o dançarino cuja analogia e síntese é a alma gozosa de si mesma. Um tal prazer consigo de corpo e alma chama-se a si mesmo: "virtude".

Esse prazer consigo mesmo protege-se com suas palavras do bem e do mal, como que com bosques sagrados; com o nome de sua fortuna ele bane de si tudo que é desprezível.

De si bane tudo que é covarde; ele fala: o que é ruim – *é covarde*! Desprezível parece-lhe aquele que sempre se preocupa, suspirando, queixando-se, e também quem colhe vantagens mínimas.

Ele despreza também toda sabedoria chorosa: pois, deveras, há também uma sabedoria que floresce no escuro, uma sabedoria de sombras noturnas, que sempre suspira: "Tudo é vão!".

A desconfiança medrosa tem pouco valor para ele, e todo aquele que quer juramentos no lugar de olhares e mãos; também toda sabedoria demasiado desconfiada – pois isso é coisa de almas covardes.

Ainda menos vale para ele o apressado em agradar, o canino, que logo se deita sobre as costas, o humilde; e também há uma sabedoria que é humilde e canina e piedosa e apressada em agradar.

E até mesmo odiado e asqueroso é para ele aquele que jamais quer se defender, aquele que engole saliva peçonhenta e olhares maldosos, o demasiado paciente, que é conivente com tudo, que com tudo se contenta: pois essa é a estirpe servil.

Seja a servilidade em face de deuses e pisadas divinas, seja em face de pessoas e estúpidas opiniões humanas: ele cospe em *todo* modo de ser servil, esse egoísmo bem-aventurado!

Ruim: assim chama-se tudo que é dobrado e servilmente dobrável, cativos olhos pestanejantes, corações apertados e aquele falso modo de ser condescendente que beija com lábios largos e covardes.

E pseudossabedoria: assim chama todos os gracejos de servos e anciãos e da gente cansada; e sobretudo toda a tolice péssima, insana, ridícula dos sacerdotes!

Os pseudossábios, porém, todos os sacerdotes, os cansados do mundo, cuja alma é de tipo feminino e servil – ah, como o seu jogo sempre pregou peças no egoísmo!

E justamente isso deveria ser e chamar-se virtude, *pregar peças no egoísmo*! E "abnegados" – assim desejam ser, e com boas razões, todos esses covardes cansados do mundo e aranhas-crucifixo!

Mas vem-lhes a todos o dia, a conversão, a espada julgadora, *o grande meio-dia*: então muita coisa haverá de se revelar!

E quem bendiz e sacraliza o eu e abençoa o egoísmo, deveras, ele fala também o que vê, é um vidente: "*Olha, ele vem, ele está próximo, o grande meio-dia!*".

Assim falou Zaratustra.

Do espírito do peso

1.

Minha boca falante – é do povo: falo de maneira demasiado grosseira e cordial para os coelhos de seda. E ainda mais estranha soa a minha voz a todas as sépias e raposas emplumadas.

Minha mão – é uma mão néscia: ai de todas as mesas e paredes e do que mais tiver lugar para néscios ornamentos e emporcalhamentos!

Meu pé – é um pé equino; com ele pateio e troto por sobre pau e pedra, atravessando o campo de cima a baixo, e tenho um prazer diabólico em toda correria veloz.

Meu estômago – será um estômago aquilino? Pois ama mais que tudo a carne de cordeiro. Certamente, porém, é um estômago de ave.

Alimentado por coisas inocentes e com pouco, pronto e impaciente para voar, para escapar voando – eis a minha estirpe: como não haveria algo nela de ser estirpe ornítica?

E particularmente que eu seja inimigo do espírito do peso, isso é estirpe ornítica: e, deveras, sou-lhe inimigo mortal, arqui-inimigo, inimigo primordial! Ó, para onde já não voou e se perdeu em voo a minha inimizade?

Bem poderia cantar uma canção sobre isso – e *quero* cantá-la: embora esteja só em uma casa vazia e precise cantá-la para os meus próprios ouvidos.

Há, decerto, outros cantores aos quais somente a casa cheia amacia a goela, tornando loquaz a mão, expressivo o olho, desperto o coração: eu não sou como eles. –

2.

Quem chega a ensinar os homens a voar removeu todos os marcos fronteiriços; todos os marcos, eles mesmos, voar-lhe-ão pelos ares, ele rebatizará a terra – como "a leve".

O avestruz é mais veloz que o cavalo mais veloz, mas ainda mete a cabeça pesada na pesada terra: assim como o homem que ainda não sabe voar.

São-lhe pesadas a terra e a vida; e assim o *quer* o espírito do peso! Quem, porém, quer se tornar leve e um pássaro, precisa amar-se a si próprio – assim ensino *eu*.

Certamente não com o amor dos enfermos e febris: pois nesses fede também o amor-próprio!

É preciso aprender a se amar a si próprio – assim ensino eu – com um amor são e saudável: para que se aguente a si próprio sem divagar.

Essa divagação é batizada com o nome de "amor ao próximo": essa expressão foi até hoje a melhor para mentir e dissimular, utilizada especialmente por aqueles que caíam pesado a todo o mundo.

E, deveras, não se trata de um mandamento para hoje e amanhã, o *aprender* a se amar. Muito pelo contrário, essa é de todas as artes a mais refinada, a mais ardilosa, a última e a mais paciente.

Pois, para o proprietário, tudo que lhe é próprio encontra-se bem oculto; e, de todos os tesouros, o próprio é desenterrado por último – assim faz o espírito do peso.

Já nos acompanham praticamente desde o berço palavras e valores pesados: "bom" e "mau" – assim se chama esse dote. Por ele nos é perdoado que vivamos.

E para isso deixa-se as criancinhas virem a si, impedindo-as em tempo de se amarem a si mesmas: assim o faz o espírito do peso.

E nós – nós arrastamos fielmente aquilo que nos é dado, sobre ombros duros e por sobre ásperas montanhas! E se suamos, nos é dito: "Sim, a vida é pesada de se carregar!".

Mas apenas o homem é pesado de se carregar! E isso porque arrasta demasiadas coisas alheias sobre os ombros. Como o camelo ajoelha-se e deixa-se carregar bem.

Especialmente o homem forte, de carga, em que habita o respeito: carrega sobre si um excesso de pesadas palavras e pesados valores *alheios* – e agora a vida parece-lhe um deserto!

E deveras! Também algumas coisas *próprias* são difíceis de se carregar! E muito do que há de interior no homem é como a ostra, isto é, asqueroso e escorregadio e difícil de se apreender –

– de modo que uma casca nobre com nobres ornamentos precisa interceder. Mas também esta arte é preciso aprender: *ter* casca e bela aparência e cegueira astuta!

Sempre renovadamente engana no homem que certas cascas sejam pequenas e tristes e demasiado cascas. Muita bondade e força ocultas jamais são adivinhadas; as mais deliciosas iguarias não encontram degustadores!

As mulheres o sabem, as mais deliciosas: um pouco mais gorda, um pouco mais magra – ó, quanto destino há em tão pouco!

O ser humano é difícil de descobrir, especialmente para si mesmo; o espírito mente amiúde a respeito da alma. Assim faz o espírito do peso.

Mas descobriu-se a si mesmo aquele que fala assim: isto é o *meu* bem e mal. Com isso emudeceu a toupeira anã que fala "o bem de todos, o mal de todos".

Deveras, tampouco gosto daqueles para os quais qualquer coisa é boa e este mundo até mesmo o melhor. Considero que esses se contentam com muito pouco.

Contentamento com tudo, que tudo sabe degustar: não é esse o melhor gosto! Honro as línguas e os estômagos renitentes, meticulosos, que aprenderam a dizer "eu" e "sim" e "não".

Mas tudo mastigar e digerir – eis um modo de ser verdadeiramente suíno! Dizer sempre É-SIM – isso aprendeu apenas o jumento e quem mais lhe for aparentado em espírito![6] –

O amarelo profundo e o vermelho quente: assim quer o *meu* gosto – ele mistura sangue a todas as cores. Mas quem caia sua casa de branco revela-me uma alma caiada de branco.

Alguns apaixonados por múmias, outros, por fantasmas; e ambos igualmente inimigos de toda carne e de todo sangue – ó, como me vão ambos contra o gosto! Pois eu amo sangue.

E não quero morar e me demorar lá onde todo mundo cospe e vomita: esse é o *meu* gosto – preferia viver entre bandidos e perjuros. Ninguém carrega ouro na boca.

Mais asquerosos, porém, são-me ainda todos os lambe-botas; e a criatura humana mais asquerosa que encontrei, batizei-a de parasita: ela não queria amar, mas ainda assim queria viver de amor.

Considero desventurosos todos aqueles que têm apenas uma escolha: tornarem-se animais maldosos ou

---

6. Em alemão, o som do jumento, *I-a*, coincide com a pronúncia de *ja*, "sim". (N.T.)

maldosos domadores de animais: entre esses não construiria para mim uma cabana.

Considero desventurosos também aqueles que precisam sempre *zelar* – esses vão contra o meu gosto: todos os coletores de impostos e merceeiros e reis e guardadores de terras e estabelecimentos alheios.

Deveras, também aprendi a zelar, e de maneira radical – mas apenas a zelar por *mim*. E aprendi a ficar de pé e a caminhar e correr e saltar e escalar e dançar por sobre todas as coisas.

Esta, porém, é a minha doutrina: quem quiser um dia aprender a voar deve primeiro aprender a ficar de pé e a caminhar e correr e escalar e dançar: não se pode aprender a voar voando!

Com escadas de corda aprendi a escalar muitas janelas, com pernas ligeiras escalei altos mastros: sentar-me sobre os altos mastros do conhecimento parecia-me uma ventura nada pequena –

– flamejar como uma pequena chama sobre um alto mastro: decerto uma luz pequena, mas, não obstante, um grande consolo para navios desnorteados e náufragos! –

Por diversos caminhos e de muitas maneiras cheguei à minha verdade; não subi com uma escada à altura da qual o meu olho vagueia pela minha distância.

E sempre que perguntava por caminhos, fazia-o a contragosto – isso ia sempre contra o meu gosto! Preferia perguntar aos próprios caminhos e experimentá-los eu mesmo.

Um experimentar e perguntar era todo meu caminhar: e, deveras, também é preciso *aprender* a responder a tais perguntas! Este, porém – é o meu gosto:

– não um bom, não um mau, mas o *meu* gosto, do qual não mais me envergonho e que tampouco oculto.

"Este é o *meu* caminho – onde está o vosso?" Assim respondia eu àqueles que me perguntavam "pelo caminho". Pois *o* caminho – não existe!

Assim falou Zaratustra.

De tábuas velhas e novas

1.

Aqui me sento e aguardo, velhas tábuas rompidas ao meu entorno, e também tábuas novas, semipreenchidas. Quando virá a minha hora?

– a hora de meu descenso, de meu ocaso: pois uma vez mais quero ir até os homens.

Por isso espero agora: pois primeiramente devem vir-me os sinais de que é a *minha* hora – a saber, o leão risonho e a revoada de pombas.

Entrementes, falo como alguém que tem tempo para si mesmo. Ninguém me conta nada de novo: conto-mo, portanto, a mim mesmo. –

2.

Quando fui até os homens, encontrei-os sentados sobre uma velha presunção: todos presumiam já saber há tempos o que seria bom e mau para o homem.

Uma coisa velha e cansada parecia-lhes toda conversa acerca de virtudes; e quem quisesse dormir bem falava ainda antes de ir dormir do "bem" e do "mal".

Interrompi essa dormição ao ensinar: o que é bom e mau, *ninguém o sabe ainda* – a não ser o criador!

– Esse, porém, é aquele que cria a meta do homem e que dá à terra o seu sentido e o seu futuro: somente esse *faz com que* algo seja bom ou mau.

E eu ordenei que derrubassem suas velhas cátedras professorais, e onde quer que aquela velha presunção tivesse se sentado; ordenei que rissem de seus grandes mestres da virtude e de seus santos e poetas e redentores do mundo.

Ordenei que rissem de seus sábios soturnos, e de quem mais tivesse pousado como negro espantalho agourento sobre a árvore da vida.

Sentei-me à beira de sua grande via sepulcral, junto à carniça e aos abutres – e ria-me de todo seu "outrora" e de seu resplendor amolecido, deteriorado.

Deveras, como um penitente ou um néscio clamei por ira e justiça acerca de todo o seu grande e pequeno – como é pequeno o seu melhor! Como é pequeno o seu pior! – assim ria eu.

Meu sábio anseio gritava e ria assim de dentro de mim, um anseio nascido nas montanhas, uma sabedoria selvagem, deveras! – meu grande anseio batia as asas.

E muitas vezes arrancou-me para o alto, para longe, em meio ao riso: e então voei, arrepiado, como uma flecha através do encanto ensolarado:

– para longe, para futuros distantes que nenhum sonho jamais viu, para suis mais quentes do que jamais sonharam os criadores: para lá onde deuses dançantes se envergonham de toda e qualquer vestimenta –

– pois que eu fale em parábolas e claudique e gagueje como os poetas: deveras, envergonho-me de ainda precisar ser poeta! –

Para lá, onde todo devir me parecia ser dança divina e divina petulância, e o mundo me parecia solto e alegre, parecia estar fugindo de volta para si –

– como um eterno fugir de si e buscar a si novamente de muitos deuses, como o abençoado contradizer-se a si mesmo, ouvir-se novamente a si mesmo, pertencer novamente a si mesmo de muitos deuses –

Para lá, onde todo tempo me parecia uma abençoada troça dos instantes, onde a necessidade era a própria liberdade que brincava, venturosa, com o aguilhão da liberdade –

Onde também reencontrei meu velho diabo e arqui-inimigo, o espírito do peso, e tudo que ele criou: coação, norma, necessidade e consequência e finalidade e vontade e bem e mal –

Pois não devem haver coisas *sobre* as quais se possa dançar, para além das quais se possa dançar? Não é preciso que para os leves, os mais leves – existam toupeiras e pesados anões? – –

3.

Foi lá também que recolhi do caminho a palavra "super-homem", e que o homem é algo que precisa ser superado,

– que o homem é uma ponte, e não um fim: exaltando sua bem-aventurança por seu meio-dia e seu cair da noite como caminhos para novas auroras:

– a palavra de Zaratustra acerca do grande meio-dia e o que mais pendurei por sobre o homem, como purpúreos segundos arrebóis.

Deveras, também novas estrelas eu os deixei ver, assim como novas noites; e por sobre nuvens e dia e noite estendi ainda o riso como uma tenda colorida.

Ensinei-lhes todos os *meus* pensamentos e desejos: compor e reunir em uma unidade aquilo que é fragmentário no homem e enigmático e horroroso acaso –

– como poeta, decifrador de enigmas e redentor do acaso ensinei-os a criar o futuro; e a redimir criativamente – tudo que *foi*.

Redimir o passado no homem e transfigurar todo "foi", até que a vontade fale: "Mas assim o queria eu! Assim hei de querer –"

– A isso chamei de redenção para eles, ensinei-os a chamar somente isso de redenção. – –

Agora espero por *minha* redenção – ir até eles pela última vez.

Pois mais uma vez quero ir até os homens: *entre* eles quero ter meu ocaso, moribundo quero dar-lhes a minha mais rica dádiva!

Aprendi-o com o Sol, quando ele se põe, o superabundante: derrama, então, no mar, o ouro de sua riqueza inesgotável –

– de modo que também o mais pobre pescador rema com remo *dourado*! Pois isso vi certa vez e não me cansava das lágrimas ao vê-lo. –

Como o Sol quer também Zaratustra o seu ocaso: agora senta-se aqui e aguarda, velhas tábuas rompidas ao seu entorno, e também novas tábuas – semipreenchidas.

4.

Olha, eis aqui uma nova tábua: mas onde estarão os meus irmãos para carregá-la comigo até o vale e até cárneos corações? –

Assim clama o meu grande amor aos mais distantes: *não poupes o teu próximo*! O homem é algo que precisa ser superado.

Há diversos caminhos e maneiras para a superação: disso cuidas *tu*! Mas apenas um bufão pensa: "É possível também *saltar por sobre* o homem".

Supera-te a ti mesmo também em teu próximo: e não deixes que te seja dado um direito que poderias roubar para ti!

Aquilo que fazes, ninguém pode fazê-lo de volta a ti. Vês que não há retribuição.

Aquele que é incapaz de se comandar a si mesmo deve obedecer. E há alguns que *são capazes* de se comandar a si mesmos, mas aos quais ainda falta muito para que também obedeçam a si!

5.

Assim quer a índole das almas nobres: elas não querem ter nada *de graça*, e menos que tudo a vida.

Quem pertence à plebe quer viver de graça; nós outros, porém, aos quais a vida se deu – nós sempre pensamos *no que* seria o melhor para *dar em troca*!

E, deveras, é um discurso nobre que fala: "Aquilo que a vida promete *a nós*, isso queremos *nós* – manter perante a vida!".

Não se deve querer desfrutar onde não se dá para que outros desfrutem. E não se deve – *querer* desfrutar!

Pois fruição e inocência são as coisas mais vergonhosas: não querem ser buscadas. Deve-se *tê-las* – mas deve-se de preferência *buscar* a culpa e a dor! –

6.

Ó meus irmãos, o primogênito é sempre sacrificado. Ora, nós somos primogênitos.

Todos nós sangramos sobre secretos altares sacrificiais, queimamos e assamos todos em honra de antigos ídolos.

O melhor de nós ainda é jovem: isso excita velhos paladares. Nossa carne é tenra, nossa pele é tão-só uma pele de cordeiro – como não haveríamos de excitar os velhos sacerdotes idólatras?

Em nós mesmos habita ele ainda, o velho sacerdote idólatra que assa para um banquete o que há de melhor em nós. Ah, meus irmãos, como não haveriam os primogênitos de ser vítimas sacrificiais?

Mas assim o quer a nossa estirpe; e eu amo aqueles que não se querem guardar. Amo os que têm o seu ocaso com todo meu amor: pois eles atravessam. –

7.

Ser verdadeiro – poucos *são capazes* disso! E quem é capaz de sê-lo ainda não o quer! Mas os mais incapazes são os bons.

Ó, esses bons! – *boas pessoas jamais dizem a verdade*; para o espírito é uma doença ser bom em tal medida.

Eles cedem, esses bons, eles se entregam, o seu coração repete-o, o seu imo obedece: mas quem obedece *não ouve a si mesmo*!

Tudo que é mau para os bons deve ser reunido para que nasça uma verdade: ó meus irmãos, sereis também suficientemente maus para *essa* verdade?

A temerária ousadia, a longa desconfiança, o terrível não, o fastio, a incisão no que é vivo – como é raro que *essas coisas* se reúnam! De uma tal semente, porém – gera-se a verdade!

Até agora todo *saber* cresceu *junto* da má consciência! Quebrai, ó cognoscentes, quebrai as velhas tábuas!

8.

Quando há vigas atravessando a água, quando há pontes e balaustradas saltando por sobre o rio, ninguém crê em quem fale: "Tudo flui".

Pelo contrário, até os patetas o contradizem. "Como?" dizem os patetas. "Tudo flui? Mas há vigas e balaustradas *por sobre* o rio!"[7]

---

7. A expressão de que Nietzsche se utiliza para exprimir o "tudo flui" heraclítico é *Alles ist im Fluss*, que significa "tudo está em fluxo", mas também "tudo está no rio". (N.T.)

"*Sobre* o rio tudo é firme, todos os valores das coisas, as pontes, os conceitos, tudo que é 'bom' e 'mau': tudo isso é *firme*!" –

E se vem o duro inverno, o domador de rios: então até mesmo os mais sagazes aprendem a desconfiar; e, deveras, não apenas os patetas falam então: "Não haveria tudo de – *ser imóvel*?".

"No fundo tudo é imóvel" – essa é uma verdadeira doutrina invernal, uma coisa boa para tempos estéreis, um bom consolo para hibernantes e enfurnados.

"No fundo tudo é imóvel" –: *contra isso*, porém, prega o vento que traz o degelo!

O vento do degelo, um touro que não é um touro de arado – um touro raivoso, um destruidor que quebra o gelo com chifres irados! O gelo, porém – – *quebra pontes*!

Ó meus irmãos, não se encontra *agora* tudo *a fluir*? Não caíram na água todas as balaustradas e pontes? Quem *poderia* ainda agarrar-se ao "bem" e ao "mal"?

"Ai de nós! Ditosos de nós! O vento do degelo sopra!" – Pregai assim, ó meus irmãos, por todas as vielas!

9.

Há uma velha ilusão chamada bem e mal. Em torno de adivinhos e astrólogos girou até agora a roda dessa ilusão.

Outrora *creu-se* em adivinhos e astrólogos: e *por isso* cria-se: "Tudo é destino: tu deves, pois tu precisas!".

Então desconfiou-se novamente de todos os adivinhos e astrólogos: e *por isso* cria-se: "Tudo é liberdade: tu podes, pois tu queres!".

Ó meus irmãos, até agora houve somente ilusões, e não conhecimentos, acerca das estrelas e do futuro: e *por isso* houve até agora somente ilusões, e não conhecimentos, acerca do bem e do mal!

10.

"Não roubarás! Não matarás!" – tais palavras foram outrora consideradas sagradas; perante elas dobravam-se joelhos e cabeças e descalçavam-se sapatos.

Mas eu vos pergunto: onde houvera jamais melhores ladrões e assassinos no mundo do que tais palavras sagradas?

Não há em toda vida mesma – roubo e assassínio? E, ao se considerarem sagradas tais palavras, não foi com isso a própria *verdade* – assassinada?

Ou terá sido uma pregação da morte que considerou sagrado aquilo que contradizia toda vida, que dissuadia de toda vida? – Ó meus irmãos, quebrai, quebrai as velhas tábuas!

11.

Eis a minha compaixão para com tudo que é passado, que eu veja: foi abandonado –

– abandonado à misericórdia, ao espírito, à loucura de cada geração que vem e que reinterpreta tudo que foi como sua ponte!

Poderia vir um grande e violento senhor, um monstro ardiloso, que com sua misericórdia e seu desfavor coagisse e violentasse a tudo que é passado: até que se tornasse uma ponte para ele e um presságio e um prenúncio e um cacarejo.

Este, porém, é o outro perigo e minha outra compaixão: – a memória da plebe retrocede até o avô – com o avô, porém, acaba o tempo.

Assim é abandonado tudo que é passado: pois poderia ocorrer algum dia que a plebe se fizesse senhora e afogasse todo o tempo em águas rasas.

Por isso, ó meus irmãos, é necessária uma *nova nobreza*, adversária de toda plebe e de toda senhorilidade violenta, que escreva sobre novas tábuas a palavra "nobre".

Pois são necessários muitos e diversos nobres *para que haja nobreza*! Ou, como falei outrora em parábola: "A divindade é justamente que haja deuses, mas nenhum Deus!".

12.

Ó meus irmãos, consagro-vos e indico-vos uma nova nobreza: deveis tornar-vos geradores e cultivadores e semeadores do futuro –

– deveras, não para uma nobreza que poderíeis comprar como os merceeiros e com ouro de merceeiros: pois tem pouco valor tudo aquilo que tem um preço.

Que de agora em diante vossa honra não provenha do lugar de onde vindes, mas do lugar para onde ides! Vossa vontade e vosso pé que quer ir para além de vós mesmos – que isso constitua vossa nova honra!

Deveras, não que tenhais servido a um príncipe – que importam ainda os príncipes? – ou que vos tenhais tornado baluartes daquilo que se mantém para que se mantivesse ainda mais firme!

Não que vossa estirpe se tenha tornado cortês em cortes, que tenhais aprendido a permanecer durante longas horas, coloridos como flamingos, imóveis em lagoas rasas.

– Pois *ser capaz* de permanecer imóvel é uma habilidade de cortesãos; e todos os cortesãos creem pertencer à bem-aventurança que nos é dada após a morte o – *ser permitido* sentar! –

Tampouco que um espírito que chamam de santo tenha guiado vossos antepassados até terras prometidas, que *eu* não louvo: pois onde cresceu a pior de todas as árvores, a cruz – nessa terra nada há para se louvar! –

– e deveras, para onde quer que esse "espírito santo" também guiasse os seus cavaleiros, essas expedições sempre foram *encabeçadas* por – cabras e gansos e cruzados intratáveis! –

Ó meus irmãos, não é para trás que vossa nobreza deve olhar, mas *para além*! Deveis ser exilados de todas as pátrias e terras de antepassados!

É a *terra de vossos filhos* que deveis amar: que esse amor seja vossa nova nobreza – a terra ainda não descoberta, em mares distantes! É ela que comando a vossas velas que busquem!

Em vossos filhos deveis *remediar* o fato de serdes filhos de vossos pais: é *assim* que deveis redimir tudo que é passado! Essa nova tábua coloco por sobre vós!

13.

"Para que viver? Tudo é vão! Viver – é malhar em ferro frio; viver – é queimar-se sem se aquecer." –

Esse palavrório ancestral ainda segue valendo como "sabedoria"; e por ser velho e ter um odor bolorento, *por isso mesmo* é ainda mais louvado. Também o mofo enobrece. –

Crianças poderiam falar assim: elas *temem* o fogo por tê-las queimado! Há muita criancice nos velhos livros da sabedoria.

E quem sempre "malha em ferro frio", como haveria de lhe ser permitido blasfemar sobre a malhação? Dever-se-ia atar o focinho desses néscios!

Essa gente senta-se à mesa e não contribui com nada, nem mesmo com a boa fome: – e agora blasfemam: "Tudo é vão!".

Mas comer e beber bem, ó meus irmãos, não é absolutamente uma arte vã! Quebrai, quebrai as tábuas dos sempre-infelizes!

14.

"Para o puro tudo é puro" – assim fala o povo. Eu, porém, vos digo: para os porcos, tudo torna-se porco!

Por isso pregam os fanáticos e pendedores de cabeça, cujos corações se encontram igualmente pendidos: "O próprio mundo é um monstro fecal".

Pois todos eles têm o espírito impuro; mas especialmente aqueles que não têm nem sossego, nem descanso, a não ser quando veem o mundo *de trás* – os transmundanos!

A esses digo na cara, muito embora não soe amável: o mundo é como o homem no fato de ter um traseiro – *isso* é verdade!

Há muito excremento no mundo: *isso* é verdade! Mas nem por isso é o mundo um monstro fecal!

Há sabedoria no fato de muita coisa no mundo ter mau cheiro: o próprio asco cria asas e forças intuidoras de fontes!

Mesmo no melhor há ainda algo de que se enojar; e mesmo o melhor é ainda algo que precisa ser superado! –

Oh, meus irmãos, há muita sabedoria no fato de haver muito excremento no mundo!

15.

Tais ditos ouvi pios transmundanos dizer às suas consciências; e, deveras, sem suspeita ou falsidade – muito embora não haja nada de mais falso no mundo, nem mais suspeito.

"Deixa, pois, o mundo pertencer ao mundo! Não ergas um dedo sequer contra ele!"

"Deixa que quem quiser estrangule e apunhale e corte e esfole as pessoas: não ergas um dedo sequer contra isso! Com isso aprenderão também eles a renunciar ao mundo." –

"E a tua própria razão – toma-a tu mesmo pelo pescoço e estrangula-a; pois é uma razão deste mundo – com isso aprendes tu mesmo a renunciar ao mundo." –

– Quebrai, quebrai, ó meus irmãos, essas velhas tábuas dos piedosos! Desdizei os ditos dos caluniadores do mundo!

16.

"Quem muito aprende desaprende todo desejo intenso" – isso é o que se sussurra hoje por todas as vielas escuras.

"Sabedoria cansa – nada compensa; não deves desejar!" – essa nova tábua encontrei dependurada mesmo em mercados públicos.

Quebrai, ó meus irmãos, quebrai também essa *nova* tábua! Os cansados do mundo dependuraram-na, e os pregadores da morte, e também os mestres carcereiros: pois vede, trata-se também de uma pregação do servilismo! –

Que tenham aprendido mal e que não tenham aprendido o melhor, e tudo cedo demais e tudo rápido demais: que tenham *comido* mal, daí lhes veio esse estômago arruinado –

– pois um estômago arruinado é o seu espírito: *ele* aconselha a morte! Pois, deveras, meus irmãos, o espírito *é* um estômago!

A vida é uma fonte de prazeres: mas para aqueles nos quais fala o estômago arruinado, o pai da aflição, todas as fontes encontram-se envenenadas.

Conhecer: isso é *gozo* para aquele dotado da vontade do leão! Mas quem se cansou é sempre apenas "querido", com ele brincam todas as ondas.

E assim é sempre a estirpe da gente fraca: eles se perdem em seus caminhos. E ao final pergunta ainda o cansaço: "Para que percorremos caminhos? Tudo é igual!".

Para esses soa amável aos ouvidos que seja pregado: "Nada compensa! Não deveis querer!". Isso, porém, é uma pregação do servilismo.

Ó, meus irmãos, um fresco vento uivante é Zaratustra para todos aqueles que estão cansados de seus caminhos; ele ainda haverá de fazer muitos narizes espirrarem!

Também através de muros sopra meu fôlego livre, e para dentro de prisões e espíritos aprisionados!

Querer liberta: pois querer é criar: assim ensino eu. E *apenas* para criar é que deveis aprender!

E também o aprender deveis primeiramente *aprender* de mim, o bem-aprender! – Quem tiver ouvidos, que ouça!

17.

Lá está a barca – ali talvez atravesse ao grande nada. – Mas quem quer embarcar nesse "talvez"?

Ninguém de vós quer embarcar na barca da morte! Por que quereis então ser *cansados do mundo*?

Cansados do mundo! E nem mesmo livres da terra vos tornastes! Encontrei-vos ainda com apetites pela terra, ainda apaixonados pelo próprio cansaço da terra!

Não é à toa que estais boquiabertos: há ainda um pequeno desejo pela terra sobre vossos lábios! E no olho – não paira ali uma nuvenzinha de gozo terreno ainda não esquecido?

Há na terra muitas boas invenções, algumas úteis, outras agradáveis: por isso há de se amar a terra.

E há certas coisas tão bem inventadas que são como o seio feminino: simultaneamente úteis e agradáveis.

Vós, cansados do mundo, porém! Vós, preguiçosos da terra! Sobre vós deve ser aplicada uma surra de vara! Com varadas deve-se fazer-vos voltar a andar sobre as próprias pernas.

Pois: se não sois sujeitos enfermos e decrépitos, dos quais a terra está cansada, então sois astutos bichos-preguiça ou gulosos e voluptuosos gatos entocados. E se não quereis novamente ter prazer em *correr*, então deveis – partir!

Não se deve querer ser médico do incurável: assim ensina Zaratustra – logo, deveis partir!

Mas há mais *coragem* em fazer um fim do que um novo verso: isso sabem todos os médicos e poetas. –

18.

Oh, meus irmãos, há tábuas criadas pelo cansaço e outras feitas pela preguiça, as tábuas moles: embora falem igual, querem ser ouvidas de maneira desigual. –

Vede aqui este sedento! Encontra-se a apenas um palmo de sua meta, mas deitou-se aqui obstinadamente na poeira, de cansaço: esse valente!

De cansaço boceja em face do caminho e da terra e da meta e de si mesmo: não quer dar mais nenhum passo – esse valente!

Agora abrasa-o o sol e os cães lambem-lhe o suor: mas ele permanece deitado em sua obstinação e prefere morrer de sede –

– languescer a um palmo de sua meta! Deveras, ainda precisareis puxá-lo pelos cabelos até o seu céu – esse herói!

Melhor ainda que o deixeis estar ali, onde se deitou, para que lhe venha o sono, o consolador, com uma refrescante chuva de ebriedade:

Deixai-o estar até que acorde por conta própria – até que revogue ele mesmo todo cansaço e aquilo que nele ensinava o cansaço!

Que apenas, meus irmãos, espanteis os cães para longe dele, esses preguiçosos sorrateiros, e o enxame de insetos –

– o enxame dos insetos "eruditos", que com o suor de todo herói – se regalam! –

19.

Traço em torno de mim círculos e fronteiras sagradas; cada vez menos pessoas escalam comigo montes cada vez mais altos – construo uma cordilheira de montanhas cada vez mais sagradas. –

Mas, para onde quer que quiserdes escalar comigo, ó meus irmãos – cuidai para que não suba convosco um *parasita*!

Parasita: um verme rastejante, adaptável, que quer engordar em vossas dobras enfermas e feridas.

E é *esta* a sua arte, adivinhar, em almas ascendentes, onde estão mais cansadas: em vossa tristeza e indisposição, em vosso delicado pudor constrói ele seu ninho asqueroso.

Onde o forte é fraco, o nobre demasiado ameno – ali constrói ele seu ninho asqueroso: o parasita vive onde o grande tem pequenas dobras feridas.

Qual é a espécie mais elevada de tudo que é, e qual é a mais baixa? O parasita é a mais baixa espécie; quem, porém, é da espécie mais elevada, alimenta o maior número de parasitas.

Justamente a alma que tem a escada mais longa e que é capaz de descer ao mais profundo: como não haveria de se encontrar nela o maior número de parasitas? –

– a alma mais abrangente, que é capaz de se penetrar mais fundo e de se perder e de vaguear em si; a mais necessária, que por prazer se precipita ao acaso –

– a alma que é, que imerge no devir; a possuidora, que *quer* adentrar o querer e desejar –

– a que foge de si mesma, a que se alcança a si mesma pelo mais longo desvio; a alma mais sábia, à qual a nescidade fala com mais doçura –

– a que mais ama a si mesma, na qual todas as coisas têm o seu fluxo e seu refluxo e sua vazante e sua enchente – ó, como não haveria *a mais elevada alma* de ter os piores parasitas?

20.

Ó meus irmãos, acaso sou cruel? Mas eu digo: aquilo que cai deve ainda ser empurrado!

Tudo hoje – cai, decai: quem haveria de querer segurá-lo? Mas eu – eu *quero* ainda empurrá-lo!

Conheceis a volúpia que rola pedras para íngremes profundezas? – Estes homens de hoje: olhai como rolam para minhas profundezas!

Sou um prelúdio para intérpretes melhores, ó meus irmãos! Um exemplo! *Fazei* segundo o meu exemplo!

E a quem não ensinardes a voar, ensinai-o – *a cair mais depressa*! –

21.

Amo os valentes: mas não é suficiente ser uma espada – é preciso saber também em *quem* aplicar a espadada!

E frequentemente há mais valentia quando alguém se contém e passa ao largo: *a fim* de se guardar para o inimigo mais digno!

Eu deveria ter apenas inimigos odiáveis, mas não inimigos desprezíveis: deveis ter orgulho de vosso inimigo: assim já ensinei outrora.

Deveis guardar-vos para o inimigo mais digno, ó meus amigos: por isso precisais passar ao largo de muitos –

– especialmente de muita gentalha que vos matraqueia nos ouvidos acerca do povo e dos povos.

Mantende vosso olho imaculado, livre de seu pró e contra! Há aí muita justiça, muita injustiça: quem a isso assiste, ira-se.

Meter-se em assuntos alheios, meter a mão na cara alheia – é uma só coisa: por isso parti para as florestas e ponde vossas espadas para dormir!

Segui os *vossos* caminhos! E deixai que o povo e os povos sigam os seus! – Caminhos obscuros, deveras, nos quais não cintila mais nem mesmo uma única esperança!

Que o merceeiro governe lá onde tudo que ainda brilha é – ouro de merceeiro! Não é mais o tempo dos reis: isso que hoje se chama povo não merece reis.

Vede como esses povos agora imitam eles mesmos os merceeiros: procuram vantagens mínimas em cada pilha de lixo!

Ficam à espreita uns dos outros, espiam-se mutuamente – a isso chamam "boa vizinhança". Ó venturoso tempo remoto em que um povo dizia a si: "Quero ser – *senhor* de outros povos!".

Pois, meus irmãos: o melhor deve governar, o melhor *quer* também governar! E onde a doutrina é outra, lá – *falta* o melhor.

22.

Se *esses* – tivessem pão de graça, ai deles! Pelo que gritariam *eles* então? O seu sustento – é a distração a eles apropriada; e devem passar dificuldade!

São predadores: em seu "trabalho" – há também roubo; em sua "remuneração" – há também ardil! Por isso devem passar dificuldades!

Devem, pois, tornar-se predadores melhores, mais refinados, mais astutos, *mais semelhantes ao homem*: pois o homem é o melhor predador.

De todos os animais já roubou o homem as virtudes: isso porque, de todos os animais, o homem foi o que mais passou por dificuldades.

Apenas as aves estão acima dele. E se o homem ainda aprendesse a voar, ai! *Para que alturas* – haveria de voar seu apetite predatório!

23.

Assim quero homem e mulher: o primeiro, belicoso, a segunda, parideira, ambos, porém, aptos a dançar com cabeça e pernas.

E que nos seja considerado perdido o dia em que não se dançou uma vez sequer! E que nos seja falsa toda verdade na qual não houve um riso sequer!

24.

O vosso laço matrimonial: cuidai para que não seja um mau *desenlace*! Se o concluirdes demasiado rápido: então *segue* – o seu rompimento!

Antes romper o laço matrimonial do que entortá-lo, menti-lo! – Assim me falou uma mulher: "De fato, rompi o matrimônio, mas primeiro o matrimônio rompeu – a mim!".

Sempre achei os mal casados os mais vingativos: fazem o mundo inteiro pagar por não mais caminharem sós.

Por isso quero que pessoas honestas falem umas às outras: "Nós nos amamos: *tratemos* de seguir nos amando! Ou deverá a nossa promessa ser um equívoco?".

– "Dai-nos um prazo e um pequeno matrimônio, para que tratemos de saber se somos aptos para o grande matrimônio! É uma grande coisa estar sempre a dois!"

Assim aconselho todos os honestos; e o que seria o meu amor ao super-homem e a tudo que deve vir, se eu aconselhasse e falasse de outra forma?

Ó meus irmãos, que o jardim das núpcias vos ajude não apenas a vos reproduzir, mas a vos *elevar*!

25.

Quem se inteirou acerca de antigas origens, por fim haverá de buscar fontes do futuro e novas origens. –

Ó meus irmãos, não falta muito para que surjam *novos povos* e para que novas fontes murmurem por novas profundezas.

Pois o terremoto – o terremoto soterra muitos poços e causa muita sede: mas também traz à luz forças interiores e mistérios.

O terremoto revela novas fontes. No terremoto de povos antigos rebentam novas fontes.

E quem então gritar: "Olha aqui um poço para muitos sedentos, um coração para muitos saudosos, uma vontade para muitos instrumentos": – em torno dele se reunirá um *povo*, isto é: muitos experimentadores.

Quem será capaz de comandar, quem precisará obedecer – *isso é então experimentado*! Ah, e com que longas buscas e conselhos e insucessos e aprendizados e renovadas tentativas!

A sociedade humana é uma experiência, assim ensino eu – uma longa busca: essa, porém, busca o comandante! –

– uma experiência, ó meus irmãos! E *não* um "contrato"! Quebrai, quebrai essa palavra dos corações amolecidos e dos meio a meio!

26.

Ó meus irmãos! Em quem reside o maior perigo de todo futuro da humanidade? Não será entre os bons e justos? –

– aqueles que falam e sentem no coração: "Nós já sabemos o que é bom e justo e também o temos; ai daqueles que seguem buscando aqui!".

E por mais que os maus também possam causar danos: o dano dos bons é o dano mais danoso!

E por mais que os caluniadores do mundo também possam causar danos: o dano dos bons é o dano mais danoso.

Ó, meus irmãos, viu o coração dos bons e justos aquele que certa vez disse: "São fariseus". Mas ele não foi compreendido.

Os próprios bons e justos não podiam compreendê-lo: seu espírito encontra-se cativo de sua boa consciência. A estupidez dos bons é inescrutavelmente astuta.

Esta, porém, é a verdade: os bons *precisam* ser fariseus – não têm escolha!

Os bons *precisam* crucificar aquele que inventa para si a sua própria virtude! Essa *é* a verdade!

O segundo, porém, que descobriu suas terras, as terras, o coração e o solo dos bons e justos, foi aquele que perguntou: "A quem odeiam mais que tudo?".

O *criador* odeiam eles mais que tudo: aquele que quebra tábuas e velhos valores, o quebrador – a ele chamam infrator.

Pois os bons – esses *são incapazes* de criar: eles são sempre o começo do fim –

– crucificam aquele que escreve novos valores sobre novas tábuas, sacrificam o futuro *a si* – crucificam todo futuro da humanidade!

Os bons – esses foram sempre o começo do fim. –

27.

Ó, meus irmãos, compreendestes também essas palavras? E aquilo que outrora falei sobre o "último homem"? – –

Onde reside o maior perigo de todo futuro da humanidade? Não haverá de ser entre os bons e justos?

Quebrai, quebrai os bons e justos! – Ó, meus irmãos, compreendestes também essas palavras?

28.

Fugis de mim? Estais assustados? Tremeis diante dessas palavras?

Ó, meus irmãos, quando mandei que quebrásseis os bons e as tábuas dos bons – somente então embarquei o homem em seus altos mares.

E somente agora lhe vem o grande susto, o grande olhar à sua volta, a grande enfermidade, o grande asco, o grande mareio.

Falsas costas e falsas seguranças ensinaram-vos os bons; nascestes e fostes acolhidos nas mentiras dos bons. Tudo encontra-se radicalmente falsificado e distorcido pelos bons.

Mas aquele que descobriu a terra "homem" descobriu também a terra "futuro da humanidade". Agora deveis ser marinheiros, bravos, pacientes!

Caminhai eretos em tempo, ó meus irmãos, aprendei a caminhar eretos! O mar está revolto: muitos querem erguer-se apoiados em vós.

O mar está revolto: tudo está no mar. Pois bem! Que seja! Velhos corações marinheiros!

Que importa a pátria? O nosso leme quer ir para onde se encontra a *terra de nossos filhos*! Para lá, mais revolto do que o mar, precipita-se o nosso grande anseio! –

29.

"Por que tão duro?" – disse certa vez o carvão ao diamante. "Não somos parentes próximos?" –

Por que tão mole? Ó, meus irmãos, assim vos pergunto *eu*: pois não sois – meus irmãos?

Por que tão mole, tão cedente e inconsistente? Por que tanta negação, tanta renegação em vossos corações? Tão pouco destino em vosso olhar?

E caso não queirais ser destinos implacáveis: como poderíeis comigo – vencer?

E se vossa dureza não quer relampejar e segregar e recortar: como poderíeis um dia comigo – criar?

Pois os criadores são duros. E é preciso que vos seja bem-aventurança apertar com vossa mão sobre milênios como se fossem cera –

– que seja bem-aventurança escrever sobre a vontade de milênios como se fosse bronze – mais duros que bronze, mais nobres que bronze. Completamente duro é apenas o mais nobre.

Esta nova tábua, ó meus irmãos, penduro por sobre vós: *endurecei*! –

30.

Ó vontade minha! Ó viragem de toda necessidade, tu, *minha* necessidade! Guarda-me de todas as pequenas vitórias!

Tu, providência de minha alma, a que chamo destino![8] Tu-em-mim! Sobre-mim! Guarda-me e preserva-me para um grande destino!

E tua última grandeza, vontade minha, preserva-a para o que te vier por último – para que sejas implacável *em* tua vitória! Ah, quem não sucumbiu à própria vitória?

8. Trocadilho com as palavras *Schickung* ("providência") e *Schicksal* ("destino"). Para a frase anterior, veja-se a nota 4. (N.T.)

Ah, que olho não se obscureceu nesse ébrio crepúsculo? Ah, que pé não cambaleou e não desaprendeu, na vitória – a se manter firme? –

– Que eu esteja um dia preparado e maduro no grande meio-dia: preparado e maduro como o bronze ardente, como uma nuvem prenhe de tempestade e um úbere intumescido pelo leite –

– preparado para mim mesmo e para minha vontade mais oculta: um arco desejoso de sua flecha, uma flecha desejosa de sua estrela –

– uma estrela preparada e madura em seu meio-dia, ardente, perfurada, abençoada por aniquiladoras flechas solares –

– ela mesma um sol e uma implacável vontade solar, pronta para aniquilar na vitória!

Ó vontade, viragem de toda necessidade, tu, *minha* necessidade! Preserva-me para uma grande vitória! – –

Assim falou Zaratustra.

O convalescente

1.

Certa manhã, pouco tempo após o retorno à caverna, Zaratustra levantou-se de um salto de seu leito, como um louco, gritando com uma voz terrível e comportando-se como se houvesse mais alguém deitado no leito, que se recusava a se levantar; e a voz de Zaratustra ressoava de tal modo que os seus animais acudiram, assustados, e, de todas as cavernas e tocas dos arredores, todos os animais fugiram em debandada – voando, esvoaçando, rastejando, saltando, conforme permitia o tipo de pé e asa que fora dado a cada um. Zaratustra, porém, disse estas palavras:

Sobe, pensamento abissal, de minhas profundezas! Eu sou teu galo e tua alvorada, verme sonolento: vamos! Vamos! Minha voz haverá de despertar-te com seu cacarejo!

Arrebenta as cadeias de teus ouvidos: escuta! Pois eu te quero ouvir! Vamos! Vamos! Há aqui trovão suficiente para que também túmulos aprendam a escutar!

E limpa o sono e tudo que é estúpido e cego de teus olhos! Ouve-me também com teus olhos: a minha voz é um bálsamo inclusive para os cegos de nascença.

E, uma vez desperto, deverás permanecer desperto eternamente. Não é de *minha* índole despertar bisavós de seu sono para então mandá-las – seguir dormindo!

Tu te mexes, te esticas, estertoras? Vamos! Vamos! Não estertorar – mas falar comigo é o que deves! Te chama Zaratustra, o ateu!

Eu, Zaratustra, o apologeta da vida, o apologeta do sofrimento, o apologeta do círculo – chamo-te, meu pensamento mais abissal!

Ditoso que sou! Tu vens – eu te ouço! Meu abismo *fala*, voltei a minha última profundeza para a luz!

Ditoso que sou! Vem! Dá a mão – – ha! Me deixa! Haha! – – Nojo, nojo, nojo – – – ai de mim!

2.

Mal dissera Zaratustra essas palavras, caiu por terra como um morto e permaneceu ali longamente, como um morto. Quando, porém, voltou a si, estava pálido e trêmulo e permaneceu deitado e por um longo tempo não quis comer nem beber. Permaneceu nesse estado por sete dias; mas os seus animais não o abandonavam, nem de dia, nem de noite, a não ser quando a águia saía para buscar alimento. E as presas que trazia, deitava-as sobre o leito de Zaratustra: de modo que Zaratustra acabou deitado entre frutos amarelos e vermelhos, uvas, maçãs, ervas aromáticas e pinhas. A seus pés, porém, encontravam-se estendidos dois cordeiros, que a águia havia arrebatado com esforço de seus pastores.

Finalmente, após sete dias, Zaratustra sentou-se em seu leito, tomou uma maçã na mão, cheirou-a e achou o seu perfume agradável. Então creram os seus animais que havia chegado o tempo de falar-lhe.

"Ó, Zaratustra", disseram, "já te encontras deitado há sete dias, assim, de pálpebras pesadas: não queres finalmente te pôr de pé mais uma vez?

"Sai de tua caverna: o mundo espera por ti como um jardim. O vento brinca com perfumes pesados que te querem alcançar; e todos os riachos querem seguir-te.

"Todas as coisas estão saudosas de ti, enquanto permaneceste só durante sete dias – sai para fora de tua caverna! Todas as coisas querem ser teus médicos!

"Acaso terá vindo a ti um novo conhecimento, um conhecimento acre, pesado? Ficaste aí deitado como massa azedada, tua alma levedou e inchou até transbordar pelas beiradas. –"

– "Ó meus animais", respondeu Zaratustra, "segui tagarelando assim e deixai que eu vos ouça! É-me tão refrescante o vosso tagarelar: onde se tagarela, o mundo já se estende diante de mim como um jardim.

"Quão amável é que existam palavras e sons: não são palavras e sons arcos-íris e pontes aparentes entre os eternamente separados?

"A cada alma pertence um mundo diferente; cada alma é um além-mundo para cada outra alma.

"Justamente entre os mais semelhantes mente a aparência de maneira mais bela; pois o menor abismo é o mais difícil de atravessar.

"Para mim – como haveria de existir um fora de mim? Não há um lado de fora! Mas disso nos esquecemos com todos os sons; como é agradável que esqueçamos!

"Não são as coisas presenteadas com nomes e sons para que o homem com as coisas se recreie? É uma bela nescidade, a fala: com ela dança o homem por sobre todas as coisas.

"Como é amável todo falar e toda a mentira dos sons! Com sons dança o nosso amor sobre arco-íris coloridos." –

– "Ó, Zaratustra", disseram então os animais, "para quem pensa como nós, todas as coisas dançam por conta própria: vêm e estendem a mão e riem e fogem – e retornam.

"Tudo vai, tudo retorna; eternamente gira a roda do ser. Tudo morre, tudo volta a florescer, eternamente prossegue o ano do ser.

"Tudo se rompe, tudo é remontado; eternamente constrói-se a mesma casa do ser. Tudo se despede, tudo volta a se saudar; eternamente fiel a si permanece o anel do ser.

"A cada instante começa o ser; em torno de todo 'aqui' rola a esfera 'lá'. O centro é por toda parte. É curva a senda da eternidade." –

– "Ó, tolos travessos e realejos!", respondeu Zaratustra, sorrindo novamente, "Como sabeis bem o que teve de se cumprir em sete dias –

"– e como aquela criatura abjeta rastejou para dento de minha goela, sufocando-me! Mas arranquei-lhe a cabeça com uma mordida e cuspi-a para longe de mim.

"E vós – vós já fizestes disso uma ladainha? Agora, porém, encontro-me aqui deitado, ainda cansado desse morder e cuspir, ainda enfermo da própria libertação.

“*E vós assististes a tudo isso*? Ó meus animais, sois também vós cruéis? Tereis querido assistir à minha grande dor, como o fazem os homens? Pois o homem é o animal mais cruel.

“Até agora ele sempre se sentiu melhor em tragédias, touradas e crucificações; e quando inventou para si o inferno, esse tornou-se o seu céu na terra.

“Quando o grande homem grita – logo vem correndo o pequeno; e ele saliva de lascívia. Ele, porém, chama isso de ‘compaixão’.

“O homem pequeno, especialmente o poeta – quão solícito é para acusar a vida com suas palavras! Dai-lhe ouvidos, mas não deixeis de ouvir o gozo que há em toda acusação!

“Tais acusadores da vida: esses a vida supera em um piscar de olhos. ‘Tu me amas?’ diz a atrevida. ‘Espera um pouco, ainda não tenho tempo para ti.’

“O homem é contra si mesmo o mais cruel dos animais; e, em todos aqueles que se denominam ‘pecadores’ e dizem ‘carregar uma cruz’ e ser ‘penitentes’, não deixeis de ouvir a volúpia que há nessas queixas e acusações!

“E eu mesmo – quero com isso ser acusador dos homens? Ah, meus animais, somente isto aprendi até agora, que no homem o pior é necessário ao melhor –

“– que tudo que há de pior é sua melhor *força* e a pedra mais dura para o mais elevado criador; e que o homem precisa se tornar melhor *e* mais malvado –

“Não é *este* o madeiro em que eu fui pregado, o de saber: o homem é mau – pelo contrário, gritei, como jamais alguém gritou:

“‘Ah, como é pequeno o seu pior! Ah, como é pequeno o seu melhor!’

“O grande fastio em relação ao homem – era *ele* que me sufocava e que me entrara rastejando pela goela:

e aquilo que o adivinho adivinhou: 'Tudo é igual, nada vale a pena, conhecer sufoca'.

"Um longo crepúsculo coxeava diante de mim, um cansaço mortal, uma tristeza mortalmente embriagada, que falava com uma boca bocejante.

"'Eternamente retorna ele, o homem do qual estás cansado, o homem pequeno' – assim bocejava minha tristeza e arrastava os pés e não conseguia adormecer.

"O mundo humano transformou-se para mim em caverna, o seu peito afundou, tudo que era vivo tornou-se para mim bolor humano e ossos e um passado putrefato.

"Meu suspiro sentou-se sobre todos os túmulos humanos e não era mais capaz de se erguer; meu suspirar e perguntar agourava e sufocava e roía e queixava-se dia e noite:

"– 'Ah, o homem retorna eternamente! O homem pequeno retorna eternamente!' –

"Nus vira a ambos outrora, o maior e o menor homem: demasiado semelhantes um ao outro – demasiado humano também o maior deles!

"Demasiado pequeno o maior! – Foi esse o meu fastio do homem! E o eterno retorno também do menor! – Era esse o meu fastio de toda existência!

"Ah, nojo! Nojo! Nojo!" – – Assim falou Zaratustra, e suspirava e estremecia; pois ele recordava a sua doença. Mas então os seus animais não mais o deixaram seguir falando.

"Não fales mais, convalescente!" – assim responderam-lhe os seus animais, "mas vai lá fora, onde o mundo espera por ti como um jardim.

"Vai lá fora encontrar as rosas e as abelhas e as revoadas de pombos! Mas especialmente os pássaros cantantes: para que aprendas deles o *canto*!

"Pois cantar é para os convalescentes; o são pode falar. E se também o são quer canções, quer, no entanto, outras canções do que o convalescente."

– "Oh, tolos travessos e realejos, calai!" – respondeu Zaratustra, rindo de seus animais. "Pois bem sabeis que consolo inventei para mim mesmo em sete dias!

"Que eu precise novamente cantar – *esse* consolo inventei para mim, e *essa* convalescença: quereis também fazer já disso uma outra ladainha?"

– "Não fales mais", disseram-lhe novamente os seus animais; "é preferível, convalescente, que primeiro faças para ti uma lira, uma lira nova!

"Pois vê bem, ó Zaratustra! São necessárias novas liras para tuas novas canções.

"Canta e transborda, ó Zaratustra, cura a tua alma com novas canções: para que carregues teu grande destino, que não foi ainda o destino de homem algum!

"Pois teus animais bem sabem, ó Zaratustra, quem és e quem te deves tornar: vê bem, *tu és o mestre do eterno retorno* – é esse agora o *teu* destino!

"Que tu tenhas de ser o primeiro a ensinar essa doutrina – como não haveria esse grande destino de ser também o teu maior perigo e tua maior enfermidade?

"Vê bem, nós sabemos o que ensinas: que todas as coisas retornam eternamente, e nós com elas, e que já existimos infinitas vezes e todas as coisas conosco.

"Tu ensinas que há um grande ano do devir, um ano de proporções monstruosas, que deve, como uma ampulheta, sempre de novo ser virado, para que de novo transcorra e escorra –

"– de modo que todos esses anos são idênticos uns aos outros, do mais geral até o mínimo detalhe – de modo que nós somos idênticos a nós mesmos em cada grande ano, do mais geral até o mínimo detalhe.

"E se quisesses morrer agora, ó Zaratustra: vê só, sabemos também como falarias então a ti mesmo – mas os teus animais rogam que não morras ainda!

"Falarias sem tremer, muito antes tomando um fôlego de bem-aventurança: pois um grande peso e um ar sufocante te seriam tomados, ó pacientíssimo! –

"'Agora morro e desapareço', dirias, 'em um átimo sou um nada. As almas são tão mortais quanto os corpos.

"Mas o nó de causas em que me encontro enredado retorna – ele me recriará! Eu mesmo pertenço às causas do eterno retorno.

"Eu retorno com este sol, com esta terra, com esta águia, com esta serpente – *não* para uma nova vida ou uma vida melhor ou uma vida semelhante:

"– eu retorno eternamente para esta mesma vida idêntica, do mais geral até o mínimo detalhe, para que novamente ensine o eterno retorno de todas as coisas –

"– para que fale novamente a palavra do grande meio-dia terrestre e humano, para que anuncie novamente aos homens o super-homem.

"Falei minha palavra, rompo-me em minha palavra: assim o quer minha sorte eterna – como anunciador pereço!

"Chegou a hora de o poente se abençoar a si próprio. Assim – *termina* o ocaso de Zaratustra.'" – –

Tendo falado essas palavras, os animais calaram, aguardando que Zaratustra lhes dissesse algo: mas Zaratustra não ouvia que calavam. Permaneceu deitado, em silêncio, de olhos cerrados, como um adormecido, embora já não dormisse: pois estava a conversar com sua alma. A serpente, porém, e a águia, ao encontrarem-no calado desse modo, honraram o grande silêncio ao seu entorno e afastaram-se cautelosamente.

Do grande anseio

Ó alma minha, ensinei-te a dizer "hoje" como "um dia" e "outrora" e a dançar com tua roda por sobre todo aqui e ali e lá.

Ó alma minha, libertei-te de todos os cantos, afastei de ti poeira, aranhas e meias-luzes.

Ó alma minha, limpei de ti o pequeno pudor e a virtude de ficar no canto e te persuadi a te postares nua diante dos olhos do Sol.

Com a tempestade chamada "espírito" soprei por sobre teus mares ondulados; assoprei para longe todas as nuvens, estrangulei eu mesmo a esganadora chamada "pecado".

Ó alma minha, dei-te o direito de dizer não como a tempestade e de dizer sim como diz sim o céu aberto: encontras-te silenciosa como a luz e atravessas silenciosa as tempestades negadoras.

Ó alma minha, devolvi a ti a liberdade sobre o criado e o incriado: e quem conhece como tu a voluptuosidade das coisas futuras?

Ó alma minha, ensinei-te o desprezo que não vem como uma carcoma, o grande e amoroso desprezo, que ama mais quando mais despreza.

Ó alma minha, ensinei-te a persuadir de tal modo que persuadiste as próprias razões a virem a ti: como o Sol, que persuade o mar a se elevar às suas alturas.

Ó alma minha, tomei de ti toda obediência, toda dobração de joelhos e todo dizer "senhor"; eu mesmo dei-te o nome "viragem da necessidade" e "destino".

Ó alma minha, dei-te novos nomes e joguetes coloridos, chamei-te "destino" e "abrangência das abrangências" e "cordão umbilical do tempo" e "sino cerúleo".

Ó alma minha, dei toda sabedoria de beber ao teu solo, todos os novos vinhos e também todos os antigos, imemoriais vinhos fortes da sabedoria.

Ó alma minha, todo sol verti sobre ti e toda noite e todo silêncio e todo anseio: – e assim cresceste como uma videira.

Ó alma minha, abundante e pesada encontras-te agora, uma videira de úberes intumescidos e apinhada de uvas morenas e douradas –

– apinhada e apertada por tua fortuna, esperando devido à superabundância e ainda constrangida com a espera.

Ó alma minha, não há agora em parte alguma uma alma que seja mais amorosa e mais extensa e abrangente! Onde estariam futuro e passado mais próximos um do outro do que em ti?

Ó alma minha, dei-te tudo, e todas as minhas mãos esvaziaram-se por ti: – e agora! Agora me dizes, sorrindo e plena de melancolia: "A quem de nós cabe agradecer? –

"– não terá aquele que dá de agradecer àquele que toma por ele ter tomado? Não é presentear uma necessidade? Não é tomar – um ato de misericórdia?" –

Ó alma minha, compreendo o sorriso de tua melancolia: a tua própria superabundância estende agora mãos plenas de anseio!

A tua plenitude observa mares revoltos e busca e espera; o anseio do transbordamento olha de dentro do teu sorridente céu ocular!

E deveras, ó alma minha! Quem veria o teu sorriso sem se derreter em lágrimas? Os próprios anjos derretem-se em lágrimas pela bondade transbordante de teu sorriso.

É a tua bondade, a tua bondade transbordante que não quer se queixar nem chorar: e ainda assim anseia, ó alma minha, o teu sorriso por lágrimas e ainda anseiam teus lábios trêmulos por suspiros.

"Não é todo choro uma queixa? E toda queixa uma acusação?" Assim falas a ti mesma, e por isso, ó alma minha, preferes sorrir a derramar teu sofrimento.

– derramar em lágrimas todo teu sofrimento devido à tua plenitude e a toda a urgência da videira por vinhateiros e suas podadeiras!

Mas se não quiseres chorar, se não quiseres desfazer em lágrimas a tua púrpura melancolia, então terás de *cantar*, ó alma minha! – Olha, eu mesmo sorrio, eu, que te predigo tais coisas:

– cantar com um canto tempestuoso, até que todos os mares se acalmem para dar ouvidos a teu anseio –

– até que flutue sobre mares calmos e ansiosos a embarcação, a maravilha dourada, em torno de cujo ouro saltam todas as coisas boas, más e admiráveis –

– também muitos animais pequenos e grandes, e tudo aquilo que tem pés admiravelmente leves, capazes de andar sobre sendas violetas –

– em direção à maravilha dourada, a embarcação de vontade livre e o seu senhor: esse, porém, é o vinhateiro, aguardando com sua podadeira adamantina –

– o teu grande libertador, ó alma minha, o inominado – – para quem somente cantos futuros encontrarão um nome! E, deveras, já tem o teu hálito o perfume de cantos futuros –

– já ardes e sonhas, já bebes sedenta de todos os profundos e ressonantes poços do consolo, já repousa a tua melancolia na bem-aventurança de cantorias futuras! – –

Ó alma minha, agora dei-te tudo, até o último, e todas as minhas mãos esvaziaram-se em ti: – *que eu te tenha mandado cantar*, vê bem, esse foi o meu último!

Por eu ter mandado que cantasses, fala agora, fala: *quem* de nós há agora de – agradecer? – Melhor ainda:

canta para mim, canta, ó alma minha! E deixa que seja eu a agradecer! –

Assim falou Zaratustra.

A outra canção dançante

1.

"Em teu olho mirei há pouco, ó vida: vi ouro cintilar em teu olho noturno – meu coração paralisou-se diante dessa volúpia:

"– vi um batel dourado cintilar sobre águas noturnas, um batel balouçante afundando, bebendo água, novamente acenando!

"Sobre meu pé, possesso pela dança, lançaste um olhar, um olhar balouçante, risonho, questionador, derretedor:

"Apenas duas vezes sacudiste a matraca com mãos pequenas – e já balançava meu pé de tanta possessão dançante. –

"Meus calcanhares ergueram-se, meus dedos dos pés davam-te ouvidos para entender-te: pois o dançarino carrega sua orelha – nos dedos dos pés!

"Saltei em tua direção: e fugiste de meu salto; e lambeu-me a língua de teus cabelos esvoaçantes em fuga!

"Saltei para longe de ti e de tuas serpentes: e já estavas lá, seminua, o olho pleno de desejo.

"Com olhares tortos – ensinas-me vias tortuosas; sobre vias tortuosas aprende o meu pé – a perfídia!

"Temo-te quando estás próxima, amo-te quando distante; tua fuga me atrai, tua busca me paralisa: – eu sofro, mas como sofri por ti de bom grado!

"Cuja frieza incendeia, cujo ódio seduz, cuja fuga ata, cujo escárnio – toca:

"– quem não te odiaria, a ti, grande atadora, envolvedora, sedutora, buscadora, encontradora? Quem não te amaria, a ti, inocente pecadora de olhos infantis, impaciente, apressada como o vento?

"Para onde me atrais agora, prodígio indomável? E agora me foges novamente, doce presa arisca e ingrata!

"Persigo-te dançando, sigo-te também por rastros apagados. Onde estás? Dá-me a mão! Ou um dedo que seja!

"Aqui há cavernas e matas espessas: perder-nos-emos! – Para! Não te movas! Não vês esvoaçarem os morcegos e as corujas?

"Ó coruja! Ó morcego! Queres me ridicularizar? Onde estamos? Foi com os cães que aprendeste esse uivar e ladrar.

"Arreganhas amavelmente teus brancos dentinhos para mim, teus olhos maldosos saltam contra mim de dentro de tua jubinha eriçada!

"Esta é uma dança por sobre pau e pedra: eu sou o caçador – preferes ser meu cão ou minha camurça?

"Agora, junto! E depressa, maldosa saltitante! Agora vamos! Avante! – Ai! Eu mesmo caí ao saltar!

"Olha-me caído, ó insolente, rogando por misericórdia! Gostaria de ir contigo – por sendas mais agradáveis!

"– sendas do amor, através de silenciosos bosques coloridos! Ou ali, ao longo do mar: lá nadam e dançam peixinhos dourados!

"Estás cansada agora? Logo ali há cordeiros e arrebóis: não é belo adormecer ao som das flautas dos pastores?

"Estás terrivelmente cansada? Eu te carrego, deixa apenas pender os braços! E se tens sede – eu bem que teria algo, mas tua boca não o quer beber! –

"– Ah, essa maldita serpente ligeira, flexível, bruxa escorregadia! Onde te meteste? Mas no rosto sinto de tua mão duas picadas e manchas vermelhas!

"Estou deveras cansado de ser sempre teu pastor ovino! Bruxa, não cantei sempre para ti? Agora és *tu* que deves – gritar!

"Segundo o ritmo de meu açoite deves dançar e gritar para mim! Não terei esquecido o açoite? – Não!" –

2.

A isso respondeu-me a vida assim, tapando seus graciosos ouvidos:

"Ó Zaratustra! Não estala assim tão assustadoramente o teu açoite! Pois bem o sabes: o barulho mata os pensamentos – e justamente agora me vêm pensamentos assaz delicados.

Nós dois somos ambos absolutamente incapazes de fazer tanto o bem como o mal. Para além do bem e do mal encontramos nossa ilha e nosso campo verdejante – somente nós dois! Por isso apenas havemos já de ser bons um para o outro!

"E mesmo que não nos amemos profundamente – será preciso ter rancor contra quem não se ama profundamente?

"E que eu te sou boa e frequentemente demasiado boa, isso tu sabes: e a razão disso é que tenho ciúmes de tua sabedoria. Ah, essa insana, velha e estúpida sabedoria!

"Se tua sabedoria te escapasse alguma vez, ah!, então também meu amor fugiria de ti num piscar de olhos." –

Nesse momento a vida olhou pensativa atrás de si e ao seu entorno e disse baixinho: "Ó Zaratustra, não me és suficientemente fiel!

"Já há tempos não me amas tanto quanto dizes; eu sei que pensas em logo me deixar.

"Existe um velho e pesadíssimo sino murmurante: esse sino murmura à noite, e esse murmúrio ascende até tua caverna: –

"– se ouves esse sino dar a hora à meia-noite, então pensas nisso da uma hora às doze –

"– pensas, ó Zaratustra, eu o sei, que logo me vais querer deixar!" –

"Sim", respondi, hesitante, "mas tu também sabes –" E eu lhe disse algo ao pé do ouvido, em meio a sua desgrenhada e tola cabeleira loura.

"Tu sabes *disso*, ó Zaratustra? Isso não sabe ninguém." – –

E nós nos olhamos e miramos o campo verde, por sobre o qual caía a noite fresca, e choramos juntos. – Naquele momento, porém, a vida me era mais cara do que jamais me fora a minha sabedoria. –

Assim falou Zaratustra.

3.

Um!

Ó homem! Atenta!

Dois!

Que diz a meia-noite imensa?

Três!

"Dormi profundo –

Quatro!

"Desperto de funda dormência: –

Cinco!

"O mundo é fundo,

Seis!

"Mais do que o dia pensa.

Sete!

"Fundo é seu pesar –

Oito!

"Gozo – mais fundo que calamidade:

Nove!

"Dor quer: passar!

Dez!

"Mas gozo quer eternidade –

Onze!

"– a mais profunda eternidade!"

Doze!

Os sete selos (Ou: a canção do sim e do amém)

1.

Se eu sou um adivinho, pleno daquele espírito adivinhador, vagando sobre elevada cresta entre dois mares –

vagando como uma nuvem carregada entre passado e futuro – hostil às terras baixas abafadas e a tudo aquilo que se encontra cansado, incapaz tanto de morrer, como de viver:

preparado para relampejar em seu seio escuro e para o raio de luz redentor, prenhe de coriscos que dizem sim!, que riem sim! para raios adivinhadores –

– bem-aventurado, porém, é aquele que se encontra de tal modo prenhe! E deveras, durante um longo tempo precisa dependurar-se à montanha como tempo fechado aquele que haverá um dia de acender a luz do futuro! –

Ó, como não haveria eu de me encontrar ardendo pela eternidade e pelo nupcial anel dos anéis – o anel do retorno!

Jamais encontrei, até agora, a mulher com a qual gostaria de ter filhos, a não ser esta mulher que eu amo: pois eu te amo, ó eternidade!

Pois eu te amo, ó eternidade!

2.

Se minha ira jamais violou túmulos, demoveu marcos fronteiriços e arremessou velhas tábuas rompidas íngremes profundezas abaixo:

Se meu escárnio jamais desfez palavras bolorentas com seu sopro, se jamais vim como uma vassoura para as aranhas-crucifixo e como um vento purgante para velhos e sufocantes mausoléus:

Se jamais me sentei, regozijante, ali onde velhos deuses se encontram enterrados, bendizendo o mundo, amando o mundo ao pé dos monumentos de velhos difamadores do mundo –

– pois amo até mesmo igrejas e túmulos de deuses quando o céu, de olho límpido, mira por entre os tetos quebrados; gosto de me sentar, como a grama e a papoula encarnada, sobre igrejas em ruínas –

Ó, como não haveria eu de me encontrar ardendo pela eternidade e pelo nupcial anel dos anéis – o anel do retorno?

Jamais encontrei, até agora, a mulher com a qual gostaria de ter filhos, a não ser esta mulher que eu amo: pois eu te amo, ó eternidade!

Pois eu te amo, ó eternidade!

3.

Se jamais me veio um sopro do sopro criador e daquela necessidade celestial que coage também os acasos a dançarem cirandas estelares:

Se jamais ri com o riso do raio criador, ao qual segue, embora com estrondo, ainda assim obedientemente, o longo trovão da ação:

Se jamais joguei dados com os deuses à mesa divina da terra, de modo que a terra tremesse e rompesse e bafejasse rios de fogo –

– pois a terra é uma mesa divina, vibrando com novas palavras criadoras e lances divinos –

Ó, como não haveria eu de me encontrar ardendo pela eternidade e pelo nupcial anel dos anéis – o anel do retorno?

Jamais encontrei, até agora, a mulher com a qual gostaria de ter filhos, a não ser esta mulher que eu amo: pois eu te amo, ó eternidade!

Pois eu te amo, ó eternidade!

4.

Se jamais bebi com tragos largos daquele cântaro de temperos e mesclas em que todas as coisas se encontram bem misturadas:

Se minha mão jamais mesclou o mais distante com o mais próximo, fogo com espírito e gozo com sofrimento e o pior com o melhor:

Se eu mesmo sou um grão daquele sal dissolvente que faz com que todas as coisas se misturem bem no cântaro –

– pois há um sal que ata o bom e o mau; e também o pior é digno de ser usado como tempero e para o último transbordamento espumante –

Ó, como não haveria eu de me encontrar ardendo pela eternidade e pelo nupcial anel dos anéis – o anel do retorno?

Jamais encontrei, até agora, a mulher com a qual gostaria de ter filhos, a não ser esta mulher que eu amo: pois eu te amo, ó eternidade!

Pois eu te amo, ó eternidade!

5.

Se sou afeiçoado ao mar e a tudo que é marinho, e tanto mais, quanto mais me contradiz, irado:

Se há em mim aquele gozo que busca, que iça as velas em direção ao ainda não descoberto, se há um gozo de navegador em meu gozo:

Se meu regozijo jamais exclamou: "A costa desvaneceu – agora caiu-me a última cadeia –

"– o ilimitado brame em meu entorno, tempo e espaço resplandecem ao longe – pois bem! Que seja, velho coração!" –

Ó, como não haveria eu de me encontrar ardendo pela eternidade e pelo nupcial anel dos anéis – o anel do retorno?

Jamais encontrei, até agora, a mulher com a qual gostaria de ter filhos, a não ser esta mulher que eu amo: pois eu te amo, ó eternidade!

Pois eu te amo, ó eternidade!

6.

Se minha virtude é uma virtude de dançarino, e se muitas vezes saltei com ambos os pés em um encantamento áureo-esmeraldino:

Se minha maldade é uma maldade risonha, em casa entre roseiras e lírios:

– pois no riso reúne-se tudo que é mau, porém santificado e liberto por meio de sua própria bem-aventurança –

E se isto é o meu alfa e o meu ômega, que tudo quanto é pesado se faça leve, tudo que é corpo, dançarino, tudo que é espírito, pássaro: e, deveras, é esse o meu alfa e o meu ômega! –

Ó, como não haveria eu de me encontrar ardendo pela eternidade e pelo nupcial anel dos anéis – o anel do retorno!

Jamais encontrei, até agora, a mulher com a qual gostaria de ter filhos, a não ser esta mulher que eu amo: pois eu te amo, ó eternidade!

Pois eu te amo, ó eternidade!

7.

Se jamais estendi céus límpidos sobre mim e atravessei, voando com minhas próprias asas, o meu próprio céu:

Se, brincando, nadei para profundas distâncias luminosas, e se veio à minha liberdade a sabedoria ornítica –

– a sabedoria ornítica, porém, fala assim: "Olha, não há em cima nem embaixo! Joga-te à tua volta, para além, de volta, tu, que és leve! Canta! Não fales mais!

"– não são todas as palavras feitas para os pesados? Não são todas as palavras mentiras para o leve? Canta! Não fales mais!" –

Ó, como não haveria eu de me encontrar ardendo pela eternidade e pelo nupcial anel dos anéis – o anel do retorno?

Jamais encontrei, até agora, a mulher com a qual gostaria de ter filhos, a não ser esta mulher que eu amo: pois eu te amo, ó eternidade!

Pois eu te amo, ó eternidade!

QUARTA E ÚLTIMA PARTE

Ah, onde no mundo terão ocorrido maiores tolices do que entre os compassivos? E o que no mundo gerou mais sofrimento do que as tolices dos compassivos?

Ai de todos os amantes que não possuem ainda uma altura que esteja acima de sua compaixão!

Assim falou certa vez o diabo comigo: "Também Deus tem seu inferno: o amor aos homens".

E recentemente ouvi-o dizer estas palavras: "Deus está morto; Deus morreu de sua compaixão pelos homens".

Assim falou Zaratustra 2, p. 111

O melífluo sacrifício

– E novamente correram luas e anos por sobre a alma de Zaratustra, e ele não notou; seu cabelo, porém, embranqueceu. Certo dia, quando ele se encontrava sentado sobre uma pedra diante de sua caverna, observando em silêncio o exterior – e dali vê-se o mar e mais além, por sobre abismos tortuosos –, seus animais começaram a circular ao seu entorno, pensativos, e finalmente pararam diante dele.

"Ó Zaratustra", disseram, "acaso buscas a tua fortuna?" – "Que importa a fortuna?" respondeu ele. "Já há tempos não aspiro à fortuna, aspiro agora à minha obra." – "Ó Zaratustra", disseram novamente os animais, "isso dizes como alguém que tem demasiadas coisas boas. Não te encontras imerso em um lago cerúleo de fortuna?" – "Tolos travessos", respondeu Zaratustra sorrindo, "como escolhestes bem a metáfora! Mas sabeis também que minha fortuna é pesada, diferente de um líquido espelho d'água: ela me aperta e não quer me deixar, e faz como o betume[9] derretido." –

Com isso os animais começaram novamente a circular pensativos ao seu entorno, e mais uma vez pararam diante dele. "Ó, Zaratustra", disseram, "é *por isso* então que tu mesmo te tornas cada vez mais amarelado e escuro, embora teu cabelo já queira parecer branco e sedoso? Pois vê bem, tu te encontras sentado em teu betume!" – "Que dizeis, meus animais?" disse Zaratustra, rindo-se. "Deveras, blasfemei ao falar de betume. Ocorre comigo o mesmo que com todas as frutas quando amadurecem. É o *mel* em minhas veias que engrossa meu sangue e também silencia minha alma." – "Assim será, ó Zaratustra", responderam os animais, apertando-se

9. Em alemão, *Pech* significa tanto "betume", "piche", como também "azar", "infortúnio". (N.T.)

contra ele; "mas não quererás hoje escalar uma montanha alta? O ar está límpido, e vê-se hoje mais do mundo do que jamais antes." – "Sim, meus animais", respondeu, "vosso conselho é excelente e vai ao encontro de meu coração: hoje quero escalar uma montanha alta! Mas cuidai para que lá haja mel à minha disposição, um mel de favo, amarelo, alvo, bom, fresco. Pois sabei que lá quero realizar o melífluo sacrifício." –

Quando, porém, Zaratustra chegou lá em cima, enviou de volta para casa os animais que o conduziram até ali, e viu-se só – ao que riu de todo coração, olhou à sua volta e falou assim:

Que eu tenha falado de sacrifícios e de sacrifícios melífluos foi apenas um ardil de meu discurso e, deveras, uma útil tolice! Aqui em cima já posso falar mais livremente do que diante de cavernas de eremitas e de animais domésticos de eremitas.

Que sacrifício? Eu desperdiço aquilo que me é presenteado, eu, desperdiçador de mil mãos: como poderia ainda chamá-lo de – sacrifício?

E quando ansiava por mel, ansiava apenas por iscas e doce néctar viscoso, pelo qual também ursos ralhentos e maldosos pássaros rabugentos lambem os beiços:

– pela melhor isca, como é necessário aos caçadores e pescadores. Pois se o mundo é como uma selva escura e o jardim dos prazeres para todo caçador selvagem, então parece-se ainda mais, e assim prefiro, com um mar abissal e rico,

– um mar pleno de coloridos peixes e caranguejos, que também os deuses cobiçariam para nele pescar e nele lançar suas redes: eis o quão rica a terra é em coisas admiráveis, pequenas e grandes!

Especialmente o mundo humano, o mar humano – em direção a *ele* lanço agora minha áurea vara de pesca e falo: abre-te, ó abismo humano!

Abre-te e lança-me teus peixes e cintilantes caranguejos! Com minha melhor isca atraio hoje os mais admiráveis peixes humanos!

– lanço minha própria fortuna em toda amplidão e distância, entre aurora, meio-dia e ocaso, para ver se muitos peixes humanos não aprendem a puxar e mordiscar a minha fortuna.

Até que, tendo mordido meu afiado anzol oculto, precisem subir à *minha* altura, os mais coloridos cardumes abissais até o mais maldoso de todos os pescadores de homens.

Pois *esse* sou eu, essencialmente e desde o princípio, puxando, atraindo, erguendo, elevando, um puxador, um criador e um educador rigoroso, que não em vão disse certa vez a si mesmo: "Torna-te quem tu és!".

Que os homens, portanto, *subam* até mim de agora em diante: pois ainda aguardo os sinais de que seja a hora de meu ocaso, ainda não me ponho eu mesmo, como é preciso, entre os homens.

Por isso aguardo aqui, ardiloso e troçador sobre altas montanhas, nem impaciente, nem paciente, muito antes como alguém que desaprendeu também a paciência – porque não mais "padece".

Pois meu destino deixa-me tempo: ter-me-á esquecido? Ou estará sentado atrás de uma grande pedra, catando moscas?

E, deveras, estou contente com ele, meu eterno destino, por não me acossar e não me pressionar e por me deixar tempo para burlas e maldades: de modo que hoje escalei esta montanha para uma pescaria.

Terá jamais um homem pescado peixes sobre altas montanhas? E mesmo que seja uma tolice aquilo que quero e de que me ocupo aqui em cima: melhor isto do que se eu ficasse solene de tanto esperar lá em baixo, e esverdeasse e amarelasse –

– um bufador irado e afetado de tanto esperar, uma sagrada tempestade uivante das montanhas, um impaciente que grita em direção aos vales: "Ouvi, ou eu vos fustigarei com o açoite de Deus!".

Não que por isso eu guarde rancor desses irados: são-me suficientemente bons para me fazer rir! Mas impacientes haverão de ser esses tambores barulhentos que têm de tomar a palavra hoje ou então nunca mais!

Eu, porém, e meu destino – nós não falamos com o hoje, tampouco falamos com o nunca mais: já temos paciência para falar e tempo de sobra. Pois um dia ele haverá de chegar, e não poderá passar ao largo.

Quem haverá de chegar um dia, sem poder passar ao largo? O nosso grande Hazar, isto é, nosso grande e distante reino humano, o reino de mil anos de Zaratustra – –

Quão distante haverá de ser essa "distância"? Que me importa! Mas não por isso me é menos certa – com ambos os pés encontro-me firme sobre este fundamento,

– sobre um fundamento eterno, sobre duras rochas primevas, sobre esta altíssima e duríssima cordilheira primeva, à qual vêm todos os ventos como que para o seu limite meteorológico, perguntando pelo "onde?", pelo "de onde?" e pelo "para onde?"

Ri aqui, ri, minha límpida e sã maldade! Arremessa de altas montanhas teu cintilante riso de escárnio! Atrai com teu brilho os mais belos peixes humanos!

E aquilo que *me* pertence de todos os mares, o meu em-e-para-mim de todas as coisas – pesca *isso* para mim, conduz *isso* para cá para cima: por isso espero eu, o mais maldoso de todos os pescadores.

Vamos, vamos, minha vara de pesca! Adentra, afunda, isca de minha fortuna! Instila teu mais doce orvalho, mel de meu coração! Morde, vara minha, a barriga de toda negra aflição!

Vamos, vamos, olho meu! Ó, quantos mares ao meu entorno, quantos crepusculares futuros humanos! E sobre mim – que róseo silêncio! Que desanuviado calar!

O grito de socorro

No dia seguinte Zaratustra estava novamente sentado sobre sua pedra diante da caverna, enquanto os animais erravam mundo afora para trazer novo alimento – e também novo mel: pois Zaratustra desperdiçara e esbanjara todo o velho mel, até o último favo. Estando, porém, sentado dessa maneira, com um bastão em mãos, delineando na terra o contorno de sua sombra, refletindo e, deveras!, não sobre si e sua sombra – assustou-se repentinamente e estremeceu: pois viu ao lado de sua sombra uma outra sombra. Zaratustra olhou depressa ao redor, erguendo-se, e olha só, lá estava o adivinho ao seu lado, o mesmo que ele outrora alimentara e embebedara em sua mesa, o pregador do grande cansaço, que ensinava: "Tudo é igual, nada vale a pena, o mundo é sem sentido, o saber sufoca". Mas seu semblante havia se transformado nesse meio tempo; e quando Zaratustra o olhou nos olhos, seu coração espantou-se mais uma vez: tantos eram os maus agouros e raios cinzentos que corriam por sobre aquele rosto.

O adivinho, percebendo o que se passava na alma de Zaratustra, passou a mão por sobre o semblante, como se quisesse apagá-lo; o mesmo fez também Zaratustra. E quando, sem dizer palavra, ambos haviam se acalmado e recomposto, deram-se as mãos, em sinal de que queriam se reconhecer.

"Sê-me bem-vindo", disse Zaratustra, "profeta do grande cansaço, não haverás de ter sido em vão outrora meu companheiro de mesa e hóspede. Come e bebe também hoje comigo e perdoa que um velho homem contente se sente contigo à mesa!" – "Um velho homem contente?", respondeu o adivinho, sacudindo a cabeça. "Quem quer que sejas ou queiras ser, ó Zaratustra, tu o foste por mais tempo aqui em cima – teu batel logo não mais haverá de permanecer no seco!" – "Estarei eu sentado no seco?", perguntou Zaratustra, rindo. – "As ondas em torno de tua montanha", respondeu o adivinho, "avolumam-se mais e mais, ondas de grande necessidade e pesar: logo erguerão também a tua embarcação e levar-te-ão embora." – Ao ouvir isso, Zaratustra calou admirado. – "Ainda não ouves nada?", prosseguiu o adivinho. "Não fervilha ruidosamente das profundezas para cá para cima?" – Zaratustra calou novamente e ficou à escuta: ouviu então um grito longuíssimo, que os abismos arremessavam e passavam uns aos outros, pois nenhum queria ficar com ele: tão mau soava.

"Ó adivinho terrível", disse finalmente Zaratustra. "Esse é um grito de apuro e o grito de um homem que pode muito bem vir de um mar escuro. Mas que me interessa o apuro humano? O último pecado que me foi reservado – sabes que nome tem?"

– "*Compaixão*!" respondeu o adivinho, de coração transbordante, erguendo ambas as mãos. – "Ó Zaratustra, venho para seduzir-te a teu último pecado!" –

E mal tendo sido pronunciadas essas palavras o grito ecoou novamente, e mais longo e aterrorizado que antes, e também já muito mais próximo. "Ouves? Ouves, ó Zaratustra?" exclamou o adivinho. "É para ti o grito, é a ti que ele chama: vem, vem, vem, é tempo, já não era sem tempo!" –

Zaratustra calava, confuso e abalado; finalmente perguntou, como alguém que hesita em seu interior: "E quem é que me chama?"

"Mas tu bem o sabes", respondeu o adivinho, impetuoso, "para que te ocultas? É *o homem mais elevado* que grita por ti!"

"O homem mais elevado?" exclamou Zaratustra, tomado de terror. "O que quer *ele*? O que quer *ele*? O homem mais elevado! O que quer ele aqui?" – e sua pele cobriu-se de suor.

O adivinho, porém, não reagiu ao medo de Zaratustra, e ficou escutando as profundezas. Quando, porém, se fez um longo silêncio, voltou o seu olhar para trás e viu Zaratustra de pé, tremendo.

"Ó Zaratustra", começou a falar com voz triste, "não estás aí como alguém que dá cambalhotas de felicidade: terás de dançar para não cair!

"Mas mesmo que quisesses dançar diante de mim e saltar todos os teus saltos: ninguém haverá de poder me dizer: 'Olha, aqui dança o último homem alegre!'.

"Em vão viria a estas alturas alguém que buscasse aqui *esse* homem: decerto encontraria cavernas e cavernas dentro de cavernas, esconderijos para escondidos, mas nada de poços e tesouros de fortuna e novos veios do ouro da fortuna.

"Fortuna – como se haveria de encontrar a fortuna entre tais sepultados e eremitas? Precisarei buscar a fortuna última ainda em ilhas bem-aventuradas e ao longe, entre mares esquecidos?

"Mas tudo é igual, nada vale a pena, não adianta buscar, tampouco há mais ilhas bem-aventuradas!" – –

Assim suspirava o adivinho; com seu último suspiro, porém, a clareza e a segurança retornaram a Zaratustra, como a alguém que sai à luz de dentro de um abismo profundo. "Não! Não! Três vezes não!", exclamou com voz potente e alisou a barba. – "*Isso* eu sei melhor! Ainda há ilhas bem-aventuradas! Não queiras opinar sobre *isso*, ó suspirante saco de tormento!

"Para de rumorejar sobre *isso*, nuvem de chuva matutina! Já não me encontro molhado de tua aflição, encharcado como um cão?

"Agora me sacudo e fujo de ti, para me secar: disso não te podes admirar! Pareço-te descortês? Mas aqui é a *minha* corte.

"E quanto ao teu homem mais elevado: pois bem! Procurá-lo-ei depressa naquelas florestas: *de lá* veio o seu grito. Talvez esteja sendo acossado por um animal maldoso.

"Ele está em *meu* território: nele não haverá de sofrer danos! E, deveras, há muitos animais maldosos em meu entorno." –

Com essas palavras, Zaratustra voltou-se para partir. Então falou o adivinho: "Ó Zaratustra, tu és um travesso!

"Já sei: queres livrar-te de mim! Preferes correr para as florestas e perseguir animais maldosos!

"Mas que é que isso adianta? Ao cair da noite me terás de volta, sentado em tua própria caverna, paciente e pesado como um toco de madeira – esperando por ti!"

"Assim seja!", gritou Zaratustra em resposta, partindo. "E aquilo que é meu em minha caverna pertence também a ti, meu hóspede!

"Se nela ainda encontrares mel, pois bem! Lambe-o todo, urso ralhento, e adoça tua alma! Pois ao cair da noite queremos ambos estar de bom humor,

"– de bom humor e também felizes por este dia ter chegado ao fim! E tu mesmo deverás dançar ao som de minhas canções como meu urso dançarino.

"Não me crês? Sacodes a cabeça? Pois bem! Que seja! Velho urso! Mas também eu – sou um adivinhador veraz."

Assim falou Zaratustra.

Conversa com os reis

1.

Não estando ainda uma hora a caminho em suas montanhas e florestas, Zaratustra viu de repente um estranho cortejo. Justamente pelo caminho que pretendia descer vinham dois reis, adornados com coroas e cintos purpúreos, coloridos como flamingos: levavam à sua frente um jumento carregado. "Que querem estes reis em meu reino?", falou Zaratustra admirado a seu coração, ocultando-se depressa atrás de um arbusto. Quando, porém, os reis chegaram até ele, disse, a meia-voz, como alguém que fala sozinho: "Estranho! Estranho! Como harmonizar isso? Vejo dois reis – e apenas um jumento!".

Nesse momento os dois reis pararam, sorriram, olharam para o local de onde viera a voz, e depois entreolharam-se. "Essas coisas também são pensadas entre nós", disse o rei à direita, "mas não são pronunciadas."

O rei à esquerda, porém, encolheu os ombros e respondeu: "Haverá de ser um pastor de cabras. Ou um eremita que viveu tempo demais entre rochedos e árvores. Pois a falta de companhia também arruína os bons costumes".

"Os bons costumes?" retrucou mal-humorado e amargo o outro rei. "De que escapamos? Não é dos 'bons costumes'? De nossa 'boa sociedade'?

"É preferível, deveras, viver entre eremitas e pastores de cabras do que com a nossa plebe falsa, pintada de ouro e exageradamente arrebicada – embora ela se denomine 'boa sociedade',

"– embora se denomine 'nobreza'. Mas tudo nela é falso e podre, especialmente o sangue, graças a velhas e más doenças e curandeiros ainda piores.

"O melhor e mais querido para mim é ainda hoje um camponês saudável, rude, sagaz, teimoso, tenaz: essa é hoje a estirpe mais distinta.

"O camponês é hoje o melhor; e a estirpe camponesa deveria ser senhora! Mas vivemos no reino da plebe – não me deixo mais enganar. Plebe, porém, significa: mixórdia.

"Mixórdia da plebe: nela está tudo mesclado a tudo, santo e patife e junker e judeu e cada uma das bestas da arca de Noé.

"Bons costumes! Tudo é falso e podre entre nós. Ninguém mais sabe honrar: é justamente *disso* que escapamos. São cães dóceis e importunos que douram folhas de palmeira.

"Este asco sufoca-me, que nós mesmos, os reis, nos tenhamos tornado falsos, sobrecarregados e disfarçados com velhas e amareladas pompas avoengas, medalhões para os mais estúpidos e para os mais sagazes e para quem mais regatear hoje com o poder!

"Nós *não somos* os primeiros – no entanto, precisamos *passar por tal*: dessa enganação estamos finalmente fartos e enojados.

"Saímos do caminho da gentalha, de todos esses gritalhões e dessas moscas varejeiras escrivinhadoras, do fedor de merceeiro, do estrebuchamento ambicioso, do mau hálito – que asco, viver em meio à gentalha,

"– que asco, significar os primeiros dentre a gentalha! Ah, nojo! Nojo! Nojo! Que importância temos ainda, nós, os reis?" –

"Estás a ter um acesso de tua velha doença", disse então o rei à esquerda, "o asco te acomete, meu pobre irmão. Mas tu sabes que alguém está a nos escutar."

Zaratustra, que havia apurado ouvidos e olhos diante desses discursos, ergueu-se imediatamente de seu esconderijo, foi ao encontro dos reis e começou:

"Aquele que vos escuta, que vos escuta com prazer, reis, chama-se Zaratustra.

"Eu sou Zaratustra, que outrora falou: 'Que importam ainda os reis?' Perdoai-me, eu me alegrei quando dissestes um ao outro: 'que importância temos nós, os reis?'

"Aqui, porém, é *meu* reino e meu domínio: que estaríeis procurando em meu reino? Mas talvez, tenhais encontrado em vosso caminho aquilo que *eu* busco, a saber: o homem mais elevado."

Tendo ouvido isso, os reis bateram no peito e falaram com uma só voz: "Fomos reconhecidos!

"Com a espada dessas palavras despedaçaste a mais densa escuridão de nossos corações. Descobriste a nossa necessidade pois, vê só!, nós estamos a caminho em busca do homem mais elevado –

"– o homem que seja mais elevado que nós: embora sejamos reis. Até ele conduzimos este jumento. Pois o homem mais elevado deve ser também o mais alto senhor do mundo.

"Não há infortúnio mais duro em todo destino da humanidade do que quando os poderosos da terra não são também os primeiros homens. Dessa maneira tudo torna-se falso e torto e monstruoso.

"E se porventura são os últimos, e mais bestas do que homens: então eleva-se cada vez mais o valor da plebe, e finalmente até a virtude da plebe ganha voz: 'Vê só, somente eu sou virtude!'" –

"Que é que acabo de ouvir?" respondeu Zaratustra. "Que sabedoria entre reis! Estou encantado, e, deveras, já sinto ganas de fazer disso um verso: –

"– que seja também um verso inapropriado aos ouvidos de qualquer um. Já há tempos desaprendi a consideração para com orelhas alongadas. Pois bem! Que seja!"

(Aqui, porém, ocorreu que também o jumento ganhou voz: mas ele dizia nitidamente e com malícia na vontade É-SIM.[10])

Outrora – creio, no ano um do Salvador –
Disse a Sibila, sem vinho, em torpor:
"Ai, vamos fracassar!
"Que corrupção! Jamais foi o mundo tão vulgar!
"Roma a puta e bordel desceu,
"O César fez-se besta, o próprio Deus – fez-se judeu!"

2.

Com esses versos de Zaratustra deleitaram-se os reis; o rei à direita, porém, falou: "Ó Zaratustra, que bem fizemos em partir para te ver!

"Pois os teus inimigos nos mostravam tua imagem em seu espelho: nele nos olhavas com a carranca de um demônio e com um riso de escárnio: de modo que te temíamos.

"Mas de que adiantou? Sempre renovadamente nos alfinetavas o ouvido e o coração com os teus ditos. Então falamos, finalmente: que importa a sua aparência?

"Precisamos *ouvi-lo*, a ele, que ensina: 'Deveis amar a paz como meio para novas guerras, e a paz curta mais que a longa!'

---

10. Ver nota 6. (N.T.)

“Ninguém jamais falou palavras tão bélicas: ‘O que é bom? Ser valente é bom. É a boa guerra que santifica todas as coisas.’

“Ó Zaratustra, o sangue de nossos pais comoveu-se com tais palavras em nossos corpos: foi como a fala da primavera para velhos barris de vinho.

“Quando as espadas se cruzavam como serpentes de manchas avermelhadas, então nossos pais tinham prazer na vida; todo sol da paz parecia-lhes fraco e tépido, a longa paz, porém, causava-lhes vergonha.

“Como suspiravam os nossos pais ao ver espadas reluzentes, secas, dependuradas na parede! Como elas, também eles tinham sede de guerra. Pois uma espada quer beber sangue e cintila de desejo.” – –

– Enquanto os reis falavam e tagarelavam entusiasmados sobre a fortuna de seus pais, veio a Zaratustra um desejo nada pequeno de troçar de seu entusiasmo: pois eram visivelmente reis bastante pacíficos que tinha diante de si, daqueles com rostos velhos e delicados. Mas ele se conteve. “Pois bem!” falou. “Para lá leva o caminho, ali encontra-se a caverna de Zaratustra; e este dia haverá de ter um longo anoitecer! Agora, porém, um grito de socorro me chama urgentemente para longe de vós.

“É uma honra para minha caverna quando reis querem nela se sentar e aguardar: mas, é verdade, precisareis esperar longamente!

“E então? Que mal faz? Onde se aprende, hoje, a esperar melhor do que em cortes? E toda a virtude que resta ao rei – não se chama ela hoje: *poder* esperar?”

Assim falou Zaratustra.

A sanguessuga

E Zaratustra seguiu pensativo seu caminho, para mais longe e mais fundo, através de florestas e ao largo de vales pantanosos; mas, como ocorre com todos que refletem sobre coisas pesadas, ele pisou inadvertidamente sobre um homem. E, vê só, saltaram-lhe no rosto de uma só vez um grito de dor e duas maldições e vinte insultos perversos: de modo que, assustado, ergueu o seu bastão e ainda açoitou o pisoteado. Logo em seguida, porém, deu-se conta do ocorrido; e seu coração riu da tolice que acabara de perpetrar.

"Perdoa" disse ele ao pisoteado, que se erguera furioso e se sentara, "perdoa e ouve antes de mais nada uma parábola.

"Como um caminhante que sonha com coisas distantes inadvertidamente esbarra em uma estrada deserta com um cão que dorme, um cão deitado ao sol:

"– como então ambos se sobressaltam, avançam um contra o outro, como inimigos mortais, esses dois assustados até a morte: assim ocorreu conosco.

"E no entanto! No entanto – quão pouco faltou para que se acariciassem, esse cão e esse solitário! Pois eles são ambos – solitários!"

– "Quem quer que venhas a ser", disse o pisoteado ainda furioso, "me pisas também com tua parábola, e não somente com teu pé!

"Vê bem, acaso serei eu um cão?" – e com isso ergueu-se o homem e retirou seu braço desnudo do pântano. Pois estivera até então estirado sobre o chão, oculto e irreconhecível, como alguém que espreita uma criatura do pântano.

"Mas que fazes?" exclamou Zaratustra assustado, pois viu que corria muito sangue pelo seu braço desnudo. – "Que foi que te sucedeu? Ó infeliz, ter-te-á mordido um animal maldoso?"

Ainda furioso, o homem que sangrava riu-se. "Que te importa?" disse ele, querendo seguir seu caminho. "Aqui estou em casa e em meu domínio. Que me pergunte quem quiser: dificilmente, porém, responderei a um pateta."

"Enganas-te", disse Zaratustra compassivo, segurando-o, "enganas-te: aqui não te encontras em teu, mas em meu reino, e nele ninguém haverá de sofrer danos.

"Todavia, chama-me como quiseres – eu sou aquele que preciso ser. Eu mesmo me chamo de Zaratustra.

"Pois bem! Ali em cima passa o caminho para a caverna de Zaratustra: ela não está longe – não queres tratar de tuas feridas em meu lar?

"Ó infeliz, passaste por mau bocado nesta vida: primeiro mordeu-te o animal, e então – pisou-te o homem!" – –

Quando, porém, o pisoteado ouviu o nome de Zaratustra, transformou-se. "Que me ocorre?" exclamou. "*Quem* me interessa ainda nesta vida, a não ser justamente este homem, Zaratustra, e justamente este animal que vive de sangue, a sanguessuga?

"Por causa da sanguessuga deitava-me à beira deste pântano como um pescador, e meu braço exposto já tinha sido mordido dez vezes, e então um ouriço ainda mais belo morde, buscando meu sangue, o próprio Zaratustra!

"Ó fortuna! Que maravilha! Louvado seja o dia que me atraiu para este pântano! Louvada seja a melhor e mais vivaz ventosa que hoje vive, louvada seja a grande sanguessuga da consciência moral, Zaratustra!" –

Assim falou o pisoteado; e Zaratustra alegrou-se com aquelas palavras e com sua maneira refinada e respeitosa de se expressar. "Quem és tu?" perguntou, estendendo-lhe a mão. "Entre nós há ainda muito a esclarecer e desanuviar: mas já me parece fazer-se um dia límpido e claro."

"Eu sou *o consciencioso do espírito*", respondeu o interrogado, "e nas coisas do espírito é difícil que alguém seja mais severo, escrupuloso e duro que eu, a não ser aquele de quem o aprendi, o próprio Zaratustra.

"Melhor nada saber do que saber muitas coisas pela metade! Melhor ser um néscio por conta própria do que um sábio por critério alheio! Eu – vou até o fundo:

"– que importa se ele é grande ou pequeno? Se é chamado pântano ou céu? Um palmo de fundo é-me suficiente: contanto que se trate efetivamente de sólidos fundamentos!

"– um palmo de fundo: sobre ele pode-se ficar de pé. Na correta ciência da consciência não há nada de grande nem de pequeno."

"És, pois, o conhecedor da sanguessuga?" perguntou Zaratustra. "E persegues a sanguessuga até as últimas profundezas, ó consciencioso?"

"Ó Zaratustra", respondeu o pisoteado, "isso seria uma monstruosidade; como haveria eu de atrever-me a tal empresa?

"Do *cérebro* da sanguessuga, porém, desse sim sou mestre e conhecedor – é esse o *meu* mundo!

"E é também um mundo! Mas perdoa que aqui meu orgulho ganhe voz, pois aqui não tenho páreo. Por isso disse: 'Aqui estou em casa'.

"Há quanto tempo já não persigo essa única coisa, o cérebro da sanguessuga, para que a verdade escorregadia não mais me escape? Aqui é o *meu* reino!

"– por ele me desfiz de todo o resto, por ele todo o resto se me tornou igual; e bem junto de meu saber encontra-se a minha negra ignorância.

"Minha consciência moral do espírito o quer assim de mim, que eu saiba uma coisa e que não saiba nada de todo o resto: tenho asco de todos os de meio espírito, todos os esfumaçados, flutuantes, delirantes.

"Onde termina a minha honestidade, lá sou cego e também quero sê-lo. Onde, porém, quero saber, lá quero também ser honesto, isto é, duro, severo, escrupuloso, cruel, implacável.

"Que *tu* outrora tenhas falado, ó Zaratustra: 'Espírito é a vida que talha a própria vida'; isso arrebatou-me e seduziu-me à tua doutrina. E, deveras, com meu próprio sangue implementei meu próprio conhecimento!"

– "Como bem se vê", pensou Zaratustra; pois o sangue ainda corria do braço desnudo do consciencioso. Dez sanguessugas haviam se aferrado ao mesmo.

"Ó, estranho companheiro, o quanto me ensina esta visão que és tu! E nem tudo poderia eu talvez verter em tuas severas orelhas!

"Pois bem! Separamo-nos aqui! No entanto, gostaria de te reencontrar. Ali acima encontra-se o caminho para a minha caverna: esta noite deves ser meu ilustre convidado!

"Gostaria também de remediar em teu corpo que Zaratustra te tenha pisado com os pés: é nisso que penso. Agora, porém, um grito de socorro me chama com urgência para longe de ti."

Assim falou Zaratustra.

O feiticeiro

1.

Ao contornar um rochedo, Zaratustra viu, não muito abaixo de si, sobre o mesmo caminho, um homem que agitava os membros como que em frenesi, até que finalmente caiu duro sobre a terra. "Para!" falou Zaratustra a seu coração. "Aquele ali haverá de ser o homem mais elevado, dele veio aquele horrível grito de socorro – quero ver se é possível ajudar." Quando, porém, foi até o local onde o homem estava deitado no chão, encontrou um velho trêmulo de olhos vidrados; e por mais que Zaratustra se esforçasse para pô-lo novamente de pé, era em vão. O infeliz tampouco parecia notar que alguém o segurava; pelo contrário, ele olhava ao redor com gestos comoventes, como alguém solitário, abandonado por todo o mundo. Mas por fim, após muito tremer, estremecer e se retorcer em contração, começou a se lamentar assim:

Quem me aquece, quem me ama ainda?
Dai-me mãos quentes!
Dai-me braseiros cordiais!
Estendido, estremecendo,
Como um moribundo cujos pés são aquecidos –
Sacudido, ah!, por febres desconhecidas,
Tremendo de pontiagudas e gélidas flechas de gelo,
Caçado por ti, pensamento!
Inominável! Oculto! Aterrador!
Tu, caçador por detrás das nuvens!
Fulminado por teu raio,
Por ti, olho zombeteiro que me observas da escuridão:
– assim estou deitado,
Dobro-me, contorço-me, torturado
Por todos os eternos martírios,
Atingido
Por ti, caçador crudelíssimo,
Tu – deus desconhecido!

Atinge mais fundo,
Atinge uma vez mais!
Perfura, despedaça este coração!
De que serve este martírio
Com flechas cegas?
Por que olhas novamente,
Não cansado da tortura humana,
Com maliciosos olhos divinos e relampejantes?
Não queres matar,
Apenas martirizar, martirizar?
Para que – martirizar *a mim*,
Ó cruel deus desconhecido? –

Haha! Tu te aproximas, sorrateiro?

Em uma meia-noite como esta
Que queres tu? Fala!
Pressionas-me, apertas-me –
Ha! Já demasiado próximo!
Sai! Sai!
Ouves-me respirar,
Auscultas o meu coração,
Ciumento que és –
Mas ciumento de quê?
Sai! Sai! Para quê a escada?
Queres *entrar*
No coração,
Embarcar em meus mais secretos
Pensamentos?
Desavergonhado! Desconhecido – bandido!
Que queres roubar,
Que queres ouvir,
Que queres com esta tortura,
Torturador?

Ó – deus-carrasco!
Ou deverei, como um cão,
deitar e rolar diante de ti?
Entregando-me, fora de mim de entusiasmo,
Abanar amorosamente o rabo – para ti?

Em vão! Segue espetando,
Aguilhão crudelíssimo! Não,
Cão nenhum – apenas tua presa eu sou,
Caçador crudelíssimo!
Teu mais orgulhoso prisioneiro,
Ó bandido por detrás das nuvens!
Fala, enfim,
Que queres, salteador, de *mim*?
Oculto por raios! Desconhecido! Fala,
Que *queres*, deus desconhecido? – –

O quê? Um resgate?
Para quê queres um resgate?
Exige muito – isso aconselha meu orgulho!
E fala pouco – isso aconselha meu outro orgulho!
Haha!

Queres – a mim? A mim?
Eu – todo?

Haha!
E martirizas-me, néscio que és,
Desfazes meu orgulho com o martírio?
Dá-me *amor* – quem ainda me aquece?
Quem ainda me ama? – dá-me mãos quentes,
Dá-me braseiros cordiais,
Dá-me a mim, o mais solitário,
O gelo, ah!, sete vezes o gelo

Ensina a ansiar pelos inimigos,
Os próprios inimigos,
Dá-me, não, entrega-me,
Inimigo crudelíssimo,
– *tu*! – –

Sai!
Ele mesmo fugiu,
Meu último e único companheiro,
Meu grande inimigo,
Meu desconhecido,
Meu deus-carrasco! –

– Não! Volta,
Com todos os teus martírios!
Ao último de todos os solitários
Ó, volta!
Todos os meus rios de lágrimas correm
Até ti!
E a última chama de meu coração –
Arde *por ti*!
Oh, volta,
Meu deus desconhecido! Minha dor!
Minha última –
Felicidade!

2.

– Nesse momento, porém, Zaratustra não mais se conteve; tomou seu bastão e começou a bater com toda força sobre o lamuriento. "Para!" gritou, com um riso raivoso. "Para, seu ator! Falsário! Mentiroso até a medula! Eu bem te reconheço!

"Quero esquentar bem as tuas pernas, feiticeiro maldoso, entendo bem de aquecer as canelas de gente como tu!"

– “Deixa disso”, disse o velho, levantando-se de um salto. “Não bate mais, ó Zaratustra! Foi apenas de brincadeira que fiz assim!

“Tais coisas pertencem à minha arte; queria pôr-te à prova ao dar-te essa prova! E, deveras, bem me desmascaraste!

“Mas também tu – deste de ti uma prova nada pequena: tu és *duro*, sábio Zaratustra! Bates forte com tuas ‘verdades’; teu açoite forçou-me a expor – *essa* verdade!”

– “Não adules”, respondeu Zaratustra, ainda irritado e de olhar sombrio. “Tu, que és um ator até a medula! Tu és falso: que falas – da verdade?

“Tu, pavão dos pavões, tu, mar de vaidade, *o que* encenaste para mim, feiticeiro maldoso, em *quem* deveria eu crer quando tu te lamentavas de tal maneira?”

“*No penitente do espírito*”, disse o velho; “*ele* – encenava eu: tu mesmo inventaste outrora essa expressão –

“– o poeta e feiticeiro que finalmente volta contra si o seu espírito, o transformado que congela em seu mau saber e em sua má consciência.

“E haverás de confessar: demorou bastante, ó Zaratustra, até descobrires minha arte e minha mentira! Tu *creste* em minha necessidade enquanto seguravas minha cabeça com ambas as mãos –

“– eu te ouvi lamentar: ‘Ele foi amado insuficientemente, insuficientemente!’ Que eu te tenha enganado a tal ponto, por isso rejubilava internamente a minha maldade.”

“Haverás de ter enganado a outros, mais refinados que eu”, disse Zaratustra com rispidez. “Eu não me acautelo contra embusteiros, eu *preciso* ser incauto: assim o quer a minha sorte.

“Tu, porém – *precisas* enganar: até aí te conheço! Precisas sempre ter duplo, triplo, quádruplo e quíntuplo sentido! Também o que agora confessaste não me foi, nem de longe, verdadeiro ou falso o suficiente!

"Falsário vil, como poderias agir de outra maneira? Maquiarias até mesmo a tua doença ao te mostrares nu diante de teu médico.

"Assim maquiaste ainda agora diante de mim a tua mentira, ao dizer: 'Foi *apenas* de brincadeira que fiz assim!'. Havia também *seriedade* nisso, tu *és* um tanto penitente do espírito!

"Eu te adivinho bem: tu te tornaste o encantador de todos, mas contra ti mesmo não tens mais nenhuma mentira e ardil – tu te desencantaste para ti mesmo!

"Colheste o asco como tua única verdade. Nenhuma palavra é mais autêntica em ti, mas tua boca o é: quer dizer, o asco colado à tua boca." – –

– "Mas quem és tu?" exclamou o velho feiticeiro em tom altivo. "Quem se permite falar assim *comigo*, o maior que hoje vive?" – e um raio verde saltou de seu olho em direção a Zaratustra. Mas logo em seguida transformou-se e disse, entristecido:

"Ó, Zaratustra, estou cansado, minhas artes me causam asco, eu não sou *grande*, como simulo! Mas tu bem sabes – eu buscava a grandeza!

"Eu queria representar um grande homem e convenci a muitos: mas essa mentira foi além de minhas forças. Nela me rompo.

"Ó Zaratustra, tudo em mim é mentira; mas que eu me rompa – esse meu despedaçamento é *autêntico*!" –

"É honroso para ti", falou Zaratustra, sombrio, baixando o olhar, "é honroso para ti que tenhas buscado a grandeza, mas também essa busca te entrega. Tu não és grande.

"Velho feiticeiro vil, *isto* é o teu melhor e mais honesto, que eu honro em ti, que te tenhas cansado de ti mesmo e que tenhas pronunciado: 'Eu não sou grande'.

"*Nisso* te honro como um penitente do espírito: e, mesmo que apenas leve e sorrateiramente, nesse instante foste – autêntico.

"Mas fala, que buscas aqui em *minhas* florestas e em *meus* rochedos? E, ao te atravessares sobre o *meu* caminho, que prova querias de mim? –

"– com o que me tentavas, *a mim*?" –

Assim falou Zaratustra, e seus olhos faiscavam. O velho feiticeiro calou por um tempo, e depois disse: "Ter-te-ei tentado? Eu apenas – tento.

"Ó, Zaratustra, eu tento encontrar um homem autêntico, direito, simples, inequívoco, um homem pleno de honestidade, um cálice de sabedoria, um santo do conhecimento, um grande homem!

"Não sabes, ó Zaratustra? *Eu busco Zaratustra.*"

– E aqui se fez um longo silêncio entre ambos; Zaratustra, porém, afundou profundamente em seu próprio interior, de modo que cerrou os olhos. Mas então, retornando ao seu interlocutor, tomou a mão do feiticeiro e falou, pleno de gentileza e malícia:

"Pois bem! Ali acima encontra-se o caminho para a caverna de Zaratustra. Nela podes buscar aquele que queres encontrar.

"E pede conselho aos meus animais, à minha águia e à minha serpente: esses haverão de te ajudar na busca. Minha caverna, porém, é grande.

"Eu mesmo, decerto – eu ainda não vi nenhum grande homem. Mesmo o olho dos mais refinados é hoje grosseiro para aquilo que é grande. É o reino da plebe.

"Encontrei já um número de pessoas que se esticavam e se inflavam, e o povo gritava: 'Vede aí um grande homem!'. Mas em que ajudam todos esses foles? Ao final, o que sai deles é vento.

"Ao final estoura um sapo que se inflou por tempo demais: e então o que sai é vento. Alfinetar um inchado na barriga, isso chamo de um bom passatempo. Ouvi isso, jovens!

"Este hoje pertence à plebe: quem *sabe* ainda o que é grande e o que é pequeno? Quem buscaria aí a grandeza com sucesso? Somente um néscio: os néscios teriam sucesso.

"Tu buscas grandes homens, néscio estranho? Quem to *ensinou*? Há tempo para isso hoje? Ó vil buscador, por que – me tentas?" – –

Assim falou Zaratustra, de coração consolado, e seguiu risonho o seu caminho.

Fora de serviço

Contudo, não muito depois de Zaratustra ter se livrado do feiticeiro, viu ele novamente alguém sentado no caminho que percorria, um homem negro e esguio com uma cara pálida e macilenta: *esse* aborreceu-o violentamente. "Ai", falou ele a seu coração, "ali está sentada a tribulação disfarçada, isso me parece do feitio de sacerdotes: que querem *eles* em meu reino?

"Como? Mal escapei daquele feiticeiro: já me precisa atravessar o caminho outro praticante de magia negra –

"– um mestre bruxo praticante da imposição das mãos, um obscuro operador de milagres por graça divina, um ungido caluniador do mundo – que o diabo o carregue!

"Mas o diabo nunca se encontra no lugar que seria o seu: ele sempre chega atrasado, esse maldito anão aleijado!" –

Assim maldizia Zaratustra impaciente em seu coração e pensava em como passar desapercebido ao largo do homem negro sem lhe voltar o olhar: mas, vê só, não foi isso que ocorreu. Pois no mesmo instante o homem já o havia avistado; e, bem como alguém que topa com uma fortuna inesperada, pôs-se de pé com um salto e foi em direção a Zaratustra.

"Quem quer que sejas, caminhante", falou ele, "ajuda um perdido, um buscador, um velho homem que pode aqui facilmente se ferir!

"Este mundo aqui me é estranho e distante, também ouvi uivarem animais selvagens; e aquele que me poderia proporcionar proteção já não existe mais.

"Eu buscava o último homem devoto, um santo e eremita que, sozinho em sua floresta, ainda não ouvira nada daquilo que o mundo inteiro hoje sabe."

"*O que* sabe hoje o mundo todo?" perguntou Zaratustra. "Acaso que o velho deus, em que outrora o mundo inteiro crera, não mais vive?"

"Tu o dizes", respondeu o velho, perturbado. "E eu servi a esse velho deus até a sua última hora.

"Agora, porém, encontro-me fora de serviço, sem senhor, e no entanto não sou livre, e em momento algum estou alegre, a não ser em memórias.

"Por isso escalei estas montanhas, para finalmente fazer uma festa, como é próprio a um velho papa e pai da igreja: pois fica sabendo, eu sou o último papa! – uma festa de pias recordações e cultos.

"Mas agora ele mesmo está morto, o homem mais devoto, aquele santo da floresta que louvava constantemente o seu deus, cantando e cantarolando.

"Ele mesmo não mais encontrei ao encontrar sua cabana, mas dois lobos que uivavam por sua morte – pois todos os animais o amavam. Então parti.

"Terei vindo em vão até estas florestas e montanhas? Então decidiu meu coração buscar um outro, o mais devoto dentre todos aqueles que não creem em Deus – decidi buscar Zaratustra!"

Assim falou o ancião e mirou duramente aquele que estava diante dele; Zaratustra, porém, tomou a mão do velho papa e observou-a longamente com admiração.

"Vê só, honorável", disse ele então, "que bela e longa mão! Esta é a mão de alguém que sempre distribuiu bênçãos. Agora, porém, ela segura aquele que buscas: a mim, Zaratustra.

"Sou eu, o ateu Zaratustra, quem fala: quem é mais ateu que eu, para que eu me alegre com sua instrução?" –

Assim falou Zaratustra e penetrou com seus olhares os pensamentos e intenções do velho papa. Finalmente este começou a falar:

"Quem mais o amava e possuía agora também mais o perdeu:

"– vê só, serei eu mesmo então o mais ateu de nós dois? Mas quem poderia se alegrar com isso?" –

– "Tu o serviste até o final", perguntou Zaratustra, pensativo, após um silêncio profundo, "sabes *como* ele morreu? É verdade o que se diz, que a compaixão o sufocou,

"– que ele viu como *o homem* estava crucificado e não o suportou, de modo que o amor ao homem se tornou seu inferno e por fim sua morte?" – –

O velho papa, porém, não respondeu, mas desviou constrangido o olhar, com uma expressão sofrida e sombria.

"Deixa-o ir", disse Zaratustra após refletir longamente, ainda olhando o velho diretamente nos olhos.

"Deixa-o ir, ele se foi. E embora te honre que fales apenas bem desse morto, sabes, no entanto, tão bem quanto eu, *quem* ele era; e que seguia por estranhos caminhos."

"Dito entre três olhos", disse o velho papa, recobrando o ânimo (pois era cego de um olho), "em matéria de coisas divinas sou mais esclarecido que o próprio Zaratustra – e tenho permissão para sê-lo.

"Meu amor serviu-o durante longos anos, minha vontade fazia todas as suas vontades. Mas um bom servo sabe tudo, e mesmo certas coisas que o senhor oculta de si mesmo.

"Ele era um deus oculto, pleno de mistério. Deveras, nem mesmo um filho teve senão por vias tortuosas. À porta de sua crença encontra-se o adultério.

"Quem o exalta como um deus do amor não tem o próprio amor em alta estima. Não queria esse deus ser também juiz? Mas aquele que ama, ama para além de recompensa e retribuição.

"Quando jovem, esse deus oriental era duro e sedento por vingança, e criou um inferno para o deleite de seus favoritos.

"Finalmente, porém, envelheceu e amaciou e amoleceu e tornou-se compassivo, mais semelhante a um avô do que a um pai, mas mais semelhante ainda a uma velha e trêmula avó.

"Sentava-se, então, enrugado, diante do fogão, aflito devido a suas pernas fracas, cansado do mundo, cansado de querer, e um dia sufocou em sua compaixão excessiva." – –

"Velho papa", disse Zaratustra, interrompendo-o, "assististe a *isso* com teus próprios olhos? Poderia muito bem ter ocorrido assim: assim, *e também* diferentemente. Quando deuses morrem, morrem sempre de várias maneiras.

"Mas que seja! De um modo ou de outro, de qualquer modo – ele se foi! Ele ia contra o gosto de meus ouvidos e olhos, não quero dizer coisas piores a respeito dele.

"Eu amo tudo que tem o olhar claro e que fala honestamente. Mas ele – tu bem sabes, velho sacerdote, havia algo de tua estirpe nele, da estirpe sacerdotal – ele era ambíguo.

"Ele era também obscuro. Como se irava conosco, esse bufador de ira, por nós o termos entendido mal! Mas por que não falava de maneira mais transparente?

"E se o problema era com nossas orelhas, por que nos deu orelhas que o ouviam mal? Se havia lama em nossas orelhas, pois bem!, quem a teria metido ali?

"Coisas demais lhe saíram mal, a esse oleiro que não terminara o aprendizado! Mas que tenha se vingado em seus potes e em suas criaturas por lhe terem saído mal – isso foi um pecado contra o *bom gosto*.

"Também na devoção há bom gosto: *esse* falou finalmente: 'Fora com um deus como *esse*! É preferível não ter deus algum, é preferível fazer o destino com os próprios punhos, é preferível ser um néscio, é preferível nós mesmos sermos Deus!'"

– "Que ouço?", falou aqui o velho papa, de orelhas em pé. "Ó Zaratustra, tu és mais devoto do que crês, com uma descrença como essa! Algum deus em ti converteu-te ao teu ateísmo.

"Não é tua própria devoção que não mais permite que creias em um deus? E tua honestidade desmedida haverá também de levar-te para além de bem e mal!

"Pois vê bem, o que é que restou para ti? Tens olhos e mão e boca que foram determinados há uma eternidade para abençoar. Não se abençoa somente com a mão.

"Em tua proximidade, embora queiras ser o mais ateu de todos, farejo um secreto e incensado perfume de longas bênçãos: sinto-me bem e mal com ele.

"Deixa-me ser teu hóspede, ó Zaratustra, por uma única noite! Em parte alguma na terra me sinto melhor agora do que contigo!" –

"Amém! Assim seja!" falou Zaratustra com grande espanto. "Por ali sobe o caminho, lá encontra-se a caverna de Zaratustra.

"Teria prazer, deveras, em acompanhar-te eu mesmo até lá, ó honorável, pois amo todos os homens devotos. Mas agora um grito de socorro me chama para longe de ti.

"Em meu domínio ninguém deve sofrer danos; minha caverna é um porto seguro. E o que mais quero é pôr cada infeliz de volta em terra firme e de pé sobre pernas firmes.

"Mas quem te tomaria o peso de *tua* melancolia dos ombros? Sou demasiado fraco para tanto. Um longo tempo, deveras, poderemos esperar, até que alguém desperte novamente o teu deus.

"Pois esse velho deus não vive mais: ele está completamente morto." –

Assim falou Zaratustra.

O homem mais feio de todos

– E novamente os pés de Zaratustra correram por montanhas e florestas, e seus olhos buscavam e buscavam, mas em parte alguma viam aquele que queriam ver, o grande necessitado que gritava por socorro. Durante todo o caminho, porém, rejubilava-se em seu coração e sentia-se agradecido. "Com que coisas boas", falou ele, "presenteou-me este dia, para compensar que tenha começado mal! Que estranhos interlocutores encontrei!

"Quero agora mastigar longamente as suas palavras, como se fossem bons grãos; meu dente haverá de moê-las e triturá-las até que me fluam para a alma como leite!" –

Mas quando o caminho fez novamente uma curva em torno de um rochedo, a paisagem modificou-se de uma vez, e Zaratustra penetrou em um reino da morte. Aqui se erguiam altos rochedos negros e vermelhos: não havia erva alguma, árvore alguma, nenhuma voz de pássaro. Pois este era um vale evitado por todos os animais, inclusive os predadores; apenas uma espécie de serpentes feias, gordas e verdes, quando envelheciam, vinham até aqui para morrer. Por isso os pastores chamavam este vale de: Morte da serpente.

Zaratustra, porém, afundou em uma recordação sombria, pois sentia-se como se já tivesse estado alguma vez neste vale. E muitos pesares oprimiram seu ânimo: de modo que andava vagarosamente, e cada vez mais devagar, até que finalmente se deteve. Mas quando abriu os olhos viu sentado sobre o caminho algo com uma forma humana, ou quase humana, algo inefável. E de um só golpe Zaratustra foi tomado pelo grande constrangimento de ter visto algo assim com seus olhos: enrubescendo até os brancos cabelos, desviou o olhar e ergueu o pé para deixar aquele lugar vil. Mas então se fez som no ermo morto: pois do solo brotou um gargarejar e estertorar, como de água que, à noite, gargareja e estertora através de canos entupidos; e por fim fizeram-se disso uma voz e uma fala humanas que diziam assim:

"Zaratustra! Zaratustra! Soluciona meu enigma! Fala, fala! Qual é *a vingança contra a testemunha*?

"Eu te convido a voltar, aqui o gelo é escorregadio! Cuida, cuida para que teu orgulho não quebre aqui as pernas!

"Tu te consideras sábio, orgulhoso Zaratustra! Soluciona, então, o enigma, duro quebra-nozes – o enigma que eu sou! Fala, então: quem sou *eu*?"

– Mas, tendo Zaratustra ouvido essas palavras – que pensais que se passou com sua alma? *Acometeu-lhe a compaixão*; e ele foi ao chão de uma só vez, como um carvalho que resistiu longamente a muitos lenhadores – pesado, subitamente, para susto até mesmo daqueles que o queriam derrubar. Mas logo em seguida se ergueu, e seu semblante endureceu.

"Eu te conheço bem", falou ele com voz brônzea: "*tu és o assassino de Deus*! Deixa-me ir.

"Não *suportastes* aquele que te via, *a ti* – que te via sempre e em cada detalhe, ó homem mais feio de todos! Vingaste-te dessa testemunha!"

Assim falou Zaratustra, e quis partir; mas o inefável agarrou uma ponta de sua roupagem e começou novamente a gargarejar e a buscar palavras. "Fica!" disse ele finalmente –

– "Fica! Não passa ao largo! Eu adivinhei que machado te arrebatou ao solo: ditoso de ti, ó Zaratustra, por te encontrares novamente de pé!

"Tu adivinhaste, bem o sei, o estado de ânimo daquele que o matou – do assassino de Deus. Fica! Senta-te aqui comigo, não será em vão.

"Quem quereria eu encontrar, se não a ti? Fica, senta-te! Mas não me olhes! Honra assim – a minha feiura!

"Eles me perseguem: agora és *tu* meu último refúgio. *Não* com seu ódio, *não* com seus esbirros: – oh, eu faria troça de uma perseguição desse tipo, e dela estaria orgulhoso e contente!

"Não foram todos os bem-sucedidos até agora os bem-perseguidos? E quem persegue bem, aprende facilmente a *seguir*: pois já vai – atrás! Mas é de sua *compaixão* –

"– é de sua compaixão que eu fujo e busco refugiar-me contigo. Ó Zaratustra, protege-me, meu último refúgio, o único que me adivinhou:

"– tu adivinhaste o estado de ânimo daquele que matou a *ele*. Fica! E se quiseres ir, impaciente que és: não vai pelo caminho do qual eu venho. *Esse* caminho é ruim.

Zangas-te comigo por eu já estar há tempo demais tagarelando? Por eu já te aconselhar? Mas sabe que sou eu, o homem mais feio de todos,

"– que também tenho os maiores e mais pesados pés. Por onde *eu* andei, o caminho é ruim. Eu pisoteio todos os caminhos até a morte e a desonra.

"Mas por terdes passado ao largo de mim, calado; por terdes enrubescido, bem o vi: por isso te reconheci como Zaratustra.

"Qualquer outro me teria jogado suas esmolas, sua compaixão, com o olhar e com a fala. Mas para isso – não sou mendigo o suficiente, isso adivinhaste tu –

"– sou demasiado *rico* para isso, rico no que é grande, no que é assustador, no que é mais feio que tudo, no que é mais inefável! Tua vergonha, ó Zaratustra, *honrou-me*!

"Por necessidade saí do aperto dos compassivos – para encontrar o único que hoje ensina: 'A compaixão é importuna' – a ti, ó Zaratustra!

"– seja a compaixão de um deus, seja a dos homens: ser compassivo é avesso ao pudor. E não querer ajudar pode ser mais elegante do que essa virtude que acode.

"*Isto*, porém, é chamado hoje de virtude, mesmo entre toda a gente pequena, a compaixão – eles não têm veneração diante do grande infortúnio, da grande feiura, do grande insucesso.

"Meu olhar passa por sobre todos eles, como um cão olha por cima dos lombos de densos rebanhos ovinos.

São uma gente pequena e cinzenta, bem lanosa e bem-intencionada.

"Como uma garça que olha com desprezo por sobre lagoas rasas, com a cabeça retraída: assim olho por sobre a multidão de pequenas vagas e vontades e almas.

"Foi-lhes dado razão por tempo demais, a essa gente pequena: *assim* lhes foi dado finalmente também o poder – agora ensinam: 'Bom é apenas aquilo que a gente pequena considera bom'.

"E 'verdade' significa hoje o que falou aquele pregador que também veio dentre eles, aquele estranho santo e apologeta da gente pequena, que testemunhava de si: 'Eu – sou a verdade'.

"Esse imodesto já faz há muito tempo a crista da gente pequena se eriçar, inflada – ele, que ensinava um equívoco nada pequeno ao ensinar 'eu – sou a verdade'.

"Ter-se-á jamais respondido de maneira mais cortês a um imodesto? – Mas tu, ó Zaratustra, passaste ao largo dele e falaste: 'Não! Não! Três vezes não!'.

"Tu advertiste quanto ao seu equívoco, foste o primeiro a advertir contra a compaixão – não a todos, nem a ninguém, mas a ti e aos de tua índole.

"Tu te constranges com a vergonha do grande sofredor; e deveras, quando falas: 'Da compaixão vem uma grande nuvem, atenção, ó homens!'.

"– quando ensinas: 'Todos os criadores são duros, todo grande amor encontra-se acima de sua compaixão': ó Zaratustra, como me pareces bem instruído quanto aos sinais meteorológicos!

"Tu mesmo, porém – adverte-te a ti mesmo também de *tua própria* compaixão! Pois há muitos a caminho para encontrar-te, muitos sofredores, duvidosos, desesperados, afogados, congelados –

"Advirto-te também quanto a mim. Tu adivinhaste o meu melhor, pior enigma, a mim mesmo e aquilo que fiz. Eu conheço o machado que te derruba.

"Mas ele – *precisava* morrer: ele via com olhos que viam *tudo* – ele via as profundezas mais íntimas do homem, toda a sua ignomínia e sua feiura ocultas.

"A sua compaixão era sem pudores: ele se esgueirou por minhas dobras mais imundas. Esse curiosíssimo, excessivamente importuno, excessivamente compassivo precisava morrer.

"Ele sempre via *a mim*: queria me vingar dessa testemunha – ou não mais viver eu mesmo.

"O deus que a tudo via, *inclusive o homem*: esse deus precisou morrer! O homem não *suporta* que viva uma testemunha como essa."

Assim falou o homem mais feio de todos. Zaratustra, porém, ergueu-se e preparou-se para partir: pois sentia um frio penetrar-lhe as entranhas.

"Ó inefável, disse ele, "advertiste-me quanto ao teu caminho. Em agradecimento louvo-te o meu. Olha, ali em cima encontra-se a caverna de Zaratustra.

"Minha caverna é grande e profunda e tem muitos cantos; lá até o mais oculto encontra seu esconderijo. E em suas proximidades há uma centena de buracos e caminhos secretos para criaturas rastejantes, esvoaçantes e saltadoras.

"Ó banido que te baniste a ti mesmo, não queres viver entre homens e compaixões humanas? Pois bem, faz como eu! Assim aprenderás também comigo; apenas obrando é que se aprende.

"E fala primeiro com meus animais! O animal mais orgulhoso e o mais astuto – eles haverão de ser para ambos nós os conselheiros corretos!" – –

Assim falou Zaratustra e seguiu seu caminho, ainda mais reflexivo e lento que antes: pois perguntava-se muitas coisas e tinha dificuldades para responder a si mesmo.

"Como é pobre o homem!", pensou ele em seu coração. "Como é feio, estertorante, pleno de vergonha oculta!

"Dizem que o homem se ama a si mesmo: ah, como precisa ser grande esse amor-próprio! Quanto desprezo tem contra si!

"Também esse aí se amava tanto quanto se desprezava – ele é para mim um grande amante e um grande desprezador.

"Ainda não encontrei ninguém que se tenha desprezado mais profundamente: também *isso* é ser elevado. Ai, será *ele* o homem mais elevado cujo grito ouvira?

"Eu amo os grandes desprezadores. O homem, porém, é algo que precisa ser superado." – –

O mendigo voluntário

Tendo deixado o homem mais feio de todos, Zaratustra sentiu-se frio e solitário: pois lhe passavam muitas coisas frias e solitárias pela mente, de modo que por isso também seus membros se resfriaram. Mas ao seguir escalando cada vez mais, para cima, para baixo, ora ao largo de verdes prados, mas também por sobre leitos selvagens e pedregosos, nos quais outrora riachos impacientes teriam se deitado: então se sentiu subitamente reaquecido e bem-disposto.

"O que me terá ocorrido?" perguntou-se. "Algo morno e vivo refresca-me; deve estar aqui por perto.

"Já me encontro menos solitário; companheiros e irmãos inconscientes vagueiam em meu entorno, e seu hálito morno toca minha alma."

Quando, porém, olhou à sua volta, procurando os consoladores de sua solidão: vê só, eram vacas que se encontravam reunidas sobre um outeiro, cuja proximidade e cujo odor aqueceram o coração de Zaratustra. Mas as vacas pareciam ouvir com entusiasmo alguém que falava, e não atentavam àquele que se aproximava. Estando, porém, bem próximo delas, Zaratustra ouviu nitidamente que uma voz humana falava dentre as vacas; e era visível que todas elas voltavam as cabeças para aquele que falava.

Zaratustra, então, subiu de um salto até elas, e abriu caminho entre os animais, pois temia que alguém estivesse sofrendo penas que dificilmente seriam aliviadas pela compaixão de vacas. Mas estava enganado; pois vê só, havia lá um homem sentado sobre a terra que parecia dizer aos animais que eles não deviam se sentir intimidados por ele, um homem pacífico e um pregador da montanha, de cujos olhos a própria bondade pregava. "Que buscas aqui?", exclamou Zaratustra com estranhamento.

"O que busco aqui?" respondeu o homem. "O mesmo que tu, perturbador da paz, a saber, a fortuna terrena.

"Para tanto quero, porém, aprender com estas vacas. Pois fica sabendo que já lhes falo há meia manhã, e elas estavam prestes a me responder. Mas por que as incomodas?

"Se não nos convertermos e nos tornarmos como as vacas, não entraremos no reino dos céus. Pois deveríamos aprender com elas uma coisa: a ruminação.

"E, deveras, mesmo que o homem ganhasse o mundo inteiro, sem, no entanto, aprender esta única coisa, a ruminação: de que serviria? Ele não se livraria de sua aflição

"– de sua grande aflição: esta, porém, chama-se hoje *asco*. Quem não tem hoje o coração, a boca e os olhos plenos de asco? Também tu! Também tu! Mas vê só estas vacas!" –

Assim falou o pregador da montanha e voltou então o olhar para Zaratustra – pois até aquele momento estivera a observar as vacas com amor: naquele instante, porém, transformou-se. "Quem é este com quem falo?", exclamou assustado, erguendo-se de um salto.

"Este é o homem sem asco, este é o próprio Zaratustra, o superador do grande asco, este é o olho, esta a boca, este o coração do próprio Zaratustra."

E, ao falar assim, beijava as mão daquele a quem falava com olhos transbordantes, e comportava-se exatamente como alguém a quem um presente valioso, um tesouro cai do céu de maneira imprevista. As vacas, porém, assistiam a tudo aquilo, espantadas.

"Não fales de mim, homem estranho! Amável!", disse Zaratustra, defendendo-se de sua delicadeza. "Fala-me primeiramente de ti! Não és o mendigo voluntário que outrora dispensou uma grande riqueza –

"– que se envergonhava de sua riqueza e dos ricos, e que fugiu para os paupérrimos, para presenteá-los com sua plenitude e com seu coração? Mas eles não o aceitaram."

"Mas eles não me aceitaram", disse o mendigo voluntário, "bem o sabes. De modo que finalmente vim até os animais e a estas vacas."

"Aprendeste então", interrompeu-o Zaratustra, "como é mais difícil dar corretamente do que tomar corretamente, e que presentear bem é uma *arte* e a última e mais ardilosa maestria da bondade."

"Especialmente hoje em dia", respondeu o mendigo voluntário: "hoje, quando tudo que é baixo se fez insurgente e intratável e altivo à sua maneira: isto é, à maneira da plebe.

"Pois veio a hora, bem o sabes, do grande e vil e longo e lento levante da plebe e dos escravos: ele não para de crescer!

"Agora indignam-se os baixos com toda beneficência e toda pequena doação; e que os superabundantes fiquem à espreita!

"Quem goteja hoje, como uma garrafa abaulada, através de um gargalo demasiado estreito: – dessas garrafas tem-se hoje em dia prazer em quebrar o gargalo.

"Cobiça lasciva, inveja biliosa, rancor vingativo, orgulho plebeu: tudo isso me saltou no rosto. Não é mais verdade que os pobres sejam bem-aventurados. O reino dos céus, porém, encontra-se entre as vacas."

"E por que não entre os ricos?", perguntou Zaratustra de maneira tentadora, afastando as vacas que bufavam com confiança para o homem pacífico.

"Por que me tentas?" respondeu ele. "Tu mesmo sabes, melhor ainda que eu. Pois o que me levou aos mais pobres, ó Zaratustra? Não foi o asco de nossos mais ricos?

"– dos prisioneiros da riqueza, que leem, com olhos frios e pensamentos lúbricos, em todo lixo a vantagem que dele podem tirar, dessa chusma cujo fedor sobe até aos céus,

"– dessa plebe dourada, falsificada, cujos pais eram gatunos ou abutres ou trapeiros, condescendente com as mulheres, lasciva, esquecida – pois todos estão bastante próximos de serem eles mesmos putas –

"plebe em cima, plebe embaixo! O que significa hoje 'pobre' e 'rico'? Desaprendi essa diferença – e então fugi, para cada vez mais longe, até que cheguei a estas vacas."

Assim falou o pacífico, e bufava e suava com suas palavras: de modo que as vacas novamente se espantaram.

Mas enquanto ele falava com tal dureza, Zaratustra ficou a olhá-lo no rosto, sorrindo e sacudindo calado a cabeça.

"Tu cometes violência contra ti mesmo, pregador da montanha, ao utilizar palavras tão duras. Para uma tal dureza não te cresceu a boca, nem o olho.

"Tampouco, conforme me parece, o teu estômago: para *ele* são indigestos toda essa ira e esse ódio espumante. Teu estômago quer coisas mais suaves: não és um carniceiro.

"Pareces-me muito mais um herbívoro e comedor de raízes. Talvez moas grãos. Seguramente, porém, és avesso a alegrias carnais e amas o mel."

"Adivinhaste-me bem", respondeu o mendigo voluntário, de coração aliviado. "Eu amo o mel, também moo grãos, pois eu buscava coisas de sabor agradável, que fazem bom hálito:

"– também aquilo que precisa de longo tempo, um trabalho para dias e bocas de ociosos suaves e mandriões.

"O mais longe, decerto, levaram-no as vacas: inventaram para si a ruminação e o deitar-se ao sol. Também se abstêm de todos os pensamentos pesados que inflam o coração."

– "Pois bem!" disse Zaratustra. "Devias ver também os *meus* animais, minha águia e minha serpente – não há outros como eles hoje sobre a terra.

"Olha, ali encontra-se o caminho que leva à minha caverna: sê seu hóspede esta noite. E fala com meus animais sobre a fortuna animal –

"– até que eu mesmo retorne ao lar. Pois agora um grito de socorro me chama urgentemente para longe de ti. Em minha caverna também encontrarás mel novo, um mel fresco de favos dourados: come-o!

"Agora, porém, despede-te depressa de tuas vacas, homem estranho! amável! – embora seja difícil para ti. Pois são tuas amigas mais cálidas e tuas mestras!" –

"– A não ser por um, que eu amo ainda mais", respondeu o mendigo voluntário. "Tu mesmo és bom e melhor ainda do que uma vaca, ó Zaratustra!"

"Fora! Fora daqui, adulador malicioso!", exclamou Zaratustra com maldade. "Por que me arruínas com esse louvor e esse mel de adulação?"

"Fora! Para longe de mim!", gritou mais uma vez, sacudindo seu bastão em direção ao mendigo delicado: este, porém, fugiu depressa dali.

A sombra

Mas mal fugira o mendigo voluntário, deixando Zaratustra novamente só consigo mesmo, ele ouviu atrás de si uma nova voz, que chamava: "Para! Zaratustra! Espera! Sou eu, ó Zaratustra, eu, tua sombra!". Mas Zaratustra não esperou, pois foi tomado de um súbito desgosto devido ao excesso de tumulto e aperto em suas montanhas. "Onde terá ido parar a minha solidão?", falou.

"Deveras, já estou ficando farto; esta serra parece um formigueiro, meu reino já não é mais *deste* mundo, eu preciso de montanhas novas.

"Minha sombra me chama? Que importa a minha sombra! Que ela me siga! Eu – fujo dela."

Assim falou Zaratustra a seu coração e saiu correndo. Mas aquela que vinha atrás dele seguia-o: de modo que logo haviam três corredores, um atrás do outro, a saber, adiante o mendigo voluntário, depois Zaratustra e em terceiro e último lugar a sua sombra. Não muito correram assim até que Zaratustra se deu conta de sua tolice e sacudiu de um só golpe todo desgosto e fastio de si.

"O quê?" disse ele. "Já não se passaram desde sempre as coisas mais ridículas conosco, velhos eremitas e santos?

"Deveras, a minha tolice cresceu até o tamanho de uma montanha! Agora ouço seis pernas velhas e néscias batendo umas atrás das outras!

"Mas será permitido a Zaratustra temer uma sombra? Também me parece que, no final das contas, ela tem pernas mais longas que eu."

Assim falou Zaratustra, rindo com olhos e entranhas, parou e virou-se rapidamente – e vê só, quase derrubou com isso a sua perseguidora e sombra no chão: tão próxima já estava ela de seus calcanhares, e tão fraca era ela também. Pois ao examiná-la com os olhos, assustou-se como que diante de uma súbita aparição fantasmagórica: tão magro, escuro, oco e vetusto era o aspecto dessa perseguidora.

"Quem és tu?" perguntou Zaratustra com veemência. "Que fazes aqui? E por que te chamaste minha sombra? Tu não me agradas."

"Perdoa-me", respondeu a sombra, "por eu sê-lo; e se não te agrado, pois bem, ó Zaratustra!, louvo-te por isso e o teu bom gosto.

"Sou um andarilho que já andou muito em teu encalço: sempre a caminho, mas sem destino, também sem lar: de modo que me falta realmente pouco para ser um judeu errante, a não ser pelo fato de eu nem errar eternamente, nem ser judeu.

"Como? É preciso que eu esteja sempre a caminho? Movido por cada vento, inconstante, levado adiante? Ó terra, tornaste-te demasiado esférica para mim!

"Já me sentei sobre toda superfície, como poeira cansada dormi sobre espelhos e vidraças: tudo toma de mim, nada dá, eu emagreço – sou quase uma sombra.

"Mas atrás de ti, ó Zaratustra, voei e fui arrastado por mais tempo, e embora me escondesse de ti, fui também tua melhor sombra: onde quer que te tenhas sentado, lá também me sentei eu.

"Contigo percorri os mundos mais distantes e gelados, como um fantasma que caminha voluntariamente por sobre telhados invernais e neve.

"Contigo ansiava por tudo que fosse proibido, péssimo, distante: e se algo em mim é virtude, então é que eu não tenha temido nenhuma proibição.

"Contigo rompi tudo que meu coração já honrou, derrubei todos os marcos fronteiriços e todas as imagens, persegui os desejos mais perigosos – deveras, não há crime pelo qual não tenha passado alguma vez.

"Contigo desaprendi a crer em palavras e valores e em grandes nomes. Se o diabo se despela, também não lhe cai com isso seu nome? Pois esse nome também é pele. O próprio diabo talvez seja – pele.

"'Nada é verdadeiro, tudo é permitido': assim falei a mim. Lancei-me nas águas mais frias, de cabeça e coração. Ah, quantas vezes não fiquei por isso nu como um caranguejo vermelho?

"Ah, para onde terá ido tudo que é bom e todo recato e toda crença nos bons? Ah, para onde terá ido aquela inocência mentida que eu outrora possuí, a inocência dos bons e de suas nobres mentiras?

"Com demasiada frequência, deveras, segui no encalço da verdade: pisava-me então a cabeça. Às vezes pretendia mentir, e, olha só!, somente então acertava – a verdade.

"Coisas demais esclareceram-se para mim: agora não me interessam mais absolutamente. Nada do que eu amo vive mais – como haveria de ainda me amar a mim mesmo?

"'Viver como me apraz ou não viver em absoluto': assim quero, assim quer também o maior de todos os santos. Mas ai! Como terei *eu* ainda – prazer?

"Terei *eu* ainda – uma meta? Um porto em direção ao qual a *minha* vela navega?

"Um bom vento? Ah, apenas quem sabe *para onde* vai sabe também qual vento é bom e apropriado para sua viagem.

"O que me restou? Um coração cansado e insolente; uma vontade inconstante; asas esvoaçantes; uma coluna quebrada.

"Essa busca pelo *meu* lar: ó Zaratustra, tu bem sabes que essa busca foi a *minha* sina; ela me consome.[11]

"'Onde é – *meu* lar?' Isso pergunto e busco e busquei, mas sem o encontrar. Ó eterno por toda parte, ó eterno em lugar algum, ó eterno – em vão!"

Assim falou a sombra, e o rosto de Zaratustra acompridou-se com suas palavras. "Tu és a minha sombra!" disse ele finalmente, com tristeza.

"Teu perigo não é nada pequeno, espírito livre e andarilho! Tiveste um mau dia: cuida para que também a noite não te caia mal!

"A inconstantes como tu, também uma prisão parece ao fim uma bem-aventurança. Jamais viste como dormem os criminosos aprisionados? Eles dormem tranquilos, desfrutam de sua nova segurança.

"Cuida para que ao final também tu não sejas capturado por uma crença estreita, uma dura, severa ilusão! Pois a ti seduz e tenta agora aquilo que é estreito e firme.

"Perdeste a meta: ai, como haverás de te livrar dessa perda e de te consolar quanto a ela? Com isso – perdeste também o caminho!

"Pobre errante, delirante borboleta cansada! Queres ter esta noite um descanso e uma morada? Sobe então à minha caverna!

"Ali está o caminho que leva à minha caverna. E agora quero novamente fugir de ti, o quanto antes. Já se encontra sobre mim algo como uma sombra.

---

11. Nietzsche decompõe a palavra alemã *Heimsuchung* ("sina", "desgraça") em *Heim-* ("lar") e *-suchung* ("busca") – de modo que a sina do caminhante-sombra consiste na busca pelo seu lar. (N.T.)

"Eu quero andar só, para que se faça novamente luz à minha volta. Para tanto, preciso estar ainda um longo tempo alegre sobre minhas pernas. Ao cair da noite, porém, iremos lá em casa – dançar!" – –

Assim falou Zaratustra.

Ao meio-dia

– E Zaratustra correu e correu sem encontrar mais ninguém e ficou só e encontrou-se sempre renovadamente a si mesmo e desfrutou e saboreou sua solidão pensando em coisas boas – por horas a fio. Por volta do meio-dia, porém, quando o Sol se encontrava diretamente sobre a cabeça de Zaratustra, ele passou por uma velha árvore retorcida e nodosa, envolta pelo rico amor de uma videira e oculta de si mesma: dessa última pendiam uvas amarelas em abundância de encontro ao caminhante. Veio-lhe então o desejo de saciar uma pequena sede e colher para si uma uva; quando, porém, já estendia o braço para fazê-lo, veio-lhe um desejo ainda mais forte por outra coisa, a saber: deitar-se ao lado da árvore, pela hora do pleno meio-dia, e dormir.

Isso fez Zaratustra; e, tão logo se deitou no chão, no silêncio misterioso da relva multicolor, já havia esquecido sua pequena sede e adormeceu. Pois, conforme diz o provérbio de Zaratustra: uma coisa é mais necessária que a outra. Seus olhos, no entanto, permaneceram abertos: pois não se saciavam de ver e de exaltar a árvore e o amor da videira. Ao adormecer, porém, Zaratustra falou assim ao seu coração:

Silêncio! Silêncio! Não se encontrava o mundo ainda agora pleno? O que me estará acontecendo?

Como um vento gracioso, invisível, dança sobre mares planos, leve como uma pluma: assim – dança o sono sobre mim.

Nenhum olho ele me cerra, a minha alma deixa desperta. Ele é leve, deveras!, como uma pluma.

Ele me convence, não sei como, toca-me de leve por dentro com mão aduladora, coage-me. Sim, ele me coage a esticar minha alma –

– como se faz comprida e cansada a minha estranha alma! Ter-lhe-á caído a noite de um sétimo dia justamente ao meio-dia? Terá ela já vagado tempo demais em bem-aventurança por entre coisas boas e maduras?

Ela se estica, se encomprida, – mais e mais! Ela se deita calada, minha alma estranha. Demasiadas coisas boas já degustou, essa áurea tristeza aperta-a, ela aperta os lábios.

– Como um navio que adentrou sua baía mais tranquila: – encosta-se agora contra a terra, cansada das longas viagens e dos mares incertos. Não é a terra mais fiel?

Quando um navio como esse atraca, se aconchega à terra – então é suficiente que uma aranha teça sua teia entre ele e a terra. Não lhe são necessárias amarras mais fortes que isso.

Como um navio cansado na mais calma baía: assim jazo também eu agora junto à terra, fiel, confiante, aguardando, atado a ela com os fios mais silenciosos.

Ó fortuna! Ó fortuna! Acaso queres cantar, ó alma minha? Encontras-te deitada sobre a relva. Mas esta é a hora sagrada e secreta, em que pastor algum sopra sua flauta.

Poupa-te! O meio-dia quente dorme sobre os campos. Não cantes! Silêncio! O mundo encontra-se pleno.

Não cantes, ave dos prados, ó alma minha! Nem mesmo sussurres! Vê só – silêncio! O velho meio-dia dorme, ele move a boca: não bebe ele agora uma gota de fortuna –

– uma velha e morena gota da áurea fortuna, vinho dourado? Ela desliza por sobre ele, a sua fortuna ri. Assim – ri um deus. Silêncio! –

– "Para a fortuna, o quão pouco já basta para a fortuna!" Assim falei outrora, crendo-me astuto. Mas tratava-se de uma blasfêmia: *isso* aprendi agora. Néscios astutos falam melhor.

Justamente o mínimo, o mais silencioso, mais leve, o ruído de um lagarto, um hálito, um deslizar, um piscar de olhos – o *pouco* constitui a característica da *melhor* fortuna. Silêncio!

– O que me terá ocorrido: ouve! Terá o tempo fugido voando? Não caio eu? Não terei eu caído – ouve! – no poço da eternidade?

– O que me ocorre? Silêncio! Espeta-me – ai – o coração? O coração! Ó coração, rompe-te, rompe-te após uma fortuna como essa, após uma aguilhoada como essa!

– Como? Não estava o mundo pleno agora há pouco? Redondo e maduro? Ó, a argola dourada e rotunda – para onde voará? Eu correrei atrás dela! Depressa!

Silêncio – – (e aqui Zaratustra se estirou e sentiu que dormia.)

"De pé!", disse a si mesmo. "De pé, ó adormecido! Sesteiro! Pois bem, que seja, velhas pernas! É tempo, é mais que tempo, ainda vos resta boa parte do caminho –

"Agora dormistes bem, mas por quanto tempo? Uma meia eternidade! Pois bem, que seja então, meu velho coração! De quanto tempo necessitarás, após um sono como esse – para despertar?"

(Mas logo em seguida adormeceu novamente, e sua alma argumentava contra ele e defendia-se e tornava a deitar) – "Deixa-me! Silêncio! Não estava o mundo pleno agora há pouco? Ó, a esfera dourada e rotunda!" –

"Levanta", falou Zaratustra, "pequena bandida, mandriona! Como? Ainda te espreguiças, bocejas, suspiras, ainda cais em poços profundos?

"Mas quem és tu, ó alma minha?" (E aqui assustou-se, pois um raio de sol caiu do céu sobre seu rosto)

"Ó céu sobre mim", falou, suspirando e sentando-se ereto, "tu me observas? Tu escutas a minha estranha alma?

"Quando beberás esta gota de orvalho que caiu sobre todas as coisas terrenas – quando beberás esta estranha alma –

"– quando, poço da eternidade!, alegre e assustador abismo do meio-dia!, quando voltarás a absorver em ti a minha alma?"

Assim falou Zaratustra, levantando-se de seu leito ao pé da árvore como que de uma estranha embriaguez: e vê só, o Sol ainda se encontrava diretamente sobre sua cabeça. E disso seria possível concluir corretamente que Zaratustra não dormira muito tempo.

A saudação

Foi apenas ao fim da tarde que Zaratustra, após buscar e vagar longamente em vão, retornou à sua caverna. Quando, porém, se viu diante dela, nem mesmo a vinte passos de distância, ocorreu aquilo que ele agora menos esperava: ouviu novamente o grande *grito de socorro*. E, incrível!, desta vez ele vinha de dentro de sua própria caverna. Tratava-se, porém, de um grito longo, estranho, múltiplo, e Zaratustra distinguiu com clareza que era composto de muitas vozes: embora, ouvido à distância, soasse como um grito saído de uma única boca.

Zaratustra saltou imediatamente em direção à sua caverna, e olha!, que espetáculo aguardava seus olhos após o que se oferecera aos seus ouvidos! Pois lá se encontravam sentados uns com os outros todos aqueles pelos quais passara ao longo do dia: o rei à direita e o rei à esquerda, o velho feiticeiro, o papa, o mendigo voluntário, a sombra, o consciencioso do espírito, o triste adivinho e o jumento; o homem mais feio de todos, porém, vestia uma coroa e dois cintos purpúreos – pois, como todos os feios, ele amava fantasiar-se e embelezar-se. Em meio a essa aflita companhia, porém, encontrava-se a águia de Zaratustra, de penacho eriçado e inquieta, pois devia responder a coisas demais para as quais o seu orgulho não tinha respostas; e a serpente astuta encontrava-se enrolada em torno de seu pescoço.

A tudo isso assistia Zaratustra com grande surpresa; depois examinou cada um de seus convidados em particular com uma afável curiosidade, leu suas almas e admirou-se renovadamente. Entrementes, os reunidos haviam se erguido de seus assentos e aguardavam com respeito que Zaratustra falasse. Zaratustra, porém, falou assim:

"Ó desesperados! Estranhos! Foi então o *vosso* grito de socorro que ouvi? E agora sei também onde se deve buscar aquele que hoje busquei em vão: *o homem mais elevado* –

"– o homem mais elevado encontra-se sentado em minha própria caverna! Mas por que me admiro? Não o atraí eu mesmo até mim com sacrifícios melífluos e ardilosos chamarizes de minha fortuna?

"Parece-me, no entanto, que não servis bem de sociedade uns aos outros, que arruinais mutuamente o humor de vossos corações, vós, que gritais por socorro, sentados aqui uns com os outros. É preciso que primeiramente venha alguém,

"– alguém que vos faça rir novamente, um bom e alegre bufão, um dançarino e um vento e uma caça, algum velho néscio – o que vos parece?

"Mas perdoai-me, ó desesperados, que eu fale diante de vós com palavras tão pequenas, indignas, deveras!, de tais convidados! Mas vós não adivinhais *o que* torna petulante o meu coração –

"– vós mesmos o fazeis e a vossa aparência, com vosso perdão! Pois fica valente todo aquele que assiste a um desesperado. Para falar com um desesperado – para isso todos se acham fortes o suficiente.

"A mim mesmo me destes essa força – uma boa dádiva, meus hóspedes elevados! Um presente digno! Pois bem, não vos irriteis, portanto, se eu também vos oferecer do que é meu.

"Este aqui é meu reino e meu domínio: por esta tarde e esta noite, porém, o que é meu deverá ser vosso. Meus animais devem servir-vos: que minha caverna seja vosso refúgio!

"Em meu lar e em minha casa ninguém deve desesperar, em meu território protejo a todos contra seus animais selvagens. E é isto o primeiro que vos ofereço: segurança!

"O segundo, porém, é: meu dedo mínimo. E, uma vez em posse *desse dedo*, então tomai logo a mão toda, pois bem!, e o coração também! Bem-vindos, bem-vindos, meus hóspedes!"

Assim falou Zaratustra, rindo de amor e de maldade. Após essa saudação, os convidados fizeram repetidas reverências, calando em respeito; o rei à direita, porém, respondeu-lhe em nome de todos.

"Nisso, ó Zaratustra, em nos teres oferecido a mão e a saudação, reconhecemos-te como Zaratustra. Tu te rebaixas diante de nós; quase feriste nosso respeito –

"– mas quem poderia, como tu, rebaixar-se com tal orgulho? *Isso* erige-nos a nós mesmos, é um bálsamo para nossos olhos e corações.

"Apenas para ver isso escalamos com prazer altas montanhas como esta. Pois viemos como curiosos, queríamos ver aquilo que desanuvia olhos turvos.

"E vê só, já passaram todos os nossos gritos de socorro. Já se nos abrem os sentidos e o coração, deliciados. Falta pouco: e nossa coragem tornar-se-á petulante.

"Nada de mais agradável cresce sobre a terra, ó Zaratustra, do que uma vontade elevada e forte: é essa sua mais bela vegetação. Toda uma paisagem reconforta-se com uma árvore como essa.

"Comparo ao pinheiro quem cresce como tu, ó Zaratustra: longo, calado, duro, só, da melhor e mais flexível madeira, esplêndido –

"– e por fim estirando-se com fortes ramos verdejantes em direção ao *seu* domínio, lançando fortes perguntas a ventos e tempestades e tudo mais que é aclimatado às alturas,

"– respondendo mais forte ainda, um comandante, um vitorioso: oh, quem não haveria, para ver uma vegetação como essa, de escalar altas montanhas?

"Aqui, junto de tua árvore, refresca-se também o mais sombrio e malsucedido, com tua visão também o inconstante adquire segurança e cura seu coração.

"E, deveras, muitos olhos voltam-se hoje para tua montanha e tua árvore; desatou-se um grande anseio e muitos aprenderam a perguntar: quem é Zaratustra?

"E aqueles em cujo ouvido instilaste alguma vez tua canção e teu mel: todos os escondidos, os eremitas, os diremitas, falaram de uma só vez aos seus corações:

"'Vive ainda Zaratustra? Não vale mais a pena viver, tudo é igual, tudo é em vão: a não ser que – vivamos com Zaratustra!'

"'Por que não vem, ele, que se anunciou por tão longo tempo?' Assim perguntam muitos. 'Terá sido consumido pela solidão? Ou deveremos nós ir até ele?'

"Agora a própria solidão amolece e se rompe, como uma sepultura que se rompe, incapaz de segurar os mortos. Por toda parte veem-se ressuscitados.

"Agora crescem e crescem as ondas em torno de tua montanha, ó Zaratustra. E por mais alta que seja a tua altura, muitos precisam subir até ti; teu batel não deverá permanecer por muito mais tempo no seco.

"E que nós, desesperados, tenhamos vindo agora à tua caverna, e que já não mais desesperemos: isso é apenas um símbolo e um presságio de que outros melhores estão a caminho para te encontrar –

"– pois ele mesmo está a caminho, o último resto de Deus entre os homens, isto é: todos os homens do grande anseio, do grande asco, do grande fastio,

"– todos aqueles que não querem viver, a não ser que aprendam novamente a *ter esperança* – a não ser que aprendam de ti, ó Zaratustra, a *grande* esperança!"

Assim falou o rei à direita e tomou a mão de Zaratustra para beijá-la; mas Zaratustra defendeu-se de seu respeito e deu um passo para trás, assustado, calado, como que subitamente escapando para distâncias longínquas. Após um curto tempo, porém, já estava de volta entre seus convidados; olhou-os com olhos claros, examinadores, e falou:

"Meus convidados, homens mais elevados, quero falar convosco em alemão claro. Não por *vós* aguardava eu aqui nestas montanhas."

("Alemão claro? Valha-me Deus!" disse aqui o rei à esquerda, com a voz abafada. "Nota-se que não conhece os nossos queridos alemães, este sábio oriental!

"Mas ele quer dizer 'alemão grosseiro' – pois bem! Nos dias de hoje, esse não é ainda o pior dos gostos!")

"É capaz, deveras, que sejais, em conjunto, homens elevados", prosseguiu Zaratustra: "mas para mim – não sois altos e fortes o suficiente.

"Para mim, quer dizer: para algo de implacável que cala dentro de mim, mas que nem sempre há de calar. E mesmo que pertençais a mim, no entanto não me pertenceis como o meu braço direito.

"Pois quem, como vós, anda sobre pernas enfermas e delicadas, esse quer, acima de tudo, quer o saiba ou o oculte: ser *poupado*.

"Meus braços e minhas pernas, porém, não poupo, *eu não poupo meus guerreiros*: por que haveríeis de servir para a *minha* guerra?

"Convosco arruinaria ainda todas as vitórias. E muitos de vós já viriam abaixo somente ao ouvir o retumbar de meus tímpanos.

"Tampouco me sois belos e bem-nascidos o suficiente. Preciso de espelhos límpidos e lisos para meus ensinamentos; sobre vossa superfície distorce-se ainda a minha própria imagem.

"Vossos ombros são oprimidos por muitos pesares, muitas recordações; há ainda muitos anões vis acocorados em vossas dobras. Há também em vós plebe oculta.

"E mesmo que sejais elevados e de estirpe elevada – muito em vós é torto e deformado. Não há ferreiro no mundo que vos endireitasse com suas marteladas.

"Vós sois meras pontes: que outros mais elevados marchem por sobre vós! Vós significais degraus: não vos irriteis, pois, com aquele que ascende por sobre vós até *suas* alturas!

"É capaz que de vossa semente ainda cresça um filho autêntico e um herdeiro pleno: mas isso está longe. Vós mesmos não sois aqueles aos quais pertencem meu nome e minha herança.

"Não é por vós que espero nestas montanhas, não é convosco que poderei descer delas pela última vez. Viestes apenas como presságio de que já há outros, mais elevados, a caminho –

"– *não* os homens do grande anseio, do grande asco, do grande fastio e daquilo que chamastes de resíduo de Deus.

"– Não! Não! Três vezes não! É por *outros* que espero aqui nestas montanhas, e não quero erguer meu pé daqui sem eles,

"– espero por outros, mais elevados, mais fortes, mais triunfais, melhor dispostos, de constituição angulosa em corpo e espírito: é preciso que venham *leões risonhos*!

"Ó meus estranhos convidados – ainda não ouvistes nada de minhas crianças? E de que estão a caminho para vir até mim?

"Falai-me de meus jardins, de minhas ilhas bem-aventuradas, de minha nova e bela estirpe – por que não me falais dessas coisas?

"Este presente peço, como anfitrião, de vosso amor, que me faleis de minhas crianças. Para tal sou rico, para tal empobreci: o que não entreguei,

"– o que não entregaria para ter uma coisa apenas: *essas* crianças, *essa* plantação viva, *essas* árvores da vida de minha vontade e de minha mais elevada esperança!"

Assim falou Zaratustra, e subitamente deteve-se em seu discurso: pois tomava-o seu anseio, e ele cerrou olhos e boca diante da movimentação de seu coração. E também todos os seus convidados calaram e permaneceram imóveis e consternados: exceto o velho adivinho, que fazia sinais gesticulando com as mãos.

A ceia

Justamente nesse momento o adivinho interrompeu a saudação de Zaratustra e de seus convidados: abriu caminho entre os demais, como alguém que não tem tempo a perder, tomou a mão de Zaratustra e exclamou: "Mas Zaratustra!

"Uma coisa é mais necessária que a outra, assim dizes tu mesmo: pois bem, há uma coisa que *para mim* é agora mais necessária que todo o resto.

"Uma palavra em bom tempo: não me convidaste para *cear*? E há aqui muitos que trilharam longos caminhos. Acaso estarás querendo alimentar-nos com discursos?

"Também já mencionastes todos vós muita coisa a respeito do gelar, do afogar, do sufocar e de outros estados de necessidade do corpo: mas ninguém pensou no *meu* estado de necessidade, a saber, o esfomear –"

(Assim falou o adivinho; os animais de Zaratustra, porém, ao ouvirem essas palavras, fugiram assustados. Pois viram que tudo quanto tinham trazido ao lar durante o dia não seria suficiente nem mesmo para forrar sequer aquele único adivinho.)

"Ou também na sede que tenho", prosseguiu o adivinho. "E embora ouça água murmurando aqui como discursos da sabedoria, isto é, de maneira abundante e incansável: eu – quero *vinho*!

"Nem todos são, como Zaratustra, bebedores de água natos. Tampouco serve a água aos cansados e murchos: a *nós* convém o vinho – somente *ele* confere convalescença súbita e saúde repentina!"

À ocasião do anseio do adivinho por vinho ocorreu que também o rei à esquerda, o calado, tomou de repente a palavra. "*Nós*", falou ele, "encarregamo-nos do vinho, eu e meu irmão, o rei à direita: nós temos vinho suficiente – um jumento inteiro carregado dele. De modo que não falta nada além de pão."

"Pão?" retrucou Zaratustra, rindo. "Mas justamente pão é o que os eremitas não têm. O homem, porém, não vive apenas de pão, mas também da carne de bons cordeiros, dos quais tenho dois:

"– *Esses* devem ser abatidos depressa e preparados com tempero de sálvia: é assim que gosto. E tampouco faltam raízes e frutas, boas o suficiente mesmo para glutões e lambões; nem nozes e outros enigmas para quebrar.

"Façamos, pois, em breve uma boa refeição. Mas quem quiser comer terá também de pôr a mão na massa – mesmo os reis. Pois na casa de Zaratustra também um rei pode ser cozinheiro."

Todos se satisfizeram com essa sugestão: a não ser o mendigo voluntário, que era avesso à carne, ao vinho e aos temperos.

"Pois ouvi só Zaratustra, esse glutão!" disse ele, brincando. "Acaso entra-se em cavernas e escala-se íngremes cordilheiras para fazer refeições dessa espécie?

"Agora entendo o que ele outrora nos ensinou: 'Louvada seja a pequena pobreza!' e também por que ele quer se livrar dos mendigos."

"Sê bem disposto", respondeu-lhe Zaratustra, "como eu sou. Permanece em teu costume, excelentíssimo, mói teus grãos, bebe tua água, louva tua cozinha: se é ela que te alegra!

"Eu sou lei apenas para os meus, não sou lei para todos. Mas quem me pertence deve ter ossos fortes, e também pés leves –

"– deve ter gosto por guerras e festas, não pode ser uma figura taciturna, nem um sonhador, deve estar preparado para o mais difícil como para sua festa, saudável e são.

"O melhor pertence aos meus e a mim; e se o melhor não nos é dado, tomamo-lo: – o melhor alimento, o céu mais límpido, os pensamentos mais fortes, as mulheres mais belas!" –

Assim falou Zaratustra; o rei à direita, porém, retrucou: "Estranho! Terão jamais sido ouvidas coisas tão astutas da boca de um sábio?

"E deveras, o mais estranho é quando um sábio, além de tudo, ainda é astuto e nenhum jumento."

Assim falou o rei à direita, admirado; o jumento, porém, cheio de malícia na vontade, respondeu-lhe É-SIM. Este, porém, foi o início daquela longa refeição chamada de "A Ceia" nos livros de história. Durante a mesma, porém, não se falou de outra coisa a não ser *do homem mais elevado.*

Do homem mais elevado

1.

Quando vim aos homens pela primeira vez cometi a tolice do eremita, a grande tolice: apresentei-me no mercado.

E, ao falar com todos, falei com ninguém. Ao cair da noite, porém, fui companheiro de funambulistas e cadáveres; e eu mesmo quase fui um cadáver.

Com a nova alvorada, porém, veio-me uma nova verdade: aprendi então a falar: "Que me interessam mercado e plebe e a algazarra da plebe e as longas orelhas plebeias!".

Vós, homens mais elevados, aprendei isto de mim: no mercado não há ninguém que creia em homens mais elevados. E se quereis ali discursar, pois bem! A plebe, porém, pestaneja: "Nós somos todos iguais".

"Homens mais elevados" – assim pestaneja a plebe –, "não há homens mais elevados, nós somos todos iguais, homem é homem, diante de Deus – somos todos iguais!"

Diante de Deus! – Agora, porém, morreu esse deus. E diante da plebe não queremos ser iguais. Ó homens mais elevados, fugi dos mercados!

2.

Diante de Deus! – Mas agora esse deus morreu! Ó homens mais elevados, esse deus era vosso maior perigo.

É apenas desde que ele se encontra sepultado que vós ressuscitastes. Somente agora vem o grande meio-dia, somente agora o homem mais elevado faz-se – senhor!

Compreendestes essas palavras, ó meus irmãos? Estais assustados: há vertigem em vossos corações? Abre-se aqui para vós o abismo? Ladra aqui contra vós o cão dos infernos?

Pois bem! Que seja! Ó homens mais elevados! Somente agora da à luz a montanha do futuro humano. Deus morreu: agora queremos *nós* – que viva o super-homem.

3.

Os mais preocupados perguntam hoje: "Como conservar o homem?". Zaratustra, porém, é o primeiro e único a perguntar: "Como *superar* o homem?".

O super-homem está em meu coração, *ele* é meu primeiro e único – e *não* o homem: não o próximo, não o mais pobre, não o mais sofredor, não o melhor –

Ó meus irmãos, o que eu consigo amar no homem é que ele seja uma passagem e um ocaso. E também em vós há muito que me faz amar e ter esperanças.

Que tenhais sentido desprezo, ó homens mais elevados, isso me faz ter esperanças. Pois os grandes desprezadores são os grandes honradores.

Que vos tenhais desesperado, nisso há muito que se louvar. Pois não aprendestes como vos resignar, não aprendestes as pequenas astúcias.

Pois hoje a gente pequena fez-se senhora: todos pregam resignação e humildade e astúcia e diligência e consideração e o longo *et cetera* das pequenas virtudes.

O que tem feitio feminino, origem servil, e especialmente a mixórdia da plebe: *isso* quer agora fazer-se senhor de todo destino humano – ó nojo! Nojo! Nojo!

Isso pergunta e pergunta e não se cansa: "Como conservar o homem da melhor maneira, pelo tempo mais longo e de modo mais agradável?" Com isso – são os senhores de hoje.

Superai esses senhores de hoje, ó meus irmãos – essa gente pequena: *eles* são o maior perigo para o super-homem!

Superai, ó homens mais elevados, as pequenas virtudes, as pequenas astúcias, as considerações de grão de areia, o formigamento de formiga, o deplorável bem-estar, a "fortuna da maioria" – !

E é preferível que desespereis do que vos entregueis. E deveras, eu vos amo pelo fato de não saberdes viver hoje, ó homens mais elevados! Pois assim *vós* viveis – melhor!

4.

Tendes coragem, ó meus irmãos? Sois valentes? *Não* a coragem diante de testemunhas, mas a coragem do eremita e da águia, à qual nem mesmo um deus assiste mais?

Almas frias, muares, cegos, ébrios não me são valentes. Tem coração aquele que conhece o medo, o medo, porém, *coage* aquele que vê o abismo, mas com *orgulho*.

Quem vê o abismo, mas com olhos de águia, quem *agarra* o abismo com garras de águia: esse tem coragem. – –

5.

"O homem é mau" – assim falaram-me em consolo todos os sábios mais sábios. Ah, que isso fosse verdade ainda hoje! Pois o mal é a melhor força do homem.

"O homem deve tornar-se melhor e pior" – assim ensino *eu*. O pior é necessário ao melhor do super-homem.

Podia ser bom para aquele pregador da gente pequena que ele sofresse e padecesse pelo pecado do homem. Eu, porém, alegro-me com o grande pecado como meu grande *consolo*. –

Mas isso não é dito para orelhas compridas. Tampouco pertence toda palavra a toda boca. Trata-se de coisas refinadas e distantes: elas não devem ser agarradas com garras ovinas!

6.

Homens mais elevados, credes que eu exista para fazer bem aquilo que vós fazeis mal?

Ou que eu queira de agora em diante aconchegar melhor a vós, sofredores? Ou mostrar a vós, instáveis, perdidos, perdidos também na escalada, novos e mais fáceis atalhos?

Não! Não! Três vezes não! Sempre mais, sempre melhores de vossa estirpe devem sucumbir – pois deveis passar por coisas piores e cada vez mais duras. Somente assim –

– somente assim cresce o homem *àquela* altura em que o raio o atinge e o parte: suficientemente alto para o raio!

Coisas poucas, longas e distantes quero e anseio: que me importaria a vossa miséria pequena, abundante e curta?

Ainda não sofreis suficientemente para mim! Pois sofreis por causa de vós mesmos, ainda não sofrestes *por causa do homem.* Mentiríeis se dissésseis o contrário! Nenhum de vós sofre do que *eu* sofri. – –

7.

Não me é suficiente que o raio não mais cause avarias. Não quero desviá-lo: ele deve aprender – a trabalhar para *mim.*

Já há tempos que a minha sabedoria se reúne como uma nuvem, ela fica mais silenciosa e escura. Assim ocorre com toda sabedoria que deve *um dia* dar a luz a raios. –

Não quero ser, nem valer como *luz* a esses homens de hoje. *Eles* – quero cegar: raio de minha sabedoria! Perfura-lhes os olhos!

8.

Não queirais nada que exceda vossa capacidade: há uma vil falsidade naqueles que querem para além de suas capacidades.

Especialmente quando querem coisas grandes! Pois despertam desconfiança em relação a coisas grandes, esses refinados falsários e atores –

– até que finalmente se tornam falsos diante de si mesmos, estrábicos, carcomas rebocadas, envoltos em um manto de palavras fortes, em virtudes ornamentais, em reluzentes obras falsas.

Tende bastante cuidado, homens mais elevados! Pois nada me é hoje mais valioso e raro do que a honestidade.

Não pertence este hoje à plebe? A plebe, porém, não sabe o que é grande, pequeno, reto ou honesto: a plebe é inocente, oblíqua, ela mente sempre.

9.

Tende hoje uma boa desconfiança, ó homens mais elevados, valentes! Francos! E mantende secretas as vossas razões! Pois este hoje pertence à plebe.

Aquilo que a plebe aprendeu outrora a crer sem razões, quem poderia derrubá-lo por meio de – razões?

E no mercado convence-se com gestos. Mas razões fazem a plebe desconfiar.

E se alguma vez a verdade aí venceu, então perguntai-vos com boa desconfiança: "Que forte engano lutou por ela?".

Tende cautela também com os eruditos! Eles vos odeiam: pois são estéreis! Eles têm olhos frios e ressecados, diante deles todo pássaro encontra-se depenado.

Ufanam-se de não mentir: mas falta muito para a incapacidade de mentir tornar-se amor à verdade. Sede cautelosos!

Falta muito para a ausência da febre tornar-se conhecimento! Não creio em espíritos resfriados. Quem é incapaz de mentir não sabe o que é a verdade.

10.

Se quereis subir alto, então utilizai as próprias pernas! Não vos deixeis *carregar* para o alto, não vos senteis sobre costas e cabeças alheias!

Mas tu sobes a cavalo? Cavalgas agora depressa para o alto, em direção à tua meta? Pois bem, meu amigo! Mas teu pé aleijado vai contigo sobre o cavalo!

Quando chegares ao teu objetivo, quando saltares de teu cavalo: justamente em tua *altura*, ó homem mais elevado – tropeçarás!

11.

Ó criadores, homens mais elevados! Dá-se à luz apenas o próprio filho.

Não vos deixeis persuadir com insinuações! Pois quem é o *vosso* próximo? E mesmo se agis "para o próximo" – não criais para ele!

Desaprendei esse "para", ó criadores: justamente a vossa virtude quer que não façais coisa alguma com "para" e "por" e "devido a". Contra essas falsas e pequenas palavras deveis cerrar vossos ouvidos.

O "para o próximo" é virtude apenas para a gente pequena: entre eles chama-se "elas por elas" e "uma mão lava a outra" – eles não têm direito ou força para o *vosso* interesse próprio!

Em vosso interesse próprio, ó criadores, há o cuidado e a providência dos grávidos! Aquilo que ninguém jamais viu com os próprios olhos, o fruto: é ele que é protegido e poupado e alimentado por todo vosso amor.

Onde se encontra todo vosso amor, com vossa criança, lá está também toda vossa virtude! Vossa obra, vossa vontade é o *vosso* "próximo": não permitis que vos sejam insinuados falsos valores!

12.

Ó criadores, ó homens mais elevados! Quem precisa parir encontra-se enfermo; mas quem pariu encontra-se impuro.

Perguntai às mulheres: não se pare por lazer. A dor faz cacarejar galinhas e poetas.

Ó criadores, há muita impureza em vós. Isso porque precisastes tornar-vos mães.

Uma nova criança: oh, quanta nova imundície veio também ao mundo! Afastai-vos! E quem pariu deve lavar e purificar sua alma!

13.

Não sejais virtuosos para além de vossas forças! E não queirais nada de vós que vá contra as possibilidades!

Ide pelas pegadas em que já ia a virtude de vossos pais! Como quereis subir alto, se a vontade de vossos pais não sobe convosco?

Quem, porém, quer ser o primogênito, que cuide para não se tornar o temporão! E onde há vícios de vossos pais, lá não deveis querer passar por santos!

Aquele cujos pais simpatizavam com mulheres e com vinhos fortes e porcos selvagens: o que seria se quisesse castidade de si?

Seria uma nescidade! Parece-me já ser muito para uma pessoa como essa se for homem de uma ou de duas ou de três mulheres.

E se fundasse mosteiros e escrevesse sobre a porta: "O caminho para a santidade" – eu falaria: para quê? Trata-se de uma nova nescidade!

Ele fundou para si uma prisão e um asilo: que faça bom proveito! Mas eu não creio nisso.

Na solidão cresce aquilo que se traz até ela, também a besta interior. De modo que a solidão é desaconselhável a muitos.

Terá havido algo mais imundo na terra do que santos do deserto? Em torno *desses* não estava solto apenas o diabo – mas também o porco.

14.

Tímidos, constrangidos, atrapalhados, como um tigre cujo bote foi malsucedido: assim, homens mais elevados, já vos vi frequentemente escapar furtivamente para o lado. Um *lance* saiu-vos mal.

Mas, ó jogadores de dados, que importa? Não aprendestes a jogar e a troçar como é devido! Não nos encontramos sempre sentados a uma grande mesa de troça e de jogo?

E se coisas grandes vos saíram mal, sois vós mesmos por isso – malsucedidos? E se vós mesmos fostes malsucedidos, é por isso malsucedido – o homem? Mas se o homem foi malsucedido: pois bem! Que seja!

15.

Quanto mais elevada a natureza de uma coisa, tanto mais raro é que seja bem-sucedida. Vós, homens mais elevados, não sois todos – malsucedidos?

Não desespereis – que importa isso? Quanta coisa ainda é possível! Aprendei a rir de vós mesmos como é preciso rir!

E que admira que saístes mal e sucedestes pela metade, semidespedaçados? Não se aperta e revolve em vós – o *futuro* do homem?

O mais distante, profundo do homem, à altura das estrelas, sua força monstruosa: não fervilha tudo isso em vosso caldeirão?

Que admira que alguns caldeirões se rompam? Aprendei a rir de vós como é preciso rir! Ó homens mais elevados, quanta coisa ainda é possível!

E, deveras, quantas coisas já tiveram sucesso! Como é rica esta terra em coisas pequenas, boas e perfeitas, em coisas bem-sucedidas!

Rodeai-vos de coisas pequenas, boas, perfeitas, homens mais elevados! A sua madureza dourada cura o coração. Aquilo que é perfeito ensina a ter esperança.

16.

Qual foi sobre a terra até agora o maior pecado? Não terão sido as palavras daquele que falou: "Ai daqueles que rirem aqui"?

Não terá ele mesmo encontrado sobre a terra motivos para rir? Então procurou mal. Até uma criança encontra motivos aqui.

Esse – não amou o suficiente: do contrário teria amado também a nós, os risonhos! Mas ele nos odiava e escarnecia de nós; prometeu-nos pranto e ranger de dentes.

Será preciso logo maldizer aquilo que não se ama? Isso – parece-me de mau gosto. Mas assim fez ele, esse incondicional. Ele veio da plebe.

E ele mesmo apenas não amou o suficiente: do contrário ter-se-ia irritado menos por não ser amado. Todo grande amor não *quer* amor – quer mais que isso.

Saí do caminho de todos esses incondicionais! Trata-se de uma estirpe pobre e enferma, uma espécie plebeia: eles contemplam esta vida com malícia, jogam mau olhado sobre esta terra.

Saí do caminho de todos esses incondicionais! Eles têm pés pesados e corações abafados – não sabem dançar. Como haveria a terra de ser leve para eles?

17.

Todas as coisas boas aproximam-se de seu objetivo de maneira tortuosa. Fazem corcova, como gatos, ronronam em seu interior diante da fortuna próxima – todas as coisas boas riem.

O passo revela se alguém já caminha sobre *sua* via: assim me vedes ir! Mas quem se aproxima de seu objetivo, dança.

E deveras, não me fiz estátua, nem permaneço rígido, embotado, petrificado, como uma coluna; amo correr depressa.

E se há também pântanos e densa aflição sobre a terra: quem tem pés leves caminha também por sobre a lama e dança como sobre gelo polido.

Elevai vossos corações, meus irmãos, para o alto!, mais alto! E não vades me esquecer também as pernas! Erguei também vossas pernas, bons dançarinos, e melhor ainda: colocai-vos também de ponta-cabeça!

18.

Esta coroa do risonho, esta coroa-rosário: eu mesmo me coroei com ela, eu mesmo santifiquei meu riso. Não encontrei hoje nenhum outro suficientemente forte para tal.

Zaratustra, o dançarino, Zaratustra, o leve que acena com as asas, preparado para o voo, acenando para todos os pássaros, preparado e pronto, um leviano venturoso –

Zaratustra, o adivinho, Zaratustra, o de riso verdadeiro, não um impaciente, nem um incondicional, mas um que ama saltos e saltos laterais; eu mesmo me coroei com esta coroa!

19.

Elevai vossos corações, meus irmãos, para o alto!, mais alto! E não vades me esquecer também as pernas! Erguei também vossas pernas, bons dançarinos, e melhor ainda: colocai-vos também de ponta-cabeça!

Também na fortuna há criaturas pesadas, há pés ineptos desde o princípio. É estranho o seu esforço, como um elefante que se esforça por se pôr de ponta-cabeça.

Mas ainda assim é melhor ser néscio de tanta fortuna do que de tanto infortúnio, melhor dançar de maneira inepta do que coxear. Aprendei, pois, a minha sabedoria: também a pior coisa tem dois lados bons –

– também a pior coisa tem bons pés para dançar: aprendei, pois, a vos pôr, vós mesmos, ó homens mais elevados, sobre vossas pernas retas!

Desaprendei, pois, a soprar aflição e toda tristeza plebeia! Oh, como me parecem tristes hoje até mesmo os palhaços da plebe! Este hoje, porém, pertence à plebe.

20.

Fazei como o vento quando se precipita de suas cavernas montanhosas: ele quer dançar de acordo com seu próprio assobio, os mares tremem e saltam sob suas pegadas.

Aquele que dá asas aos jumentos, que ordenha leoas, louvado seja esse espírito bom e indomável que chega como um vento tempestuoso para todo hoje e toda plebe –

– um vento avesso às cabeças de cardo sutilizantes e a todas as folhas murchas e daninhas: louvado seja esse espírito tempestuoso, selvagem, bom e livre, que dança sobre pântanos e aflições como sobre prados!

Um espírito que odeia os cães tísicos da plebe e toda a corja malsucedida e sombria: louvado seja esse espírito de todos espíritos livres, a tempestade risonha que sopra poeira nos olhos de todos os pessimistas purulentos!

Ó homens mais elevados, o vosso pior é: que não tenhais aprendido a dançar como é devido – a dançar por cima de vós mesmos! Que importa que sejais malsucedidos?

Quanta coisa ainda é possível! *Aprendei*, pois, a rir por cima de vós mesmos! Elevai vossos corações, bons dançarinos, para o alto!, mais alto! E tampouco esqueçais a boa risada!

Esta coroa do risonho, esta coroa-rosário: a vós, meus irmãos, entrego esta coroa! Santifiquei a risada; ó homens mais elevados, *aprendei* – a rir!

A canção da melancolia

1.

Enquanto proferia esse discurso, Zaratustra encontrava--se de pé, próximo à entrada de sua caverna; com as últimas palavras, porém, escapuliu de seus convidados e fugiu por um breve instante para o ar livre.

"Ó límpidos odores ao meu entorno", exclamou, "ó ditoso silêncio ao meu entorno! Mas onde estarão meus animais? Junto, junto, minha águia e minha serpente!

"Dizei-me, meus animais: todos esses homens mais elevados – não têm eles um *odor* malcheiroso? Ó límpidos odores ao meu entorno! Somente agora sei e sinto como vos amo, meus animais."

– E Zaratustra falou novamente: "Eu vos amo, meus animais!". Quando, porém, proferiu essas palavras, a águia e a serpente apertaram-se contra ele e ergueram o olhar em sua direção. Assim permaneceram, os três juntos, em silêncio, farejando e sorvendo o bom ar. Pois o ar era melhor aqui fora do que entre os homens mais elevados.

2.

Mas mal deixara Zaratustra a sua caverna, ergueu-se o velho feiticeiro, olhou ardiloso ao redor e falou: "Ele saiu!

"E já, ó homens mais elevados – que eu vos afague com esse nome de louvor e adulação, como ele mesmo fez –, já me acomete o meu vil espírito fraudulento e feiticeiro, meu demônio melancólico,

"– que é um arquirrival desse Zaratustra: perdoai-o! Agora *quer* fazer feitiçaria diante de vós, chegou justamente a *sua* hora; em vão combato esse espírito mau.

"A vós todos, não importando as honrarias que vos quereis dar com palavras, quer vos chameis 'os espíritos livres' ou 'os verazes' ou 'os penitentes do espírito' ou 'os desencadeados' ou 'os grandes ansiosos' –

"– a todos vós que, como eu, sofreis do *grande asco*, para os quais morreu o velho deus sem que nenhum deus novo se encontre de fraldas no berço – a vós todos é propício o meu espírito mau e meu demônio feiticeiro.

"Conheço-vos, homens mais elevados, conheço-o – conheço também esse monstro que amo contra minha vontade, esse Zaratustra: ele mesmo parece-me com frequência semelhante a uma bela máscara santa,

"– como uma nova e bizarra mascarada, na qual se apraz meu espírito maldoso, o demônio melancólico – amiúde me parece que amo Zaratustra devido ao meu espírito maldoso. –

"Mas *esse* já me acomete e me coage, esse espírito da melancolia, esse demônio crepuscular: e, deveras, ó homens mais elevados, apetece-lhe –

"– abri os olhos! – apetece-lhe *desnudar-se*; se é masculino ou feminino, ainda não sei: mas ele vem, ele me coage, ai!, abri vossos sentidos!

"O dia extingue-se, cai agora a noite sobre todas as coisas, também as melhores; escutai agora e vede, ó homens mais elevados, que demônio, se homem ou mulher, é esse espírito da melancolia crepuscular!"

Assim falou o velho feiticeiro, olhou ardiloso ao redor e em seguida apanhou sua harpa.

3.

No ar desanuviado,
Quando já o consolo do orvalho
Goteja sobre a terra,
Invisível, também inaudível –
Pois veste calçados delicados

O orvalho consolador, como todos os suaves
consolos –
Recordas então, recordas, cálido coração,
Como outrora tiveste sede
De lágrimas celestes e gotículas de orvalho
Tinhas sede, chamuscado e cansado,
Enquanto sobre amarelas sendas na relva
Maldosos e crepusculares olhares solares
Corriam ao teu entorno de entre negras árvores,
Olhares solares abrasadores, cegantes, perversos.

"Pretendente da *verdade*? Tu?" – assim escarneciam –
"Não! Apenas um poeta!
"Um animal ardiloso, predador, sorrateiro,
"Que precisa mentir,
"Que precisa mentir conscientemente,
voluntariamente:
"Cobiçar a presa,
"Oculto sob máscara multicolor,
"Para si mesmo uma máscara,
"Para si mesmo presa –
"*Isso* – o pretendente da verdade?
"Não! Apenas néscio! Apenas poeta!
"Apenas multicolores discursos
"Exclamando coloridos de dentro de néscias máscaras,
"Atravessando mentirosas pontes de palavras
"E coloridos arco-íris,
"Entre falsos céus
"E falsas terras,
"Vagando, flutuando –
"*Apenas* néscio! *Apenas* poeta!

"*Isto* – o pretendente da verdade?
"Não silencioso, rígido, liso, frio,

"Tornado imagem,
"Coluna divina,
"Não postado diante de templos,
"Um vigia de portas divinas:
"Não! Hostil a tais estátuas da verdade,
"Em toda selva mais aclimatado do que diante de
templos,
"Pleno de petulância felina,
"Saltando através de cada janela
"Zás!, em cada acaso,
"Em toda selva farejando,
"Cobiçoso-ansioso farejando,
"Por correr em selvas
"Entre predadores de pintas coloridas,
"Pecaminosamente são e colorido e belo,
"De beiço lascivo,
"Zombeteiro, infernal, sedento por sangue na
bem-aventurança,
"Predando, espreitando, mentindo: –

"Ou, como a águia, que longa,
"Longamente fixa o olhar em abismos,
"Em *seus* abismos – –
"Ah, como aqui para baixo,
"Para baixo, para dentro,
"Circulam em profundezas cada vez mais
profundas! –
"Então,
"De repente, com um impulso reto,
"Com um voo extático,
"Lançar-se sobre cordeiros,
"Mergulhar, voraz,
"Cobiçar cordeiros,
"Desgostoso de todas as almas ovinas,

"Ferozmente desgostoso de tudo que olha
"Como um cordeiro, com olhos ovinos, de lã crespa,
"Cinzento, com ovina benevolência de cordeiro!

"Assim
"Como de águias ou panteras,
"São os anseios do poeta,
"São os *teus* anseios sob mil máscaras,
"Néscio! Poeta!

"Tu que viste no homem
"Tanto Deus como carneiro –:
"*Dilacerar* o deus no homem
"Assim como o cordeiro no homem,
"E, dilacerando-os, *rir* –

"É *essa*, *essa* a tua bem-aventurança!
"Uma bem-aventurança de pantera e de águia!
"Uma bem-aventurança de poeta e de néscio!" – –

No ar desanuviado,
Quando já a foice da lua,
Verde entre vermelhos e púrpuras,
Se insinua, sorrateira e invejosa:
– inimiga do dia,
A cada passo, secretamente
Roseirais
Ceifando, até tombarem,
Caírem, pálidos, na noite: –

Assim tombei eu mesmo outrora
Para fora da loucura de minhas verdades,
De meus anseios diurnos,
Cansado do dia, enfermo devido à luz,

– afundei, descendo em direção à noite, à sombra:
Por uma verdade
Queimado e sedento:
– ainda te recordas, cálido coração,
Como então estiveste sedento? –
Por encontrar-me queimado
Com *toda* verdade,
Apenas néscio!
Apenas poeta!

Da ciência

Assim cantou o feiticeiro; e todos que ali se encontravam reunidos caíram como pássaros, desapercebidos, na rede de sua ardilosa e melancólica volúpia. Apenas o consciencioso do espírito não se deixou prender: tomou depressa a harpa do feiticeiro e exclamou: "Ar! Deixai entrar ar puro! Deixai entrar Zaratustra! Tu abafas e envenenas esta caverna, velho feiticeiro vil!

"Tu, falso, refinado, seduzes a anseios desconhecidos e territórios selvagens. E ai daqueles como tu, quando fazem discursos grandiosos sobre a *verdade*!

"Ai de todos os espíritos livres que não se guardam contra feiticeiros como *este*! Perdida é sua liberdade: tu ensinas e atrais de volta a prisões –

"– velho diabo melancólico, em teu lamento soa um chamariz, tu és como aqueles que, com o louvor da castidade, convidam secretamente à luxúria!"

Assim falou o consciencioso; o velho feiticeiro, porém, olhou ao seu entorno, saboreou a vitória e engoliu o desgosto que lhe causava o consciencioso. "Silêncio!", disse ele com voz humilde. "Boas canções querem ressoar bem; após boas canções deve-se calar longamente.

"Assim fazem todos estes homens mais elevados. Tu, porém, pareces ter compreendido pouco de minha canção. Há em ti pouco espírito para a feitiçaria."

"Louvas-me", retrucou o consciencioso, "ao distinguir-me de ti! Pois bem! Mas vós outros, que vejo? Encontrai-vos ainda todos aí, sentados, com olhos lascivos –

"Ó almas livres, para onde foi vossa liberdade? Parece-me que quase vos encontrais como aqueles que assistiram a longas e vis danças de moças desnudas: vossas próprias almas dançam!

"Em vós, homens mais elevados, deve haver mais daquilo que o feiticeiro chama de maldoso espírito feiticeiro e ilusionista: – haveremos de ser diferentes, eu e vós.

"E, deveras, falamos e pensamos suficientemente em conjunto antes que Zaratustra retornasse à sua caverna para que eu soubesse: nós *somos* diferentes.

"Também *buscamos* coisas diferentes aqui em cima, vós e eu. Eu mesmo busco *mais segurança*, por isso vim até Zaratustra. Pois ele é ainda a torre e a vontade mais firmes –

"– hoje, quando tudo oscila e toda a terra treme. Mas se vejo vossos olhares, quase me parece que vós buscais *mais insegurança*,

"– mais arrepio, mais perigo, mais terremoto. Vós apeteceis, quase me parece, perdoai a minha presunção, ó homens mais elevados –

"– vós apeteceis a pior vida e a mais perigosa, a qual a *mim* causa mais pavor, a vida de animais selvagens, florestas, cavernas, montanhas íngremes e gargantas labirínticas.

"E não vos são mais queridos aqueles que guiam *para fora* do perigo, mas aqueles que vos levam para fora de todo e qualquer caminho, os sedutores. Mas, mesmo se tiverdes *realmente* essa lascívia em vós, parece-me, ainda assim, *impossível*.

"Pois o medo, ele mesmo – é o sentimento hereditário e fundamental do homem; com o medo explica-se tudo, tanto o pecado original como a virtude original. Do medo cresceu também a *minha* virtude, que se chama ciência.

"Pois o medo de animais selvagens – esse foi instilado no homem por mais longo tempo, inclusive do animal que ele oculta e teme em si mesmo: – Zaratustra chama-o de 'a besta interior'.

"Esse medo longo e antigo, finalmente refinado, espiritualizado, intelectualizado – hoje, parece-me, é chamado: *ciência*." –

Assim falou o consciencioso; mas Zaratustra, que acabara de retornar à sua caverna, tendo ouvido e adivinhado o último discurso, arremessou ao consciencioso um punhado de rosas, rindo de suas "verdades". "Como?" exclamou ele. "Que acabo de ouvir? Deveras, parece-me que és um néscio ou eu mesmo o sou: e a tua 'verdade' ponho de ponta-cabeça num instante.

"Pois o *medo* – é nossa exceção. Mas de coragem, aventura e prazer com o desconhecido, com o nunca antes ousado – de *coragem* parece-me feita toda a pré-história do homem.

"Dos mais selvagens e corajosos animais cobiçou e roubou todas as virtudes: somente assim tornou-se – homem.

"*Essa* coragem, finalmente refinada, espiritualizada, intelectualizada, essa coragem humana de asas aquilinas e astúcia ofídica: *essa* coragem, parece-me, chama-se hoje –"

"*Zaratustra!*", gritaram todos ali sentados, como que de uma só boca, e gargalharam alto; uma gargalhada que, porém, se elevou deles como uma nuvem pesada. Também o feiticeiro ria, falando com astúcia: "Pois bem! Ele se foi, o meu espírito mau!

"E não vos adverti eu mesmo quanto a ele, ao dizer que é um enganador, um espírito de mentira e ilusões?

"E especialmente quando se mostra nu. Mas que culpa tenho *eu* de sua perfídia? Acaso sou *eu* o criador dele e do mundo?

"Pois bem! Voltemos a nos dar bem, fiquemos novamente bem-dispostos! E se Zaratustra já me olha feio – vede só!, ele está irritado comigo –

"– antes que venha a noite reaprenderá a amar-me e a louvar-me; ele não pode viver muito sem fazer tolices como essa.

"*Ele* – ama seus inimigos: dessa arte é ele o maior entendedor de todos que jamais vi. Mas ele se vinga por isso – em seus amigos!"

Assim falou o velho feiticeiro, e os homens mais elevados aclamaram-no: de modo que Zaratustra se pôs a caminhar e a apertar a mão de seus amigos com maldade e amor – como alguém que tem em tudo algo para remediar e se desculpar. Mas, tendo chegado com isso à porta de sua caverna, vê só, já sentia novamente um desejo pelo bom ar lá de fora e por seus animais – e quis escapulir.

Entre filhas do deserto

1.

"Não te vás!", disse então o caminhante que se denominava a sombra de Zaratustra. "Permanece conosco, para que não volte a nos acometer a velha e abafada tribulação.

"Já nos regalou aquele velho feiticeiro com o melhor de seu pior, e, olha só, o bom e devoto papa ali tem lágrimas nos olhos e reembarcou de todo no mar da melancolia.

"Estes reis podem ainda nos mostrar boas expressões: pois hoje, de todos nós, *eles* aprenderam isso melhor! Mas aposto que, caso não tivessem testemunhas, o jogo mau recomeçaria também neles –

"– o jogo mau das nuvens passageiras, da úmida melancolia, dos céus encobertos, dos sóis roubados, dos uivantes ventos outonais,

"– o jogo mau de nosso uivar e gritar por socorro: permanece conosco, ó Zaratustra! Há aqui muita miséria oculta querendo falar, muita noite caindo, muita nuvem, muito ar abafado!

"Alimentaste-nos com forte sustento viril e com ditos poderosos: não permitas que, como sobremesa, voltem a nos acometer os espíritos moles e femininos!

"Somente tu fortaleces e clareias o ar ao teu entorno! Terei alguma vez encontrado na terra um ar tão bom como em tua caverna?

"Pois vi muitas terras, meu nariz aprendeu a provar e a avaliar diversos ares: mas em teu lar saboreiam minhas narinas seu maior gozo!

"A não ser – a não ser – ó, perdoa-me uma velha recordação! Perdoa-me uma velha canção de sobremesa que compus outrora entre filhas do deserto –

"– pois entre elas havia como que um bom e claro ar oriental; lá estive mais distante do que nunca da velha, nublada, úmida, melancólica Europa!

"Amava então essas moças orientais e outros céus azuis, nos quais não pairam nuvens, nem pensamentos.

"Não podeis crer com que graciosidade se sentavam quando não dançavam, profundas, mas sem pensamentos, como pequenos segredos, como enigmas atados, como nozes servidas de sobremesa –

"coloridas e estrangeiras, deveras!, mas sem nuvens: enigmas que se deixam adivinhar: em homenagem a essas moças inventei então um salmo de sobremesa."

Assim falou o caminhante e sombra; e, antes que alguém lhe respondesse, já havia tomado a harpa do velho feiticeiro e cruzado as pernas, e olhava com serenidade e sabedoria à sua volta: com as narinas, porém, inspirou lenta e indagadoramente o ar, como alguém que experimenta em novas terras novos ares estrangeiros. Em seguida começou a cantar com uma espécie de urro.

2.

O deserto cresce: ai daquele que oculta desertos!

– Ha! Solene!
Solene, de fato!
Um começo digno!
Solene à africana!
Digno de um leão,
Ou de um bugio moral –
– mas nada para vós,
Queridíssimas amigas,
A cujos pés,
Pela primeira vez,
A um europeu, entre palmas,
É concedido sentar. Sela.
Maravilhoso, deveras! Cá me sento agora,
Próximo ao deserto e ainda
Tão distante dele,
Também em nada desertificado ainda:
Mas engolido
Por este mínimo oásis:
– escancarou agora, bocejante,
A sua amável bocarra.

A mais perfumada de todas as bocarrinhas:
Lá caí,
Atravessando, para baixo – sob vós,
Queridíssimas amigas! Sela.

Bendita, bendita aquela baleia
Por ter deixado seu hóspede
Passar bem assim! – compreendeis
Minha erudita alusão?
Bendito seja seu ventre
Se tiver sido
Um ventre-oásis assim tão amável
Quanto este: o que, porém, ponho em dúvida,
– pois venho da Europa,
Que é mais incrédula do que todas
As esposinhas de mais idade.
Queira Deus melhorá-lo!
Amém!

Sento-me agora
Neste menor dos oásis,
Como uma tâmara,
Moreno, pleno de doçura, expurgando ouro, lascivo
Por uma rotunda boca feminina,
E mais ainda por femininos
Gélidos, brancos como neve, cortantes
Incisivos: pois por esses
Saliva o coração de todas as tâmaras quentes. Sela.

Às chamadas frutas meridionais
Semelhante, demasiado semelhante
Deito-me aqui, rodeado de pequenos
Besouros alados
Dançantes, brincalhões,

Assim como de ainda menores,
Mais tolos e maldosos
Desejos e ideias –
Cercado por vós,
Caladas, apreensivas
Gatas-moças,
Dudu e Suleika
– *circum-esfingeado*, para em uma palavra
Amontoar muito sentimento:
(Que Deus me perdoe
Esse pecado linguístico!)
– sento-me aqui, farejando o melhor dos ares,
Um ar paradisíaco, deveras,
Ar claro, leve, estriado de ouro,
O melhor ar que já
Caiu da lua –
Terá sido por acaso,
Ou por petulância,
Como narram os poetas antigos?
Eu, duvidador, porém, ponho
Em dúvida, pois venho
Da Europa,
Que é mais incrédula que todas
As esposinhas de mais idade.
Queira Deus melhorá-lo!
Amém!

Tragando este mais belo dos ares
Com narinas dilatadas como cálices,
Sem futuro, sem recordações,
Assim me sento aqui, ó
Queridíssimas amigas,
E assisto à palmeira,
Como, qual uma dançarina,

Se dobra e se inclina e balança o quadril,
– começa-se a acompanhá-la, tendo observado
 por longo tempo!
Como uma dançarina que, conforme me parece,
Já por um tempo longo, perigosamente longo,
Sempre, sempre se manteve sobre uma perna, apenas
– e esqueceu-se, com isso, conforme me parece,
Da outra perna!
Em vão, pelo menos,
Busquei a faltante
Joia gêmea
– isto é, a outra perna –
Na santa proximidade
De seu favorito, graciosíssimo
Abanante, esvoaçante saiote de lantejoulas.
Sim, se vós, belas amigas,
Quiserdes crer completamente em mim:
Ela a perdeu!
Foi-se!
Foi-se para sempre!
A outra perna!
Ah, que perda lastimável, essa amável outra perna!
Onde – estará a demorar-se, abandonada, aflita,
A perna solitária?
Temendo talvez algum
Feroz, amarelo, de louros cachos
Monstro leonino? Ou talvez até já
Mordiscada, Roída –
Deplorável, ai! Ai! Roída! Sela.

Oh, não choreis,
Corações moles!
Não choreis, ó

Corações de tâmara! Seios lácteos! Adocicadas
   bolsinhas cardíacas!
Não chores mais,
Alva Dudu!
Sê homem, Suleika! Coragem! Coragem!
– Ou será talvez
Algo de fortificante, de fortificante para o coração,
Apropriado aqui?
Um dito ungido?
Um conselho solene? –

Ha! Levanta-te, ó dignidade!
Dignidade virtuosa! Dignidade europeia!
Sopra, sopra novamente,
Fole da virtude!
Ha!
Mais uma vez urrar,
Urrar moralmente!
Como leão moral
Rugir diante das filhas do deserto!
– Pois uivos virtuosos,
Ó queridíssimas moças,
É mais do que tudo
O fervor europeu, a fome voraz do europeu!
E já cá estou,
Como europeu,
Não posso agir de outra forma, que Deus me ajude!
Amém!

O deserto cresce: ai daquele que oculta desertos!

O despertar

1.

Após a canção do andarilho e sombra a caverna encheu-se de uma só vez com algazarra e risos; e, como os convidados reunidos falavam todos ao mesmo tempo, e também o jumento, com esse encorajamento, não mais ficou quieto, Zaratustra foi tomado de uma pequena má vontade e de um pequeno escárnio contra seus visitantes: embora também se alegrasse com aquela alegria. Pois ela lhe parecia ser um sinal de convalescença. De modo que escapou, saindo para o ar livre, e falou com seus animais.

"Para onde terá ido agora a necessidade que os afligia?", falou, e já respirava aliviado de seu pequeno fastio – "Parece-me que desaprenderam comigo o gritar por socorro!

"– embora, infelizmente, ainda não tenham desaprendido o gritar." E Zaratustra tapou os ouvidos, pois o É-SIM do jumento misturava-se de maneira grotesca à algazarra jubilosa dos homens mais elevados.

"Estão alegres", começou novamente a falar, "e quem sabe? Talvez às custas de seu anfitrião; e se aprenderam de mim o riso, não é, porém, o *meu* riso este que aprenderam.

"Mas que importa? São gente velha: convalescem à sua maneira, riem à sua maneira; meus ouvidos já suportaram coisas piores sem se aborrecerem.

"Este dia é vitorioso: ele já cede, ele foge, *o espírito do peso*, meu velho arqui-inimigo! Que bem quer terminar este dia que tão mau e pesado começou!

"E ele *quer* terminar. Já cai a noite: ela cavalga por sobre o mar, habilidosa cavaleira! Como se balança a bem-aventurada que retorna ao lar em suas purpúreas selas!

"O céu claro observa-a, o mundo encontra-se profundo: ó estranha gente que veio a mim, bem vale a pena viver comigo!"

Assim falou Zaratustra. E novamente saíram de dentro da caverna a gritaria e as gargalhadas dos homens mais elevados: e Zaratustra começou novamente a falar.

"Eles estão sendo fisgados, minha isca funciona, também o inimigo deles cede, o espírito do peso. Já aprendem a rir de si mesmos: ouvirei bem?

"Meu alimento viril, meu dito forte e suculento: e, deveras, não os alimentei com legumes flatosos! Mas com alimento de guerreiros e de conquistadores: novos anseios despertei.

"Há novas esperanças em seus braços e pernas, seu coração estende-se adiante. Eles encontram novas palavras – logo seu espírito há de respirar petulância.

"Um alimento como esse pode decerto não servir para crianças, tampouco para sôfregas mulherzinhas, velhas e jovens. A elas convence-se diferentemente as entranhas; delas não sou o médico e o mestre.

"O *asco* cede nesses homens mais elevados: pois bem! Eis a minha vitória. Em meu reino ficam seguros, todo o pudor estúpido bate em retirada, eles desabafam.

"Eles desabafam o coração, boas horas retornam a eles, eles celebram e ruminam – tornam-se *agradecidos*.

"*Isto* tomo como o melhor sinal: eles se tornam agradecidos. Falta pouco para inventarem festas e erigirem monumentos em homenagem a velhos amigos.

"São *convalescentes*!" Assim falou Zaratustra alegremente a seu coração, olhando mais além; seus animais, porém, apertavam-se contra ele e honravam-lhe a fortuna e o silêncio.

2.

De repente, porém, assustou-se o ouvido de Zaratustra: pois a caverna, que até então estivera plena de algazarra e de gargalhadas, fez-se de uma vez silenciosa como um túmulo; – seu nariz, porém, cheirou um vapor perfumado e uma fumaça incensada, como de pinhas queimando.

"O que se passa? Que fazem eles?", perguntou-se, chegando de mansinho à entrada, de modo a observar seus hóspedes desapercebido. Mas, ó prodígio dos prodígios!, que teve ele de ver ali com seus próprios olhos!

"Fizeram-se todos novamente *devotos*, eles *rezam*, estão loucos!" – falou, espantando-se sobremaneira. E deveras!, todos esses homens mais elevados, os dois reis, o papa fora de serviço, o vil feiticeiro, o mendigo voluntário, o caminhante e sombra, o velho adivinho, o consciencioso do espírito e o homem mais feio de todos: todos, como crianças e velhas mulherzinhas crentes, adoravam o jumento de joelhos. E logo o homem mais feio de todos começou a gargarejar e a bufar, como se algo inefável quisesse sair dele; quando, porém, logrou trazê-lo a palavras, olha só, tratava-se de uma estranha e piedosa ladainha em louvor ao adorado e incensado jumento. Essa ladainha, porém, soava assim:

Amém! E louvor e honra e sabedoria e graça e valor e força ao nosso deus, da eternidade à eternidade!

– E o jumento zurrou É-SIM.

Ele carrega o nosso fardo, ele tomou forma servil, ele é paciente de coração e jamais diz não; e quem ama seu deus, açoita-o.

– E o jumento zurrou É-SIM.

Ele não fala: a não ser para sempre dizer sim ao mundo que criou: assim louva seu mundo. É a sua sagacidade que não fala: assim ele raramente está equivocado.

– E o jumento zurrou É-SIM.

Discretamente percorre o mundo. Cinzenta é a cor do corpo em que oculta sua virtude. Se tem espírito, oculta-o; todos, porém, creem em suas longas orelhas.

– E o jumento zurrou É-SIM.

Que oculta sabedoria é a sua, de carregar longas orelhas e dizer somente sim e jamais não! Não criou ele o mundo à sua imagem, isto é, tão burro quanto possível?

– E o jumento zurrou É-SIM.

Tu vais por caminhos retos e tortuosos; pouco te preocupa o que parece reto ou tortuoso a nós homens. Para além do bem e do mal é o teu reino. Tua inocência é não saber o que é inocente.

– E o jumento zurrou É-SIM.

Vê como não afastas ninguém de ti, nem mendigos, nem reis. Deixas vir a ti as criancinhas, e se rapazes maldosos te chamam, então dizes com toda inocência É-SIM.

– E o jumento zurrou É-SIM.

Amas as jumentas e os figos frescos, não és um desprezador de alimentos. Um cardo faz-te cócegas no coração quando tens fome. Há nisso uma sabedoria divina.

– E o jumento zurrou É-SIM.

A festa jumentil

1.

Nesse momento da ladainha, porém, Zaratustra não pôde mais se conter, gritou É-SIM ele mesmo, ainda mais alto que o jumento, e saltou para o meio de seus hóspedes ensandecidos. "Mas que fazeis, filhos dos homens?", exclamou, arrancando do solo aqueles que rezavam. "Ai de vós, se outro vos tivesse observado, que não Zaratustra:

"Todos julgariam que seríeis com vossa nova crença os piores blasfemos ou as mais tolas de todas as velhas mulherzinhas!

"E tu mesmo, velho papa, como te pode ser congruente adorar dessa maneira um jumento como um deus?" –

"Ó Zaratustra", respondeu o papa, "perdoa-me, mas nas coisas divinas sou mais esclarecido ainda que tu. E assim deve ser.

"Melhor adorar a Deus assim, nesta forma, do que em forma nenhuma! Medita sobre este dito, meu amigo elevado: adivinharás depressa que nele há sabedoria.

"Aquele que falou 'Deus é um espírito' – esse fez até agora o maior passo e o maior salto em direção à descrença: dificilmente tais palavras podem ser reparadas sobre a terra!

"Meu velho coração pula e saltita por ainda haver algo a ser adorado na terra. Perdoa-o, ó Zaratustra, a um velho e devoto coração papal! –"

– "E tu?", disse Zaratustra ao andarilho e sombra. "Tu te chamas e te crês um espírito livre? E praticas aqui uma tal idolatria clerical?

"É ainda pior, deveras, o que fazes aqui do que entre as tuas vis moças morenas, vil crente novo!"

"Vil, de fato", respondeu o andarilho e sombra, "tens razão: mas que posso fazer a respeito? O velho deus vive novamente, ó Zaratustra, podes dizer o que quiseres.

"O homem mais feio de todos é culpado de tudo isso: ele o ressuscitou. E quando diz que outrora o matou: em se tratando de deuses, a *morte* é sempre apenas um preconceito."

– "E tu", falou Zaratustra, "velho e vil feiticeiro, que fizeste? Quem haverá, nestes tempos de liberdade, de seguir crendo em ti, se *tu* crês em tais jumentices divinas?

"Foi uma estupidez o que fizeste; como pudeste, tu, que és tão astuto, cometer tal burrice?"

"Ó Zaratustra", respondeu o feiticeiro astuto, "tens razão, foi uma estupidez – foi-me também difícil cometê-la."

– "E até tu", disse Zaratustra ao consciencioso do espírito, "pondera e põe o dedo sobre o nariz! Não vai aqui nada contra tua consciência? Não é teu espírito límpido demais para essa adoração e para a névoa destes irmãos em oração?"

"Há algo nisto", respondeu o consciencioso do espírito, pondo o dedo sobre o nariz, "há algo neste espetáculo que chega a fazer bem à minha consciência.

"Talvez não me seja permitido crer em Deus: é certo, porém, que sob esta forma Deus ainda me parece mais digno de crença.

"Deus deve ser eterno, segundo o testemunho dos mais devotos: quem tem tanto tempo, toma seu tempo. Tão lento e estúpido quanto possível: *com isso* alguém pode chegar a ir bastante longe.

"E quem tem demasiado espírito quer estupidificar-se a si mesmo na estupidez e na nescidade. Reflete sobre ti mesmo, ó Zaratustra!

"Tu mesmo – deveras! – também tu bem que poderias te tornar jumento de tanto excesso e tanta sabedoria.

"Não tem um sábio pleno prazer em ir pelos caminhos mais tortuosos? A evidência ensina-o, ó Zaratustra, – a *tua* evidência!"

– "E tu mesmo, por fim", falou Zaratustra, voltando-se contra o homem mais feio de todos, que seguia estirado sobre o solo, erguendo o braço em direção ao jumento (pois dava-lhe vinho de beber); "fala, ó inefável, que fizeste aí?

"Pareces-me transformado, teu olho está em brasa, o manto do sublime envolve tua feiura: *que* fizeste?

"Será verdade o que dizem, que novamente o despertaste? E para quê? Não fora ele morto e descartado com razão?

"Tu mesmo me pareces desperto: que fizeste? que inverteste *tu*? Por que te converteste, logo *tu*? Fala, ó inefável!"

"Ó Zaratustra", respondeu o homem mais feio de todos, "tu és um velhaco!

"Se *ele* ainda vive ou vive novamente ou se está completamente morto – quem de nós dois o sabe melhor? Eu te pergunto.

"Uma coisa, porém, sei – de ti mesmo aprendi-o outrora, ó Zaratustra: quem quer matar da maneira mais completa, *ri*.

"'Não é com ira, mas com risos que se mata' – assim falaste outrora. Ó Zaratustra, oculto, aniquilador sem ira, santo perigoso – tu és um velhaco!"

2.

Mas então ocorreu que Zaratustra, espantado com tantas respostas velhacas, saltou de volta à porta de sua caverna e, voltado contra todos os seus hóspedes, exclamou com voz forte:

"Ó tolos travessos, vós todos, ó bufões! Por que vos dissimulais e vos ocultais de mim?

"Como se estrebuchou o coração de cada um de vós de gozo e maldade por finalmente poderdes mais uma vez ser como criancinhas, isto é, devotos –

– "por finalmente agirdes outra vez como agem as crianças, isto é, rezardes, dobrardes as mãos e dizerdes 'bom Deus'!

“Mas agora peço que deixeis *este* aposento infantil, minha própria caverna, onde hoje toda criancice se encontra em casa. Esfriai aqui fora vossa quente petulância infantil e vossa algazarra cordial!

“De fato: se não vos tornardes como as criancinhas, não entrareis *neste* reino dos céus. (E Zaratustra apontou com as mãos para cima.)

“Mas nós não queremos absolutamente adentrar o reino dos céus: fizemo-nos homens – *e por isso queremos o reino da terra.*”

3.

E novamente começou Zaratustra a discursar. “Ó meus novos amigos”, falou – “estranhos homens mais elevados, como me agradais agora –

“– desde que vos tornastes novamente alegres! Desabrochastes todos, deveras: parece-me que tais flores como vós necessitam de *novas festas*,

– “um pequeno e bravo absurdo, alguma missa e festa jumentil, algum néscio velho e alegre como Zaratustra, um vento tempestuoso que vos desanuvie as almas com seu sopro.

“Não esqueçais esta noite e esta festa jumentil, ó homens mais elevados! *Isso* inventastes aqui comigo, isso tomo como bom presságio – tais coisas inventam somente os convalescentes!

“E quando voltardes a celebrar esta festa jumentil, fazei-o por vós, fazei-o também por mim! E em *minha* memória!”

Assim falou Zaratustra.

A canção do noctâmbulo

1.

Entrementes foram saindo um após o outro da caverna, para o ar livre e para a noite fresca e meditativa; Zaratustra, porém, levou o homem mais feio de todos pela mão, para mostrar-lhe seu mundo noturno e a grande lua rotunda e as argênteas quedas d'água adjacentes à caverna. Finalmente pararam, um bando de gente velha, mas de corações consolados e valentes, admirados por se sentirem tão bem sobre a terra; e a quietude da noite chegava-se mais e mais a seus corações. E novamente pensou Zaratustra consigo: "Ó, como me agradam agora esses homens mais elevados!" – mas ele não se pronunciou, pois honrava a fortuna e o silêncio dos demais. –

Mas então ocorreu aquilo que foi o mais admirável de todo esse admirável longo dia: o homem mais feio de todos começou mais uma vez, pela última vez, a gargarejar e a bufar, e, trazendo-o a palavras, vê só, saltou uma pergunta rotunda e límpida de sua boca, uma pergunta boa, profunda, clara, que moveu o coração de todos que o ouviam.

"Amigos meus, vós todos", falou o homem mais feio de todos, "que vos parece? Por este dia – *eu* estou pela primeira vez satisfeito de ter vivido a vida inteira.

"E confessá-lo ainda não me é suficiente. Vale a pena viver sobre a terra: um dia, uma festa com Zaratustra ensinou-me a amar a terra.

"'Foi *isso* – a vida?' quero falar à morte. 'Pois bem! Mais uma vez!'

"Meus amigos, que vos parece? Não quereis falar como eu à morte: foi *isso* – a vida? Por Zaratustra, pois bem! Mais uma vez!" – –

Assim falou o homem mais feio de todos; e não faltava muito para a meia-noite. E o que credes que se passou então? Assim que ouviram essa pergunta, os homens mais elevados se fizeram subitamente conscientes de sua transformação e convalescência, e de quem lhas havia proporcionado: saltaram em direção a Zaratustra, agradecendo-lhe, honrando-o, acariciando-o, beijando-lhe as mãos, conforme era próprio do modo de ser de cada um: de modo que alguns riam enquanto outros choravam. O velho adivinho, porém, dançava de satisfação; e mesmo que estivesse, como afirmam certos narradores, pleno de doce vinho, estava certamente ainda mais pleno da doce vida, tendo renunciado a todo cansaço. Há até alguns que afirmam que o jumento dançou: pois não em vão dera-lhe antes o homem mais feio de todos vinho de beber. Isso pode ter transcorrido assim, ou também de outra forma; e se em verdade o jumento não dançou naquela noite, ocorreram, entretanto, maravilhas maiores e mais estranhas do que seria a dança de um jumento. Em suma, como diz o provérbio de Zaratustra: "que importa?".

2.

Enquanto isso se passava com o homem mais feio de todos, Zaratustra permaneceu imóvel, como um ébrio: seu olhar apagou-se, sua língua balbuciou, seus pés vacilaram. E quem haverá de adivinhar que pensamentos passavam então pela alma de Zaratustra? Mas era visível que seu espírito cedera e fugira para diante e que se encontrava em distâncias longínquas e como que "sobre elevada cresta", conforme está escrito, "entre dois mares,

"– vagando como uma nuvem carregada entre passado e futuro". Mas enquanto os homens mais elevados o seguravam nos braços, ele foi aos poucos voltando a si e afastou com as mãos o aperto dos louvadores e preocupados; mas nada falou. De uma vez, porém, virou depressa a cabeça, pois parecia ouvir algo: em seguida pôs o dedo sobre a boca e falou: "Vinde!".

E imediatamente fez-se um silêncio misterioso à sua volta; das profundezas, porém, subiu lentamente o som de um sino. Zaratustra escutava-o, assim como os homens mais elevados; mas então pôs mais uma vez o dedo sobre a boca e falou novamente: "*Vinde! Vinde! É chegada a meia-noite!*" – e sua voz havia se transformado. Mas ainda não se movia: então se fizeram um silêncio e um mistério ainda maiores, e tudo escutava, também o jumento e os nobres animais de Zaratustra, a águia e a serpente, assim como a caverna de Zaratustra e a grande lua fria e a própria noite. Zaratustra, porém, pôs pela terceira vez a mão sobre a boca e falou:

Vinde! Vinde! Vinde! Caminhemos agora! É chegada a hora: caminhemos pela noite!

3.

Ó homens mais elevados, é chegada a meia-noite: quero agora dizer-vos algo ao pé do ouvido, assim como este velho sino diz ao pé do meu –

– quero dizê-lo assim, misterioso, terrível, cordial, como fala comigo este sino da meia-noite que vivenciou mais que um homem:

– que já contava as badaladas sofridas dos corações de vossos pais – ah! ah! como suspira!, como ri em sonho, a velha, funda, funda meia-noite!

Silêncio! Silêncio! Agora ouvem-se muitas coisas às quais não é permitido ter voz durante o dia; mas agora, no ar fresco, tendo também toda a algazarra de vossos corações se calado –

– agora fala, agora se faz ouvir, agora penetra às furtadelas em vigilantes almas noturnas: ah! ah! como suspira!, como ri em sonho!

– não ouves como fala, misteriosa, terrível, cordial, *contigo*, a velha, funda, funda meia-noite?

Ó homem, atenta!

4.

Ai de mim! Para onde foi o tempo? Terei afundado em poços profundos? O mundo dorme –

Ah! Ah! O cão uiva, a lua brilha. Prefiro morrer, morrer, do que dizer a vós o que meu coração da meia-noite agora pensa.

Agora já morri. Foi-se. Aranha, por que teces ao meu redor? Queres sangue? Ah! Ah! o orvalho cai, a hora chega –

– a hora em que me vêm gélidos calafrios, que pergunta e pergunta e pergunta: "Quem tem coração suficiente para isso?

"– quem deve ser senhor da terra? Quem quer dizer: *assim* deveis correr, ó grandes e pequenas correntezas?"

– aproxima-se a hora: ó homem, ó homem mais elevado, atenta! Este discurso é para ouvidos refinados, para teus ouvidos – *que diz a meia-noite imensa?*

5.

Algo me arrebata, minha alma dança. Obra diurna! Obra diurna! Quem deve ser senhor da terra?

A lua é fria, o vento silencia. Ah! Ah! Já voastes suficientemente alto? Dançastes: mas uma perna não é nenhuma asa.

Ó bons dançarinos, agora é passado todo gozo, o vinho fermentou, todos os cálices terminaram por se romper, os túmulos balbuciam.

Não voastes suficientemente alto: agora balbuciam os túmulos: "Redimi os mortos! Por que é tão longa a noite? Não nos embriaga a lua?".

Ó homens mais elevados, redimi os túmulos, despertai o cadáver! Ah, por que cava ainda o verme? A hora aproxima-se cada vez mais –

– o sino retumba, ainda palpita o coração, ainda cava o caruncho, o verme do coração. Ah! Ah! *O mundo é fundo!*

6.

Doce lira! Doce lira! Amo teu timbre, teu ébrio timbre agourento! – desde quanto tempo, de quão longe me vem teu tom, de longe, das lagoas do amor!

Velho sino, doce lira! Toda dor penetrou teu coração, dor paterna, dor paternal, dor avoenga, teu discurso amadureceu –

– amadureceu como o outono dourado e como a tarde, como meu coração eremita – agora falas: o próprio mundo amadureceu, a uva amorena,

– agora quer morrer, morrer de tão afortunado. Ó homens mais elevados, não o farejais? Brota secretamente um odor,

– um perfume e odor de eternidade, um odor róseo, venturoso, moreno, de vinho dourado, de velhas fortunas,

– da ébria fortuna de morrer à meia-noite, que canta: o mundo é fundo, *e mais do que o dia pensa!*

7.

Deixa-me! Deixa-me! Sou demasiado puro para ti. Não me toques! Não estava meu mundo agora pleno?

Minha pele é demasiado límpida para tuas mãos. Deixa-me, dia estúpido, patético, abafado! Não é a meia--noite mais clara?

Os mais puros devem ser senhores da terra, os mais desconhecidos, mais fortes, as almas da meia-noite, que são mais claras e fundas que qualquer dia.

Ó dia, apalpas em busca de mim? Tateias em busca de minha fortuna? Serei para ti rico, solitário, um tesouro enterrado, uma câmara repleta de ouro?

Ó mundo, queres a *mim*? Serei mundano para ti? Serei espiritual? Serei divino? Mas, ó dia e mundo, sois demasiado grosseiros –

– tende mãos mais astutas, estendei-as em direção a fortunas mais profundas, a infortúnios mais profundos, estendei-as em direção a algum deus, não em minha direção:

– meu infortúnio e minha fortuna são profundos, ó dia estranho, mas não sou deus algum, nenhum inferno divino: *fundo é seu pesar.*

8.

O pesar divino é mais profundo, ó mundo estranho! Estende as mão em direção ao pesar divino, não em minha direção! Que sou eu? Uma ébria e doce lira –

uma lira da meia-noite, um sino agourento que ninguém compreende, mas que *precisa* discursar diante de surdos, ó homens mais elevados! Pois não me compreendeis!

Foi-se! Foi-se! Ó juventude! Ó meio-dia! Ó tarde! Agora caiu e veio a noite, e veio a meia-noite – o cão uiva, e também o vento:

– não é o vento um cão? Ele choraminga, ele gane, ele uiva. Ah! Ah! Como suspira! Como ri, como estertora e ofega a meia-noite!

Como fala sobriamente agora, esta ébria poetisa! Terá afogado em vinho a sua embriaguez? Ter-se-á posto vigilante? Estará a ruminar?

– é seu pesar que rumina, em sonho, a velha e funda meia-noite, e mais ainda seu gozo. Pois o gozo, se já é fundo o pesar: *gozo é mais fundo que calamidade.*

9.

Ó videira! Por que me louvas? Pois eu te cortei! Sou cruel, tu sangras: que queres com teu louvor à minha ébria crueldade?

"Aquilo que se tornou pleno, tudo que está maduro – quer morrer!" – assim falas tu. Bendita, bendita seja a podadeira! Mas tudo que é imaturo quer viver: ai!

A dor fala: "Passa! Abaixo a dor!". Mas tudo que sofre quer viver para que amadureça e se faça gozoso e ansioso,

– ansioso por coisas mais distantes, mais elevadas, mais claras. "Eu quero herdeiros", assim fala tudo que sofre, "eu quero crianças, não quero a *mim*" –

O gozo, porém, não quer herdeiros, nem crianças – o gozo quer a si mesmo, quer eternidade, quer retorno, quer tudo eternamente igual a si.

A dor diz: "Quebra, sangra, coração! Caminha, perna! Asa, voa! Adiante! Para o alto! Dor!". Pois bem! Que seja! Ó meu velho coração: *dor quer: passar!*

10.

Ó homens mais elevados, que vos parece? Serei eu um adivinho? Um sonhador? Um ébrio? Um interpretador de sonhos? Um sino na meia-noite?

Uma gota de orvalho? Um vapor e perfume de eternidade? Não o ouvis? Não o farejais? Agora mesmo meu mundo estava pleno, a meia-noite é também meio-dia –

A dor é também um gozo, a maldição é também uma bênção, a noite é também um sol – parti daqui, ou então aprendereis: um sábio é também um néscio.

Jamais dissestes sim a um gozo? Oh, meus amigos, com isso dissestes também sim a *todo* pesar. Todas as coisas encontram-se encadeadas, entremeadas, apaixonadas –

– se jamais quisestes duas vezes uma vez, se jamais falastes: "Me agradas, fortuna! Zás! Um instante!", então queríeis *tudo* de volta!

– Tudo de novo, tudo eternamente, tudo encadeado, entremeado, apaixonado, ó, com isso *amastes* o mundo –

– ó eternos, vós o amais eternamente e em todos os tempos: e também ao pesar falais: passa, mas retorna! *Pois todo gozo quer – eternidade!*

11.

Todo gozo quer a eternidade de todas as coisas, quer mel, quer fermento, quer a meia-noite ébria, quer túmulos, quer consolos lacrimosos de túmulos, quer o crepúsculo dourado –

– *o que* não quer o gozo? Ele é mais sedento, cordial, faminto, terrível, misterioso que todo pesar, ele quer *a si*, crava o dente *em si*, a vontade anelar anela nele –

– ele quer amor, quer ódio, ele é transbordante, presenteia, joga fora, implora por alguém que o acolha, agradece àquele que toma, gostaria de ser odiado –

– tão rico é o gozo, que tem sede de pesar, de inferno, de ódio, de opróbrio, de mutilação, de *mundo* – pois este mundo, ó, bem o conheceis!

Ó homens mais elevados, ele anseia por vós, o gozo indomável, venturoso – por vosso pesar, ó fracassados! Pelo que é fracassado anseia todo gozo eterno.

Pois todo gozo quer a si mesmo, logo, quer também a calamidade! Ó fortuna, ó dor! Rebenta, ó coração! Ó homens mais elevados, aprendei de uma vez por todas, o gozo quer eternidade,

– o gozo quer a eternidade de *todas* as coisas, *a mais profunda eternidade!*

12.

Aprendestes agora a minha canção? Adivinhastes o que ela quer? Pois bem! Que seja! Ó homens mais elevados, cantai então para mim a minha cantiga de roda!

Cantai agora para mim vós mesmos a canção cujo nome é "Uma vez mais", cujo sentido é "por toda eternidade!" – cantai, ó homens mais elevados, a cantiga de roda de Zaratustra!

Ó homem! Atenta!
Que diz a meia-noite imensa?
"Dormi profundo –
"Desperto de funda dormência: –
"O mundo é fundo,
"Mais do que o dia pensa.
"Fundo é seu pesar –
"Gozo – mais fundo que calamidade:
"Dor quer: passar!
"Mas gozo quer eternidade –
"– a mais profunda eternidade!"

O sinal

No dia seguinte a essa noite, porém, Zaratustra saltou do leito, cingiu os rins e saiu de sua caverna, ardente e forte como um sol matutino que sai de entre montanhas escuras.

"Ó grande astro", falou como falara outrora, "ó olho de fortuna profunda, o que seria de toda a tua fortuna se não tivesses *aqueles* que iluminas?

"E se permanecessem em suas câmaras enquanto tu já te encontras desperto e vens e presenteias e distribuis: como se zangaria por isso teu orgulhoso recato!

"Pois bem! Eles dormem ainda, esses homens mais elevados, enquanto *eu* estou desperto: não são *esses* os companheiros propícios para mim! Não é por eles que espero aqui em minhas montanhas.

"Quero chegar à minha obra, ao meu dia: mas eles não compreendem os sinais de minha manhã, meu passo – não os desperta.

"Eles dormem ainda em minha caverna, seu sonho rumina ainda as minhas meias-noites. Falta-lhes o ouvido que escuta a *mim* – o ouvido *obediente.*"

– Isso falara Zaratustra a seu coração enquanto nascia o sol: em seguida ergueu o olhar interrogativo às alturas, pois ouvia acima de si o chamado penetrante de sua águia. "Pois bem!" exclamou para o alto. "Assim me agrada e me convém. Meus animais estão despertos, pois eu estou desperto.

"Minha águia está desperta e, como eu, honra o sol. Com garras aquilinas agarra a nova luz. Vós sois os animais propícios para mim; amo-vos.

"Mas ainda faltam-me meus homens apropriados!" –

Assim falou Zaratustra; então, porém, ocorreu que de repente ele ouviu o som de inumeráveis aves enxameando e esvoaçando à sua volta – mas o zunir de tantas asas e o aperto em torno de sua cabeça era tão grande que ele cerrou os olhos. E, deveras, como uma nuvem caíram sobre ele, como uma nuvem de flechas que se despeja sobre um novo inimigo. Mas vede, aqui se tratava de uma nuvem de amor, despejada sobre um novo amigo.

"O que me ocorre?", pensou Zaratustra em seu coração estupefato, pousando lentamente sobre a grande rocha que havia ao lado da saída de sua caverna. Mas enquanto sacudia as mãos ao seu entorno e por cima e por baixo de si, defendendo-se das aves delicadas, vede, ocorreu-lhe algo ainda mais estranho: pois terminou por meter inadvertidamente a mão em um emaranhado denso e morno de cabelos; ao mesmo tempo, porém, ecoou diante dele um rugido – um suave e longo rugido leonino.

"*Vem o sinal*," falou Zaratustra, e seu coração transformou-se. E deveras, quando clareou diante dele, lá estava uma criatura amarela e poderosa deitada a seus pés que roçava a cabeça contra seus joelhos e que não queria deixá-lo de tanto amor, agindo como um cão que reencontra seu antigo senhor. As pombas, porém, não eram menos ávidas em seu amor do que o leão; e a cada vez que uma pomba passava voando por sobre o nariz do leão, este sacudia a cabeça, rindo, surpreso.

Diante de tudo isso, Zaratustra falou apenas estas palavras: "*Minhas crianças estão próximas, minhas crianças*" – e calou-se por completo. Seu coração, porém, estava aliviado, e de seus olhos escorriam lágrimas que caíam sobre suas mãos. E ele não atentava a mais nada, sentado ali, imóvel, nem mesmo defendendo-se dos animais. As pombas, então, puseram-se a voar de um lado para o outro e pousavam sobre seus ombros, acariciando seus cabelos brancos, sem jamais se cansarem de carícias e júbilos. O leão forte, porém, lambia sempre as lágrimas que caíam sobre as mãos de Zaratustra, rugindo e resmungando com timidez. Assim faziam esses animais. –

Isso tudo durou um longo tempo, ou um tempo curto: pois, dito com precisão, para coisas desse tipo não há sobre a terra *tempo algum*. Entrementes, os homens mais elevados despertaram na caverna de Zaratustra e organizavam-se em uma procissão para ir ao encontro de Zaratustra e desejar-lhe bom dia: pois descobriram, ao despertar, que ele já não se demorava entre eles. Mas tendo chegado à entrada da caverna, como o som de seus passos se adiantasse a eles, o leão sobressaltou-se violentamente, voltou de um só golpe as costas para Zaratustra e saltou, rugindo de maneira selvagem, em direção à caverna; os homens mais elevados, porém, ao ouvirem o rugido, gritaram todos espantados como que de uma só boca e fugiram de volta, desaparecendo em um átimo.

O próprio Zaratustra, porém, atordoado e alheio, levantou-se de seu assento, olhou à sua volta, deteve-se de pé, surpreso, questionou seu coração, voltou a si e ficou só. "Que acabo de ouvir?" falou por fim, lentamente. "O que acaba de me ocorrer?"

E já lhe vinha a lembrança, e ele compreendeu com um olhar tudo que se passara entre ontem e hoje. "Eis aqui a pedra", falou, alisando a barba, "sobre *ela* me sentei ontem pela manhã; e aqui chegou o adivinho até mim, e aqui ouvi pela primeira vez o grito que acabo de ouvir, o grande grito de socorro.

"Ó homens mais elevados, foi o *vosso* apuro que ontem pela manhã aquele velho adivinho me adivinhou –

"– à vossa necessidade queria seduzir-me e tentar-me: 'Ó Zaratustra', falou-me, 'eu venho para seduzir-te ao teu último pecado'.

"Ao meu último pecado?" exclamou Zaratustra, rindo, irado, de suas próprias palavras. "*O que* me foi reservado como meu último pecado?"

– E Zaratustra afundou mais uma vez em si, sentando-se novamente sobre a grande pedra, reflexivo. Subitamente, levantou-se de um salto –

"*Compaixão! A compaixão pelo homem mais elevado!*" exclamou, e o seu semblante enrijeceu-se como bronze. "Pois bem! *Isso* – teve seu tempo!

"Meu sofrimento e minha compaixão – que importam? Acaso aspiro à *fortuna*? Aspiro à minha *obra*!

"Pois bem! O leão veio, minhas crianças estão próximas, Zaratustra amadureceu, minha hora é chegada: –

Esta é a *minha* manhã, *meu* dia alvorece: *ascende, pois, ascende, ó grande meio-dia!*" – –

Assim falou Zaratustra e deixou sua caverna, ardente e forte como um sol matutino que sai de entre montanhas escuras.

Coleção L&PM POCKET

ÚLTIMOS LANÇAMENTOS

930.**Aulete de bolso**
931.**Hora Zero** – Agatha Christie
932.**Morte na Mesopotâmia** – Agatha Christie
934.**Nem te conto, João** – Dalton Trevisan
935.**As aventuras de Huckleberry Finn** – Mark Twain
936(21).**Marilyn Monroe** – Anne Plantagenet
937.**China moderna** – Rana Mitter
938.**Dinossauros** – David Norman
939.**Louca por homem** – Claudia Tajes
940.**Amores de alto risco** – Walter Riso
941.**Jogo de damas** – David Coimbra
942.**Filha é filha** – Agatha Christie
943.**M ou N?** – Agatha Christie
945.**Bidu: diversão em dobro!** – Mauricio de Sousa
946.**Fogo** – Anaïs Nin
947.**Rum: diário de um jornalista bêbado** – Hunter Thompson
948.**Persuasão** – Jane Austen
949.**Lágrimas na chuva** – Sergio Faraco
950.**Mulheres** – Bukowski
951.**Um pressentimento funesto** – Agatha Christie
952.**Cartas na mesa** – Agatha Christie
954.**O lobo do mar** – Jack London
955.**Os gatos** – Patricia Highsmith
956(22).**Jesus** – Christiane Rancé
957.**História da medicina** – William Bynum
958.**O Morro dos Ventos Uivantes** – Emily Brontë
959.**A filosofia na era trágica dos gregos** – Nietzsche
960.**Os treze problemas** – Agatha Christie
961.**A massagista japonesa** – Moacyr Scliar
963.**Humor do miserê** – Nani
964.**Todo o mundo tem dúvida, inclusive você** – Édison de Oliveira
965.**A dama do Bar Nevada** – Sergio Faraco
969.**O psicopata americano** – Bret Easton Ellis
970.**Ensaios de amor** – Alain de Botton
971.**O grande Gatsby** – F. Scott Fitzgerald
972.**Por que não sou cristão** – Bertrand Russell
973.**A Casa Torta** – Agatha Christie
974.**Encontro com a morte** – Agatha Christie
975(23).**Rimbaud** – Jean-Baptiste Baronian
976.**Cartas na rua** – Bukowski
977.**Memória** – Jonathan K. Foster
978.**A abadia de Northanger** – Jane Austen
979.**As pernas de Úrsula** – Claudia Tajes
980.**Retrato inacabado** – Agatha Christie
981.**Solanin (1)** – Inio Asano
982.**Solanin (2)** – Inio Asano
983.**Aventuras de menino** – Mitsuru Adachi
984(16).**Fatos & mitos sobre sua alimentação** – Dr. Fernando Lucchese
985.**Teoria quântica** – John Polkinghorne
986.**O eterno marido** – Fiódor Dostoiévski
987.**Um safado em Dublin** – J. P. Donleavy
988.**Mirinha** – Dalton Trevisan
989.**Akhenaton e Nefertiti** – Carmen Seganfredo e A. S. Franchini
990.**On the Road – o manuscrito original** – Jack Kerouac
991.**Relatividade** – Russell Stannard
992.**Abaixo de zero** – Bret Easton Ellis
993(24).**Andy Warhol** – Mériam Korichi
995.**Os últimos casos de Miss Marple** – Agatha Christie
996.**Nico Demo: Aí vem encrenca** – Mauricio de Sousa
998.**Rousseau** – Robert Wokler
999.**Noite sem fim** – Agatha Christie
1000.**Diários de Andy Warhol (1)** – Editado por Pat Hackett
1001.**Diários de Andy Warhol (2)** – Editado por Pat Hackett
1002.**Cartier-Bresson: o olhar do século** – Pierre Assouline
1003.**As melhores histórias da mitologia: vol. 1** – A.S. Franchini e Carmen Seganfredo
1004.**As melhores histórias da mitologia: vol. 2** – A.S. Franchini e Carmen Seganfredo
1005.**Assassinato no beco** – Agatha Christie
1006.**Convite para um homicídio** – Agatha Christie
1008.**História da vida** – Michael J. Benton
1009.**Jung** – Anthony Stevens
1010.**Arsène Lupin, ladrão de casaca** – Maurice Leblanc
1011.**Dublinenses** – James Joyce
1012.**120 tirinhas da Turma da Mônica** – Mauricio de Sousa
1013.**Antologia poética** – Fernando Pessoa
1014.**A aventura de um cliente ilustre** ***seguido de*** **O último adeus de Sherlock Holmes** – Sir Arthur Conan Doyle
1015.**Cenas de Nova York** – Jack Kerouac
1016.**A corista** – Anton Tchékhov
1017.**O diabo** – Leon Tolstói
1018.**Fábulas chinesas** – Sérgio Capparelli e Márcia Schmaltz
1019.**O gato do Brasil** – Sir Arthur Conan Doyle
1020.**Missa do Galo** – Machado de Assis
1021.**O mistério de Marie Rogêt** – Edgar Allan Poe
1022.**A mulher mais linda da cidade** – Bukowski
1023.**O retrato** – Nicolai Gogol
1024.**O conflito** – Agatha Christie
1025.**Os primeiros casos de Poirot** – Agatha Christie
1027(25).**Beethoven** – Bernard Fauconnier
1028.**Platão** – Julia Annas
1029.**Cleo e Daniel** – Roberto Freire
1030.**Til** – José de Alencar
1031.**Viagens na minha terra** – Almeida Garrett
1032.**Profissões para mulheres e outros artigos feministas** – Virginia Woolf
1033.**Mrs. Dalloway** – Virginia Woolf
1034.**O cão da morte** – Agatha Christie

1035.**Tragédia em três atos** – Agatha Christie
1037.**O fantasma da Ópera** – Gaston Leroux
1038.**Evolução** – Brian e Deborah Charlesworth
1039.**Medida por medida** – Shakespeare
1040.**Razão e sentimento** – Jane Austen
1041.**A obra-prima ignorada** ***seguido de*** **Um episódio durante o Terror** – Balzac
1042.**A fugitiva** – Anaïs Nin
1043.**As grandes histórias da mitologia greco-romana** – A. S. Franchini
1044.**O corno de si mesmo & outras historietas** – Marquês de Sade
1045.**Da felicidade** ***seguido de*** **Da vida retirada** – Sêneca
1046.**O horror em Red Hook e outras histórias** – H. P. Lovecraft
1047.**Noite em claro** – Martha Medeiros
1048.**Poemas clássicos chineses** – Li Bai, Du Fu e Wang Wei
1049.**A terceira moça** – Agatha Christie
1050.**Um destino ignorado** – Agatha Christie
1051(26).**Buda** – Sophie Royer
1052.**Guerra Fria** – Robert J. McMahon
1053.**Simons's Cat: as aventuras de um gato travesso e comilão – vol. 1** – Simon Tofield
1054.**Simons's Cat: as aventuras de um gato travesso e comilão – vol. 2** – Simon Tofield
1055.**Só as mulheres e as baratas sobreviverão** – Claudia Tajes
1057.**Pré-história** – Chris Gosden
1058.**Pintou sujeira!** – Mauricio de Sousa
1059.**Contos de Mamãe Gansa** – Charles Perrault
1060.**A interpretação dos sonhos: vol. 1** – Freud
1061.**A interpretação dos sonhos: vol. 2** – Freud
1062.**Frufru Rataplã Dolores** – Dalton Trevisan
1063.**As melhores histórias da mitologia egípcia** – Carmem Seganfredo e A.S. Franchini
1064.**Infância. Adolescência. Juventude** – Tolstói
1065.**As consolações da filosofia** – Alain de Botton
1066.**Diários de Jack Kerouac – 1947-1954**
1067.**Revolução Francesa – vol. 1** – Max Gallo
1068.**Revolução Francesa – vol. 2** – Max Gallo
1069.**O detetive Parker Pyne** – Agatha Christie
1070.**Memórias do esquecimento** – Flávio Tavares
1071.**Drogas** – Leslie Iversen
1072.**Manual de ecologia (vol.2)** – J. Lutzenberger
1073.**Como andar no labirinto** – Affonso Romano de Sant'Anna
1074.**A orquídea e o serial killer** – Juremir Machado da Silva
1075.**Amor nos tempos de fúria** – Lawrence Ferlinghetti
1076.**A aventura do pudim de Natal** – Agatha Christie
1078.**Amores que matam** – Patricia Faur
1079.**Histórias de pescador** – Mauricio de Sousa
1080.**Pedaços de um caderno manchado de vinho** – Bukowski
1081.**A ferro e fogo: tempo de solidão (vol.1)** – Josué Guimarães
1082.**A ferro e fogo: tempo de guerra (vol.2)** – Josué Guimarães
1084(17).**Desembarcando o Alzheimer** – Dr. Fernando Lucchese e Dra. Ana Hartmann
1085.**A maldição do espelho** – Agatha Christie
1086.**Uma breve história da filosofia** – Nigel Warburton
1088.**Heróis da História** – Will Durant
1089.**Concerto campestre** – L. A. de Assis Brasil
1090.**Morte nas nuvens** – Agatha Christie
1092.**Aventura em Bagdá** – Agatha Christie
1093.**O cavalo amarelo** – Agatha Christie
1094.**O método de interpretação dos sonhos** – Freud
1095.**Sonetos de amor e desamor** – Vários
1096.**120 tirinhas do Dilbert** – Scott Adams
1097.**200 fábulas de Esopo**
1098.**O curioso caso de Benjamin Button** – F. Scott Fitzgerald
1099.**Piadas para sempre: uma antologia para morrer de rir** – Visconde da Casa Verde
1100.**Hamlet (Mangá)** – Shakespeare
1101.**A arte da guerra (Mangá)** – Sun Tzu
1104.**As melhores histórias da Bíblia (vol.1)** – A. S. Franchini e Carmen Seganfredo
1105.**As melhores histórias da Bíblia (vol.2)** – A. S. Franchini e Carmen Seganfredo
1106.**Psicologia das massas e análise do eu** – Freud
1107.**Guerra Civil Espanhola** – Helen Graham
1108.**A autoestrada do sul e outras histórias** – Julio Cortázar
1109.**O mistério dos sete relógios** – Agatha Christie
1110.**Peanuts: Ninguém gosta de mim... (amor)** – Charles Schulz
1111.**Cadê o bolo?** – Mauricio de Sousa
1112.**O filósofo ignorante** – Voltaire
1113.**Totem e tabu** – Freud
1114.**Filosofia pré-socrática** – Catherine Osborne
1115.**Desejo de status** – Alain de Botton
1118.**Passageiro para Frankfurt** – Agatha Christie
1120.**Kill All Enemies** – Melvin Burgess
1121.**A morte da sra. McGinty** – Agatha Christie
1122.**Revolução Russa** – S. A. Smith
1123.**Até você, Capitu?** – Dalton Trevisan
1124.**O grande Gatsby (Mangá)** – F. S. Fitzgerald
1125.**Assim falou Zaratustra (Mangá)** – Nietzsche
1126. **Peanuts: É para isso que servem os amigos (amizade)** – Charles Schulz
1127(27).**Nietzsche** – Dorian Astor
1128.**Bidu: Hora do banho** – Mauricio de Sousa
1129.**O melhor do Macanudo Taurino** – Santiago
1130.**Radicci 30 anos** – Iotti
1131.**Show de sabores** – J.A. Pinheiro Machado
1132.**O prazer das palavras** – vol. 3 – Cláudio Moreno
1133.**Morte na praia** – Agatha Christie
1134.**O fardo** – Agatha Christie
1135.**Manifesto do Partido Comunista (Mangá)** – Marx & Engels
1136.**A metamorfose (Mangá)** – Franz Kafka

1137.**Por que você não se casou... ainda** – Tracy McMillan
1138.**Textos autobiográficos** – Bukowski
1139.**A importância de ser prudente** – Oscar Wilde
1140.**Sobre a vontade na natureza** – Arthur Schopenhauer
1141.**Dilbert (8)** – Scott Adams
1142.**Entre dois amores** – Agatha Christie
1143.**Cipreste triste** – Agatha Christie
1144.**Alguém viu uma assombração?** – Mauricio de Sousa
1145.**Mandela** – Elleke Boehmer
1146.**Retrato do artista quando jovem** – James Joyce
1147.**Zadig ou o destino** – Voltaire
1148.**O contrato social (Mangá)** – J.-J. Rousseau
1149.**Garfield fenomenal** – Jim Davis
1150.**A queda da América** – Allen Ginsberg
1151.**Música na noite & outros ensaios** – Aldous Huxley
1152.**Poesias inéditas & Poemas dramáticos** – Fernando Pessoa
1153.**Peanuts: Felicidade é...** – Charles M. Schulz
1154.**Mate-me por favor** – Legs McNeil e Gillian McCain
1155.**Assassinato no Expresso Oriente** – Agatha Christie
1156.**Um punhado de centeio** – Agatha Christie
1157.**A interpretação dos sonhos (Mangá)** – Freud
1158.**Peanuts: Você não entende o sentido da vida** – Charles M. Schulz
1159.**A dinastia Rothschild** – Herbert R. Lottman
1160.**A Mansão Hollow** – Agatha Christie
1161.**Nas montanhas da loucura** – H.P. Lovecraft
1162(28).**Napoleão Bonaparte** – Pascale Fautrier
1163.**Um corpo na biblioteca** – Agatha Christie
1164.**Inovação** – Mark Dodgson e David Gann
1165.**O que toda mulher deve saber sobre os homens: a afetividade masculina** – Walter Riso
1166.**O amor está no ar** – Mauricio de Sousa
1167.**Testemunha de acusação & outras histórias** – Agatha Christie
1168.**Etiqueta de bolso** – Celia Ribeiro
1169.**Poesia reunida (volume 3)** – Affonso Romano de Sant'Anna
1170.**Emma** – Jane Austen
1171.**Que seja em segredo** – Ana Miranda
1172.**Garfield sem apetite** – Jim Davis
1173.**Garfield: Foi mal...** – Jim Davis
1174.**Os irmãos Karamázov (Mangá)** – Dostoiévski
1175.**O Pequeno Príncipe** – Antoine de Saint-Exupéry
1176.**Peanuts: Ninguém mais tem o espírito aventureiro** – Charles M. Schulz
1177.**Assim falou Zaratustra** – Nietzsche
1178.**Morte no Nilo** – Agatha Christie
1179.**Ê, soneca boa** – Mauricio de Sousa
1180.**Garfield a todo o vapor** – Jim Davis
1181.**Em busca do tempo perdido (Mangá)** – Proust
1182.**Cai o pano: o último caso de Poirot** – Agatha Christie
1183.**Livro para colorir e relaxar** – Livro 1
1184.**Para colorir sem parar**
1185.**Os elefantes não esquecem** – Agatha Christie
1186.**Teoria da relatividade** – Albert Einstein
1187.**Compêndio da psicanálise** – Freud
1188.**Visões de Gerard** – Jack Kerouac
1189.**Fim de verão** – Mohiro Kitoh
1190.**Procurando diversão** – Mauricio de Sousa
1191.**E não sobrou nenhum e outras peças** – Agatha Christie
1192.**Ansiedade** – Daniel Freeman & Jason Freeman
1193.**Garfield: pausa para o almoço** – Jim Davis
1194.**Contos do dia e da noite** – Guy de Maupassant
1195.**O melhor de Hagar 7** – Dik Browne
1196(29).**Lou Andreas-Salomé** – Dorian Astor
1197(30).**Pasolini** – René de Ceccatty
1198.**O caso do Hotel Bertram** – Agatha Christie
1199.**Crônicas de motel** – Sam Shepard
1200.**Pequena filosofia da paz interior** – Catherine Rambert
1201.**Os sertões** – Euclides da Cunha
1202.**Treze à mesa** – Agatha Christie
1203.**Bíblia** – John Riches
1204.**Anjos** – David Albert Jones
1205.**As tirinhas do Guri de Uruguaiana 1** – Jair Kobe
1206.**Entre aspas (vol.1)** – Fernando Eichenberg
1207.**Escrita** – Andrew Robinson
1208.**O spleen de Paris: pequenos poemas em prosa** – Charles Baudelaire
1209.**Satíricon** – Petrônio
1210.**O avarento** – Molière
1211.**Queimando na água, afogando-se na chama** – Bukowski
1212.**Miscelânea septuagenária: contos e poemas** – Bukowski
1213.**Que filosofar é aprender a morrer e outros ensaios** – Montaigne
1214.**Da amizade e outros ensaios** – Montaigne
1215.**O medo à espreita e outras histórias** – H.P. Lovecraft
1216.**A obra de arte na era de sua reprodutibilidade técnica** – Walter Benjamin
1217.**Sobre a liberdade** – John Stuart Mill
1218.**O segredo de Chimneys** – Agatha Christie
1219.**Morte na rua Hickory** – Agatha Christie
1220.**Ulisses (Mangá)** – James Joyce
1221.**Ateísmo** – Julian Baggini
1222.**Os melhores contos de Katherine Mansfield** – Katherine Mansfield
1223(31).**Martin Luther King** – Alain Foix
1224.**Millôr Definitivo: uma antologia de *A Bíblia do Caos*** – Millôr Fernandes
1225.**O Clube das Terças-Feiras e outras histórias** – Agatha Christie

1226.**Por que sou tão sábio** – Nietzsche
1227.**Sobre a mentira** – Platão
1228.**Sobre a leitura** ***seguido do*** **Depoimento de Céleste Albaret** – Proust
1229.**O homem do terno marrom** – Agatha Christie
1230(32).**Jimi Hendrix** – Franck Médioni
1231.**Amor e amizade e outras histórias** – Jane Austen
1232.**Lady Susan, Os Watson e Sanditon** – Jane Austen
1233.**Uma breve história da ciência** – William Bynum
1234.**Macunaíma: o herói sem nenhum caráter** – Mário de Andrade
1235.**A máquina do tempo** – H.G. Wells
1236.**O homem invisível** – H.G. Wells
1237.**Os 36 estratagemas: manual secreto da arte da guerra** – Anônimo
1238.**A mina de ouro e outras histórias** – Agatha Christie
1239.**Pic** – Jack Kerouac
1240.**O habitante da escuridão e outros contos** – H.P. Lovecraft
1241.**O chamado de Cthulhu e outros contos** – H.P. Lovecraft
1242.**O melhor de Meu reino por um cavalo!** – Edição de Ivan Pinheiro Machado
1243.**A guerra dos mundos** – H.G. Wells
1244.**O caso da criada perfeita e outras histórias** – Agatha Christie
1245.**Morte por afogamento e outras histórias** – Agatha Christie
1246.**Assassinato no Comitê Central** – Manuel Vázquez Montalbán
1247.**O papai é pop** – Marcos Piangers
1248.**O papai é pop 2** – Marcos Piangers
1249.**A mamãe é rock** – Ana Cardoso
1250.**Paris boêmia** – Dan Franck
1251.**Paris libertária** – Dan Franck
1252.**Paris ocupada** – Dan Franck
1253.**Uma anedota infame** – Dostoiévski
1254.**O último dia de um condenado** – Victor Hugo
1255.**Nem só de caviar vive o homem** – J.M. Simmel
1256.**Amanhã é outro dia** – J.M. Simmel
1257.**Mulherzinhas** – Louisa May Alcott
1258.**Reforma Protestante** – Peter Marshall
1259.**História econômica global** – Robert C. Allen
1260(33).**Che Guevara** – Alain Foix
1261.**Câncer** – Nicholas James
1262.**Akhenaton** – Agatha Christie
1263.**Aforismos para a sabedoria de vida** – Arthur Schopenhauer
1264.**Uma história do mundo** – David Coimbra
1265.**Ame e não sofra** – Walter Riso
1266.**Desapegue-se!** – Walter Riso
1267.**Os Sousa: Uma família do barulho** – Mauricio de Sousa
1268.**Nico Demo: O rei da travessura** – Mauricio de Sousa
1269.**Testemunha de acusação e outras peças** – Agatha Christie
1270(34).**Dostoiévski** – Virgil Tanase
1271.**O melhor de Hagar 8** – Dik Browne
1272.**O melhor de Hagar 9** – Dik Browne
1273.**O melhor de Hagar 10** – Dik e Chris Browne
1274.**Considerações sobre o governo representativo** – John Stuart Mill
1275.**O homem Moisés e a religião monoteísta** – Freud
1276.**Inibição, sintoma e medo** – Freud
1277.**Além do princípio de prazer** – Freud
1278.**O direito de dizer não!** – Walter Riso
1279.**A arte de ser flexível** – Walter Riso
1280.**Casados e descasados** – August Strindberg
1281.**Da Terra à Lua** – Júlio Verne
1282.**Minhas galerias e meus pintores** – Kahnweiler
1283.**A arte do romance** – Virginia Woolf
1284.**Teatro completo v. 1: As aves da noite** ***seguido de*** **O visitante** – Hilda Hilst
1285.**Teatro completo v. 2: O verdugo** ***seguido de*** **A morte do patriarca** – Hilda Hilst
1286.**Teatro completo v. 3: O rato no muro** ***seguido de*** **Auto da barca de Camiri** – Hilda Hilst
1287.**Teatro completo v. 4: A empresa** ***seguido de*** **O novo sistema** – Hilda Hilst
1289.**Fora de mim** – Martha Medeiros
1290.**Divã** – Martha Medeiros
1291.**Sobre a genealogia da moral: um escrito polêmico** – Nietzsche
1292.**A consciência de Zeno** – Italo Svevo
1293.**Células-tronco** – Jonathan Slack
1294.**O fim do ciúme e outros contos** – Proust
1295.**A jangada** – Júlio Verne
1296.**A ilha do dr. Moreau** – H.G. Wells
1297.**Ninho de fidalgos** – Ivan Turguêniev
1298.**Jane Eyre** – Charlotte Brontë
1299.**Sobre gatos** – Bukowski
1300.**Sobre o amor** – Bukowski
1301.**Escrever para não enlouquecer** – Bukowski
1302.**222 receitas** – J. A. Pinheiro Machado
1303.**Reinações de Narizinho** – Monteiro Lobato
1304.**O Saci** – Monteiro Lobato
1305.**Memórias da Emília** – Monteiro Lobato
1306.**O Picapau Amarelo** – Monteiro Lobato
1307.**A reforma da Natureza** – Monteiro Lobato
1308.**Fábulas** ***seguido de*** **Histórias diversas** – Monteiro Lobato
1309.**Aventuras de Hans Staden** – Monteiro Lobato
1310.**Peter Pan** – Monteiro Lobato
1311.**Dom Quixote das crianças** – Monteiro Lobato
1312.**O Minotauro** – Monteiro Lobato
1313.**Um quarto só seu** – Virginia Woolf

1314.**Sonetos** – Shakespeare
1315(35).**Thoreau** – Marie Berthoumieu e Laura El Makki
1316.**Teoria da arte** – Cynthia Freeland
1317.**A arte da prudência** – Baltasar Gracián
1318.**O louco** *seguido de* **Areia e espuma** – Khalil Gibran
1319.**O profeta** *seguido de* **O jardim do profeta** – Khalil Gibran
1320.**Jesus, o Filho do Homem** – Khalil Gibran
1321.**A luta** – Norman Mailer
1322.**Sobre o sofrimento do mundo e outros ensaios** – Schopenhauer
1323.**Epidemiologia** – Rodolfo Sacacci
1324.**Japão moderno** – Christopher Goto-Jones
1325.**A arte da meditação** – Matthieu Ricard
1326.**O adversário secreto** – Agatha Christie
1327.**Pollyanna** – Eleanor H. Porter
1328.**Espelhos** – Eduardo Galeano
1329.**A Vênus das peles** – Sacher-Masoch
1330.**O 18 de brumário de Luís Bonaparte** – Karl Marx
1331.**Um jogo para os vivos** – Patricia Highsmith
1332.**A tristeza pode esperar** – J.J. Camargo
1333.**Vinte poemas de amor e uma canção desesperada** – Pablo Neruda
1334.**Judaísmo** – Norman Solomon
1335.**Esquizofrenia** – Christopher Frith & Eve Johnstone
1336.**Seis personagens em busca de um autor** – Luigi Pirandello
1337.**A Fazenda dos Animais** – George Orwell
1338.**1984** – George Orwell
1339.**Ubu Rei** – Alfred Jarry
1340.**Sobre bêbados e bebidas** – Bukowski
1341.**Tempestade para os vivos e para os mortos** – Bukowski
1342.**Complicado** – Natsume Ono
1343.**Sobre o livre-arbítrio** – Schopenhauer
1344.**Uma breve história da literatura** – John Sutherland
1345.**Você fica tão sozinho às vezes que até faz sentido** – Bukowski
1346.**Um apartamento em Paris** – Guillaume Musso
1347.**Receitas fáceis e saborosas** – José Antonio Pinheiro Machado
1348.**Por que engordamos** – Gary Taubes
1349.**A fabulosa história do hospital** – Jean-Noël Fabiani
1350.**Voo noturno** *seguido de* **Terra dos homens** – Antoine de Saint-Exupéry
1351.**Doutor Sax** – Jack Kerouac
1352.**O livro do Tao e da virtude** – Lao-Tsé
1353.**Pista negra** – Antonio Manzini
1354.**A chave de vidro** – Dashiell Hammett
1355.**Martin Eden** – Jack London
1356.**Já te disse adeus, e agora, como te esqueço?** – Walter Riso
1357.**A viagem do descobrimento** – Eduardo Bueno
1358.**Náufragos, traficantes e degredados** – Eduardo Bueno
1359.**Retrato do Brasil** – Paulo Prado
1360.**Maravilhosamente imperfeito, escandalosamente feliz** – Walter Riso
1361.**É...** – Millôr Fernandes
1362.**Duas tábuas e uma paixão** – Millôr Fernandes
1363.**Selma e Sinatra** – Martha Medeiros
1364.**Tudo que eu queria te dizer** – Martha Medeiros
1365.**Várias histórias** – Machado de Assis
1366.**A sabedoria do Padre Brown** – G. K. Chesterton
1367.**Capitães do Brasil** – Eduardo Bueno
1368.**O falcão maltês** – Dashiell Hammett
1369.**A arte de estar com a razão** – Arthur Schopenhauer
1370.**A visão dos vencidos** – Miguel León-Portilla
1371.**A coroa, a cruz e a espada** – Eduardo Bueno
1372.**Poética** – Aristóteles
1373.**O reprimido** – Agatha Christie
1374.**O espelho do homem morto** – Agatha Christie
1375.**Cartas sobre a felicidade e outros textos** – Epicuro
1376.**A corista e outras histórias** – Anton Tchékhov
1377.**Na estrada da beatitude** – Eduardo Bueno
1378.**Freud: a cura pelo espírito** – Stefan Zweig
1379.**O nascimento da tragédia** – Friedrich Nietzsche
1380.**Tempos difíceis** – Charles Dickens
1381.**A aventura da tumba egípcia e outras histórias** – Agatha Christie
1382.**O sonho e outros contos** – Agatha Christie
1383.**Uma paixão no deserto** *seguido de* **A paz conjugal** – Honoré de Balzac
1384.**Um episódio durante o terror** *seguido de* **A falsa amante** – Honoré de Balzac
1385.**Vamos colorir!!! Um livro para todas as idades** – L&PM Editores
1386.**Feliz por nada** – Martha Medeiros
1387.**Simples assim** – Martha Medeiros
1388.**A graça da coisa** – Martha Medeiros
1389.**A forma da água** – Andrea Camilleri
1390.**O cão de terracota** – Andrea Camilleri
1391.**Resumo da ópera** – A.S. Franchini
1392.**Doidas & santas** – Martha Medeiros
1393.**Quem diria que viver ia dar nisso** – Martha Medeiros
1394.**Assassinato no beco** – Agatha Christie
1395.**Vidas secas** – Graciliano Ramos
1396.**O roubo da joia no Grand Metropolitan e outras histórias** – Agatha Christie

IMPRESSÃO:

PALLOTTI
GRÁFICA

Santa Maria - RS | Fone: (55) 3220.4500
www.graficapallotti.com.br